小传统的法治面向

黄金兰 周赟 著

厦门大学出版社
国家一级出版社
全国百佳图书出版单位

图书在版编目(CIP)数据

小传统的法治面向/黄金兰等著. —厦门:厦门大学出版社,2018.12
ISBN 978-7-5615-7018-0

Ⅰ.①小⋯ Ⅱ.①黄⋯ Ⅲ.①传统文化-关系-社会主义法制-建设-研究-中国 Ⅳ.①D920.0

中国版本图书馆 CIP 数据核字(2018)第 125810 号

出版人	郑文礼
责任编辑	甘世恒
封面设计	李夏凌
技术编辑	许克华

出版发行 厦门大学出版社

社　　址 厦门市软件园二期望海路 39 号
邮政编码 361008
总编办　 0592-2182177　0592-2181406(传真)
营销中心 0592-2184358　0592-2181365
网　　址 http://www.xmupress.com
邮　　箱 xmup@xmupress.com
印　　刷 厦门集大印刷厂

开本　720 mm×1 000 mm　1/16
印张　15.75
字数　292 千字
版次　2018 年 12 月第 1 版
印次　2018 年 12 月第 1 次印刷
定价　79.00 元

本书如有印装质量问题请直接寄承印厂调换

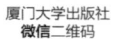
厦门大学出版社
微信二维码

厦门大学出版社
微博二维码

国家社科基金后期资助项目
出版说明

　　后期资助项目是国家社科基金设立的一类重要项目,旨在鼓励广大社科研究者潜心治学,支持基础研究多出优秀成果。它是经过严格评审,从接近完成的科研成果中遴选立项的。为扩大后期资助项目的影响,更好地推动学术发展,促进成果转化,全国哲学社会科学工作办公室按照"统一设计、统一标识、统一版式、形成系列"的总体要求,组织出版国家社科基金后期资助项目成果。

全国哲学社会科学工作办公室

目 录

绪论：小传统、社会秩序与法治 / 1

上篇：制度小传统的法治面向

第一章　习惯、习惯法与国家法 / 13

第一节　习惯、习惯法概念之辨及其与国家法的关系 / 13

第二节　习惯、习惯法与国家法关系的进一步阐释 / 21

第三节　习惯法的规范认同机制及其对法治的启示 / 28
　　　　——以黔东南苗族、侗族习惯法秩序为例

第二章　家族及其习惯法与法治 / 44

第一节　家族：传统中国的基本社会控制单元 / 44

第二节　家族习惯法的秩序功能 / 53

第三节　后宗族时代社会控制的难题及可能出路 / 79

第三章　行业组织及其习惯法与社会治理 / 89

第一节　行业组织及其习惯法的秩序功能 / 89

第二节　中国行业组织的发展状况 / 95
　　　　——基于比较的视角

第三节　行业组织与当下中国放权式法治建设 / 103

下篇：观念小传统的法治面向

第四章 传统、制度信任与法治 / 117

  第一节 社会信任、制度信任与法治 / 117

  第二节 从传统看我国法律信任缺失的原因 / 123

  第三节 我国法律信任培育的基本路径 / 139

第五章 熟人逻辑与法治 / 155

  第一节 偏正式文化心理与特殊主义对法治的消解及克服路径 / 155

  第二节 面子、人情的功能变异及其对法治的消极影响 / 173

  第三节 网络熟人社会及其法治维度 / 188
    ——克服熟人逻辑功能变异的可能出路

第六章 教化与法治 / 208

  第一节 也从坏人视角看法律与法治 / 208

  第二节 传统中国的儒家教化与社会治理 / 210

  第三节 教化与现代法治 / 212

法治的适切性：在理性与传统之间（代结语）/ 223

参考文献 / 234

绪论：小传统、社会秩序与法治

一、大、小传统及其与秩序的关系概说

自美国文化学学者罗伯特·芮德菲尔德提出大、小传统概念以来，这一分析框架已为文化学、社会学乃至法学界的研究者广泛运用，成为分析社会问题的一个重要工具。芮德菲尔德指出，在一种文明中，总会存在两个传统：一是为少数善于思考的社会精英所创造的大传统；二是为多数不会思考的社会大众所创造的小传统。[①] 芮德菲尔德还特别指出，大、小传统的地位并不是固化的，它们之间存在着一种相互依赖、相互影响乃至相互转化的关系。[②] 这一点，在一个剧烈变革的社会中表现得尤为明显。此时，大传统很可能因革命或改革而降为小传统——也正是在这一意义上，我们才能理解孔子所谓"礼失求诸野"。与此同时，小传统也可能因获得官方的承认而上升为大传统。例如，基于国家法对某种习惯规范的认可，该习惯规范便由小传统而一跃成为大传统。

我们当然未必赞成芮德菲尔德关于"善于思考的社会精英"与"不会思考的社会大众"之区分，但其对于复杂社会中文化传统的多层次性以及这些不同层次的传统之间相互关系的观察与认识，却是极为敏锐和富有解释力的。将芮德菲尔德的界分对应于社会治理工程，则可以说：大传统即由统治精英所营造和推行的官方规则及其实践，而小传统则是具有自生、自发属性和更强传承性的内生规则及其实践。

[①] ［美］罗伯特·芮德菲尔德：《农民社会与文化：人类学对文明的一种诠释》，王莹译，中国社会科学出版社 2013 年版，第 95 页。有必要附带说明的是，据费孝通先生介绍，大、小传统概念最早是由中国学者李亦园提出的。他指出，李亦园在田野调查中发现了中国文化结构中有两套不同的人生观和宇宙观，一套是处于权威地位的、以儒家经典为代表的人生观和宇宙观，另一套是在民间流传的、表现为民俗信仰的人生观和宇宙观。李亦园将前者称为大传统，而将后者称为小传统（费孝通：《江村经济》，商务印书馆 2001 年版，第 339 页）。当然，此处引用大、小传统概念只是为了说明文化的多层次性，而无意作知识谱系上的考据。

[②] ［美］罗伯特·芮德菲尔德：《农民社会与文化：人类学对文明的一种诠释》，王莹译，中国社会科学出版社 2013 年版，第 96 页。关于大、小传统之间的这种相互、动态关系的分析，还可参见 G. von Grunebum, The Problem: Unity in Diversity, in *Unity and Variety in Muslin Civilization*, ed. By G. von Grunebaun, Chicago: Chicago University Press, 1955, P. 28；余英时：《文史传统与文化重建》，三联书店 2004 年版，第 395 页；费孝通：《江村经济》，商务印书馆 2001 年版，第 339 页；等等。

从逻辑上讲，秩序的生成有三种情况：其一是完全原生的秩序，也即完全在内生规则调控下所生成的秩序；其二是内、外因素合力生成的秩序，即官方规则与内生规则合力作用而生成的秩序；其三是完全由官方规则调控而生成的秩序。考虑到对任何社会共同体而言，官方规则本质上都属于"外来的和尚"，因此，即便从逻辑上讲可能存在如上第三种秩序，但由于此种秩序不注重，甚至可以说完全摒弃共同体结构内因子的能动作用，因而只能是一种死序，故基本可以认为，在人类社会中不大可能存在这种秩序。事实上，学界较为常见的关于秩序生成的理论主张也正是前两种——需要说明的是，作为理论主张，它不可能像逻辑上的划分这样一刀切：坚持原生秩序模式的理论不可能完全反对外部力量的作用，坚持第二种秩序模式的理论亦不可能完全同等地对待内、外两种因素。但从倾向上讲，前一种主张主要强调内部因素的作用，而后一种主张则更强调两者的合力。

从理论上讲，如果某一社会群落能够始终保持一种封闭状态，并且非常幸运地没有任何大的突发性问题需要处理，那么，一种完全原生的秩序也是可能的，甚至在有些情况下也更为可取，如桃花源世界中的秩序。但问题是，任何社会群落、文化共同体都不可能完全处于封闭状态，并幸运地避免一切突发性问题的出现，在现代高速流动的世界中尤其如此。此外，问题还在于，在全球一体化浪潮下，如果一个社会不超前性地促成某种社会规则、社会秩序的生成，而是浪漫地等待本土规则和原生秩序，结果只能是自闭于"现代化"这一浪潮之外。[①] 考虑到"落后就要挨打"，而"现代化"（尽管对其内涵有歧见）又被认为是强国的必由之路，民族国家不宜采取原生秩序的思路去建设现代法治。

或许，坚持原生秩序模式的研究者会扛出哈耶克之"自生自发秩序"理论这面大旗来论证自己的观点。先不说这种以经典理论作为必然成立前提的做法是否合适，他们对哈耶克理论的理解本身就存在偏差——在不少人看来，"自生自发秩序"理论内在地反对一切制度设计和制度建构，因为建构就意味着对"本土资源"或"地方性知识"的破坏。然而事实上，哈耶克从来就没有反对过制度设计，他反对的仅仅是，将秩序的生成完全建基于理性建构之上；哈耶克也从来没有反对将人为规则作为自生自发秩序形

---

① 有学者曾撰文指出法制建设不应该强调法律"对未来社会的回应"，而应该"回应社会的当前需要"。该学者所谓不应强调法律"对未来社会的回应"，实际上也就是不应进行超前立法（苏力：《现代化视野中的中国法治》，载苏力：《道路通向城市——转型中国的法治》，法律出版社2004年版）。我们认为，这种观点一则割裂了当前需要与未来需要的天然关联，在我们看来，作为后发国家的法治建设，即使不更加重视未来之需要，也至少应当将其与当下需要同等对待；二则如正文所述——过于浪漫，作为后发国家，我们怎么可能/应该自闭于全球一体化这一浪潮之外？

成的动力因子,他反对的仅仅是,强制推行某些并不符合客观需要的建构性规则;同样地,哈耶克也并不反对立法者进行有益的原则性立法,他反对的仅仅是,立法者颁布一些不顾具体情况的"具体命令"——用哈耶克的原话讲,即"我们的意思一定不是说理性根本不具有任何重要的建设性使命……而且为了做到这一点,我们所努力为之的乃是对理性的捍卫,以防理性被……滥用";"在我们看来,重要的是政府活动的质,而不是量。一个功效显著的市场经济,乃是以国家采取某些行动为前提的,有一些政府行动对于增进市场经济的作用而言,极有助益;而且市场经济还能容纳更多的政府行动,只要是那类符合有效市场的行为"①等等。

如果更深入地分析,我们就会发现,坚持原生秩序模式的研究者对现代民族国家立法工作的理解亦存在一定偏差。例如,一位研究者指出,"为了回应迅疾变化的社会,为了加强对社会的组织管理,为了使更大的社会有序,就产生了现代化的规模化的法律生产——'立法',即以理性设计的方式颁布法律、设定社会规则"②。按照这种思路,立法就主要是一种创造性工作,而实际上,无论是理论界的主流观点,还是法制实践中的具体做法,都将立法看作是既包括法律创制行为,也包括法律认可行为。③为什么要澄清这一点?原因在于,如果承认国家立法并不全然是一种创造,它更多的是一种对过去经验的总结与记载,④那么,担心国家法必然破坏本土资源、解构地方性知识,进而反对国家立法、制度设计的做法,就实在是一种新时期的杞人忧天;同样地,以霍姆斯的"法律从来不是逻辑,而主要是经验"的著名论断,来反对有意识但合理的制度设计行为,也大概是一种

---

① [英]哈耶克:《自由秩序原理》(上册),邓正来译,三联书店1997年版,第3、17、80、198、201、279页等。与哈耶克该理论命运类似的还有老子的"为无为"思想,许多论者认为"为无为"就是"(为君者)什么也不做"。其实即便仅从语法上讲,也很难讲得通——我们一般都不会说"做什么也不做的行为"。同时,在老子那里,"无"有时有特定的意思,即所谓"无,名天地之始",并且是一种能生出"有"和"万物"的范畴,所谓"天下万物生于有,有生于无"(《道德经》第一章、四十章)。也就是说,在老子那里,"无"相当于"自然"(事物原来的样子),相当于"道",因此,所谓"为无为"并不是不做事,当然也不是"做什么也不做的行为",而是像"道"那样做出符合自然要求的行为——哈耶克对政府的要求也大体如此。

② 苏力:《道路通向城市——转型中国的法治》,法律出版社2004年版,第15页。

③ 国内比较权威的法理学教材大多将立法划分为创制、认可、修改、废止四种具体表现形式,如沈宗灵:《法理学》,北京大学出版社2000年版,第271页;又如孙国华:《法理学教程》,中国人民大学出版社1995年版,第329页。而采取认可方式进行的立法,最典型的就是对习惯的认可以及对域外法、域内历史上的法之借鉴或移植。

④ 参考庞德的以下论断,"法典的真正功能,正如今天的法学家所认识到的,并非仅仅是过去法律发展的成果加上一个更美的和更权威的外形,更多地是为了法学的和司法的更高更新的起点提供一个基础"([美]罗斯科·庞德:《普通法的精神》,高雪原等译,法律出版社2001年版,第123页)。

无的放矢的做法——因为立法也可能表现为并非创造性而是经验性的工作。①

主张原生秩序模式的另一个重要原因在于,他们误解了官方规则(国家法)与内生规则之间的关系。从理论上看,似乎在某一特定领域内,官方规则的注入必然会造成对内生规则的"挤出效应"②。然而,规则的输入毕竟不同于经济领域内的资金注入,不同的规则完全可以重叠作用于同一领域。例如,民间婚姻习惯规则并没有因为婚姻法的颁布而被全然排斥在婚姻行为规范之外。恰恰相反,在某些区域,实际上起更大规范作用的,往往是习惯法这种社会内生规则(当然,这种内生规则也并不必然排斥官方规则)。申言之,加强官方规则的制定并不必然导致对本土资源或地方性知识的解构和破坏。

以上对原生秩序模式理论的分析、批判,实际上也就是对内外因素合力秩序的证立。因而,我们的结论是:第一,在当今时代,民族国家不应该,也不可能以原生秩序模式作为法治建设的基本思路——关于这种观点,其实荀子早在2000多年前就已明确指出,所谓"望时而待之,孰与应时而使之"③说的不正是这个意思么?第二,内生规则、官方规则(或说外来规则)是一对相互关联、相互影响的范畴,虽然前文仅论述了内生规则因官方规则而转型,但实际上官方规则也必定/应该会回应内生规则。并且,官方规则要达成某种秩序必然要通过内生规则的中介作用。第三,内生规则、官方规则是社会秩序的有机组成部分,也就是说,我们并不认为社会秩序是法律或某种规范的"展开",毋宁说,内生规则、官方规则必须与所有其他因素相互作用,方能形成一种良好的社会秩序。从这个意义上讲,所谓法治、所谓秩序确实是不能复制的。也正因如此,第四,作为官方规则之制定者和输入者的立法者,应当制定具有回应主体能动性的原则性法律,而不应过分奢求所谓具体、明确、清晰,用哈耶克的话讲,即"立法者应将其职能仅限于制定一般性规则而非下达具体命令",因为"立法者对这些规则将被适用的特殊情形存在必然的无知"。④第五,为了回应社会的迫

---

① 从这个角度看,我们赞成黑格尔的如下断言:"在今日,是不可能再有(像摩西、德拉古等那样的)立法者了;典章制度在近代早已规模大备。再要做的事非常之少,立法家与立法会议所还能做的,只不过是增订一些细节,作一些很不重要的补充……"([德]黑格尔:《哲学史讲演录》(第一卷),贺麟等译,商务印书馆1959年版,第166页)。

② "挤出效应"是经济学中关于一种投资现象的描述,说的是在某一个特定行业或产业中,由于所需资金是大致恒定的,因此,当一些外来资金注入某一行业时,就必然会导致另外一些资金从该领域退出。经济学研究者主要运用这一理论来提醒政府投资应慎重、节制。

③ 《荀子·天论》。

④ [英]哈耶克:《自由秩序原理》(上册),邓正来译,三联书店1997年版,第198页。

切需要或某些突发性问题，立法者在遵循上述第四条的前提下，应积极参与社会秩序的形成，而不是浪漫且固执地等待。特别是在全球一体化的大背景下，立法者必须努力向社会输入某些可能纯粹根据外在标准（也即法律之应然标准）而制定的规则，而不是一概对其予以排斥——丹宁勋爵很好地说明了这种应然性标准的必要性和重要性："那些只关心法律事实上是怎样，而不是应该是怎样的人，是只知砌砖而不对自己建筑的房子负责的泥瓦匠"。①

二、当下中国的大、小传统

从逻辑上讲，小传统一如其他文化现象，包括三个基本层面：其一是内在的、观念的层面；其二是外在的、行动的层面；其三是介于两者之间，但又联结两者的制度、规范层面。在这三个层面中，第一层面虽然看不见、摸不着，却是任何一种文化现象的实质性和决定性层面，也正因如此，才能解释何以同一种社会现象在不同社会中会具有完全不同的意义。以古代社会的溺婴为例，就传统中国而言，导致溺婴的主要观念因素是"重男轻女"的传宗接代思想，因而更多时候其实是溺女婴；而在另一些地方，这样做可能纯粹是基于经济的考量，因而并没有明显的溺婴性别比例差——由于男婴长大后需要婚娶，这意味着大笔的花费，因此，在有些地方，甚至男婴被溺的比例更高。显然，如果不从观念层面入手，就根本无法解释如上外部表现相同而实质意义截然不同的行为。至于小传统中的第三个层面，它既是第一层面的外化和物化表现，也是第二层面模式化、固定化的结果；既是第一层面具体作用于第二层面的中介，也是第二层面反作用于第一层面的重要途径。

考虑到1840年以来，② 中国社会发生了明显的转型，并且从很大程度上讲，这一转型迄今还没有彻底完成。这实际上也意味着，就当下中国而言，大、小传统之间的分野可能会更加明显。事实上，在今日中国，确实存在两种相互影响、相互依赖和相互纠缠却截然不同的传统。其中，大传统即马克思—毛泽东的共产主义理念及其所统摄的制度和行为实践，小传统则主要是基于儒法观念并长久存在于我们社会当中的理念及行为

---

① ［英］丹宁：《法律的未来》，刘庸安译，法律出版社1999年版，第9页。
② 尽管几乎所有人都承认，近代中国发生了重大的社会转型，由传统的"五千年未有之大变局"渐次进入所谓现代化社会。但近代中国的转型时间节点到底在哪儿，不同的论者可能会有不同的看法，此处采用的是李泽厚的观点（李泽厚：《漫说"西体中用"》，载《孔子研究》1987年第1期）。

实践。

　　大传统在我们社会治理领域的体现，或许可以这样来描述：尽管其间经历了一些曲折，但可以肯定的是，对现代法治的追求始终被作为官方社会治理蓝图的重要目标，尤其是自"依法治国"被作为一种基本治国方略写入《中华人民共和国宪法》以来，法治在我们社会治理中的大传统地位已牢不可破。根据大、小传统相互作用的理论，一个社会中大传统的运行效果如何，不仅取决于其内部各要素之间的配合与协调，还取决于这个社会的小传统对其所施加的影响力。这意味着，当下中国社会活跃着的各种小传统，会对我们的法治产生诸多影响，它们可以促进或消弭我们的法治。因此，对这些小传统进行较系统的梳理，同时揭示其对于法治的可能意义，并探索有效的应对方略以使其积极功能得以充分发挥、消极影响尽可能地弱化，便显得很有必要。

　　由于自1840年以来，我们社会的大、小传统逐渐发生了易位，因此，原来居于社会治理之大传统地位的儒法治理方式，已然旁落成我们社会的小传统。也因此，当下社会治理中的小传统，首先是指儒法传统。由于儒法这两种治理体系在具体结合方式上原本表现为一种"外儒内法"或"阳儒阴法"的态势，因此，相对于法家传统而言，儒家传统便属于正统中的正统，故而其对中国社会的影响当更为深刻而全面，可以说，即便在当下，它仍活跃于人们的思想和行为中。同时，虽然法家一直处于"内"或"阴"的一面，但其对于传统中国社会治理的影响却同样不可低估——谭嗣同甚至认为，法家才是真正的传统中国的正统，所谓"二千年之学，荀学也，皆乡愿也……"[①]。当然，主流观点仍认为，自"汉承秦制"以来，法家对于传统治理模式的影响主要在于其制度。考虑到相对于观念而言，制度更容易受到改革或革命的冲击，因而可以说，法家在当下中国社会的影响力总体而言当不如儒家那般强大而持久。然而，即便法家在传统治理模式中主要承担着制度供给的功能，但法家传统却不限于制度，它的很多理论和观念，不仅在历史上发挥着巨大的功能，即使在当今，仍以或明或暗，或直接或间接的方式参与塑造着人们的法律观念和法律价值。

　　除儒法传统之外，当下中国社会治理的小传统还包括各种习惯法传统，主要包括地区习惯法、行业习惯法、民族习惯法、家族习惯法等小传统。与儒法传统不同的是，习惯法传统在中国社会长久以来都居于小传统地位。也就是说，在儒法传统居于大传统的时代，这些规范便已经作为小

[①] 李泽厚：《谭嗣同研究》，载《新建设》1955年第7期。

传统而存在，它们曾以特定的方式影响和作用着儒法大传统。而在我们的大传统发生易位之后，这些小传统又以新的方式对我们的社会治理施加着影响。

不难想见，如上小传统自有一套内在的观念、逻辑作为支撑。可以说，这些观念与逻辑，既非直接源自哪一学派的理论建构，也非专属于某一特定地域或领域，而是在传统熟人社会这一基本社会结构的作用下，从民众日常生活实践中慢慢演化出来的一套行动逻辑。相对于儒法传统的建构性而言，它是民众日常生活中"自动显现"的；相对于习惯规范一般具有的"地方性"而言，它具有跨越特定地域或领域的全国普适性。这些文化逻辑在传统社会中对秩序产生着重要影响，并且，总体而言，其积极功能要大于消极影响。然而在当下，一方面，随着中国社会由熟人社会向陌生人社会或"半熟人社会"的转化，一些文化逻辑由于生存土壤的改变而出现了功能性变异，从而给我们的社会治理带来挑战；另一方面，某些文化逻辑尽管没有发生变异，却与我们所追求的法治精神相背离，从而对我们的法治事业构成严重消解。因此，如何有效地消弭这些文化逻辑对法治的消极影响，以及如何充分利用其可能的积极功能，成为我们迫切需要探讨的话题。

因此，当下中国的社会治理，实际上须同时面对三重传统的冲击和挤压：一是由马克思主义、毛泽东思想统领的、已被写入《宪法》和执政党最高决策文件的法治中国治理蓝图及其所统摄的社会工程[①]；二是长久以来存在于中国社会的地区习惯法、民族习惯法、家族习惯法以及行业习惯法等小传统；三是既与上述二者交融，但又并不完全一致的儒法治道这一传统社会中的"大传统"、今日中国之"小传统"。从这个意义上讲，中国现代法治的建设确实是一个没有现成经验可供借鉴的艰难探索，正如中共中央所指出的，"改革进入攻坚期和深水区，国际形势复杂多变，我们党面对的改革发展稳定任务之重前所未有、矛盾风险挑战之多前所未有……"[②]

三、本书的基本思路及写作逻辑

本书的基本目的在于，择取最有代表性和影响力的小传统，对其秩序功能予以较全面的揭示，在此基础上，探索其对法治的可能意义，进而寻求如何利用其积极功能并降低其消极影响。在内容设置上，本书分上、下两

[①] 《中共中央关于全面推进依法治国若干重大问题的决定》(2014年10月23日中国共产党第十八届中央委员会第四次全体会议通过)。

[②] 《中共中央关于全面推进依法治国若干重大问题的决定》(2014年10月23日中国共产党第十八届中央委员会第四次全体会议通过)。

篇。上篇主要讨论制度小传统的法治面向,下篇则主要分析观念小传统的法治面向。① 当然,需要特别指出的是,这一结构上的安排并非是绝对的。由于制度与观念本就血肉相连,因此,在上篇关于制度小传统的讨论中,有时也会涉及对相应观念的讨论,例如在讨论家族习惯法时,就不可避免地要论及家族观念。同时,在下篇关于观念小传统的论述中,也难免会涉及一些关于制度的探讨,例如,关于我国法律信任缺失之原因的分析,就必然会涉及制度性因素。

而在具体章节设置上,上、下篇各分为三章。在上篇中,第一章将首先在一般意义上讨论习惯、习惯法这一对在小传统研究中非常重要的范畴,并对其与国家法的关系展开深入分析。在这一部分,我们将首先在批判性继承既有理论的基础上,对习惯与习惯法的概念及其与国家法的关系进行系统而深入的理论辨析;在此基础上,以苗族、侗族习惯法为例证,对习惯法的规范认同方式及其对法治的启示展开探讨,并就如何解决当下中国法治所面临的规范认同问题提出一些具体的建议。在某种程度上,这一章也可视为上篇的一般理论,接下来的两章则分别讨论两种最重要的制度小传统。第二章主要就家族规范及其社会治理意义进行探讨。由于家族及其规范具有重要的秩序功能——在传统社会中尤其明显,因而,在这一部分的讨论中,我们将同时对其历史功能及当下秩序价值进行揭示。此外,考虑到随着大家族的逐渐解体,一些家族习惯法的秩序功能已历史性地消退,因此,本书还将探讨在家族及其规范式微之后,社会治理所面临的诸多困境,以及如何才能更好地走出这些困境。第三章则主要讨论行业组织及其规范之于古今中国的社会治理意义。本章的讨论将建立在中西对照的基础上,之所以引入比较的视野,主要是因为迄今为止,行业组织在中西方的发展及其在社会治理中的意义呈现出明显的差异。而通过比较视野的引入,不仅有助于揭示它们之间的这些差异,更重要的或许是,它可以进一步提示我们,如何在法治建设中更好、更大程度地发挥行业组织的积极作用。

在下篇中,本书将首先讨论社会信任与法治问题。由于社会信任与法治有着内在的关联(可以说,当下中国法治所遭遇的很多问题,都与人们对法律缺乏信任密切相关),因此,第四章将在系统梳理西方信任理论的基础上,从小传统角度挖掘我国法律难以获得人们信任的深层次原因,并就

---

① 本书之所以不讨论行动层面的小传统,并不意味着我们认为这一层面不重要,而纯粹是基于可行性的考虑:对行动层面的把握必须通过大量的田野调查方有可能——可以说,任何试图通过书面文献研究行动层面小传统的尝试,都可能极大地歪曲、扭曲相应小传统的本来面貌。

如何培育人们的法律信任提供一些较有针对性的对策和建议。而在第五章中，本书将就熟人社会的处事逻辑（本书将它们统称为"熟人逻辑"或"熟人社会规范"）之法治面向展开探讨。在这一章中，我们将首先探讨"偏正式"文化心理和特殊主义行为取向对法治的消极影响，以及克服这些消极影响的可能路径。同时，这一章还将以面子、关系为中心，分析熟人逻辑在当下对法治所产生的影响。尽管熟人逻辑在传统社会中具有积极的秩序功能，但在当下，随着中国社会由传统熟人社会向陌生人社会的转化，这些逻辑却发生了功能性变异。因此，本部分将着重探讨这些变异给法治带来了哪些消极影响，以及如何应对这些消极影响。第六章则结合传统中国的"教而后诛"之治理理念，揭示传统中国在社会治理过程中如何从观念层面着力，进而梳理出其成功经验，并为当下中国法治建设提供借鉴。与上篇把开篇第一章作为全篇一般理论不同的是，第六章可视为下篇的一般理论，当然，这个"一般"并非铺垫、理论基础意义上的一般，而是总结、拔高意义上的一般。

在结语部分，我们将以"法治的适切性：在理性与传统之间"作为本书的基本结论。这一结论的主要意蕴在于：作为一种社会治理模式的法治，不可能仅仅依靠社会精英的理性建构予以推进，在很大程度上，它还需要与这个社会的传统（包括小传统）展开一种良性的互动。此种互动体现为：一方面，它需要积极地拥抱传统；另一方面，它还需要随时准备应对传统所带来的诸多挑战。可以说，以此种方式推进的法治，才可能具有足够的适切性，因而才可能是一项有前景的事业。须特别说明的是，本书的研究，只是我们对于这一宏大理论话题展开思考的第一步，但愿这一思考可以不断拓展与深入。

上篇

制度小传统的
法治面向

第一章 习惯、习惯法与国家法

第一节 习惯①、习惯法概念之辨及其与国家法的关系

习惯及习惯法可谓小传统研究中使用频率最高的一对范畴,②然而,国内以习惯、习惯法概念及两者关系为主进行讨论的作品却少之又少③——大多数研究都是将这一对范畴作为已然成熟、意义大体相同的概念进行使用。因而,从理论上对这两个概念进行深入分析,就显得很有必要。在本节中,我们将结合已有的理论成果,对习惯、习惯法的概念及相互关系进行辨析,并就相关的两个问题展开讨论。

一、习惯与习惯法的概念及其相互关系辨析

国内学界早期对习惯与习惯法最常见的看法,以《中国大百科全书》为代表,该书认为,"习惯法,指国家认可和由国家强制力保证实施的习惯,是法的渊源之一。习惯是社会生活中,长期实践而形成的为人们共同信守的行为规则。……习惯成为法的渊源,必须具备一定的条件:相当长时期以来确有人们惯于遵守的事实;其内容有比较明确的规范性;现行法并没有关于该项行为的规定,且与现行法基本原则没有抵触;需经国家认可并可由国家强制力保证其实施"。④应当承认,这一观点具有以下两方面的合理性:第一,它明确区分了习惯与习惯法,这至少比那些将两者混同使用的理论⑤更为可取;第二,它指出了两者区别的关键,即习惯与习惯法的

---

① 必须予以明确的是,此处所谓的习惯是指群体性习惯,不包括那些仅涉及个人的习惯。
② 关于这一点,只要我们对相应研究略作考察便可以看出。
③ 可以说,只有极少数研究者曾关注过这个问题,如梁治平曾在一篇题为《再论习惯与习惯法》(载梁治平:《清代习惯法:社会与国家》,中国政法大学出版社1996年版,第34页)的文章中对习惯与习惯法的关系作了探讨。对梁治平相关理论的析评将在下文中展开。
④ 《中国大百科全书·法学卷》,中国大百科全书1984年版,第87页。
⑤ 对两者不予区分的研究者大有人在,这里仅以国外的学者为例进行说明。霍贝尔与另一位学者哈特兰德就持此论,前者引用后者的话说,"佤族社会仍然依靠长期的历史形成的习惯和传统来调整人们之间的各种关系,维持社会的秩序。佤族没有文字,这些传统习惯和道德规范没有用文字固定或记录下来,所以也可称为'习惯法'"([美]霍贝尔:《原始人的法》,严存生译,贵州人民出版社1992年版,第18页);相应的例子还可见昂格尔的论述,他说,"习惯是最基本的和最普遍的规范秩序类型","习惯由一些不言而喻的正确行为标准所组成,而它们也正是实际的行为模式"([美]昂格尔:《现代社会中的法律》,吴玉章等译,译林出版社2001年版,第240、241页)。

区别主要在于是否经过国家的认可。然而，必须指出的是，这种关于习惯与习惯法的认知，同样存在诸多不足。首先，习惯与习惯法的区别真是国家认可的有无么？若真如此，岂不是等于说习惯法属于国家法的范畴，而这显然与法社会学、法文化学的研究结论完全不符——在这两个学科看来，习惯法主要是一种小传统而并非大传统。进而言之，我们甚至可以诘问，若习惯法属于国家法的范畴，那么是否有必要单独设计这一概念？其次，习惯与习惯法真的是这样界线分明吗？特别是，它们之间的界线能够/应该用一个全然外在的标准来衡量吗？① 我们认为，这是一种过于人为的做法，即从理论上臆想一个主观标准，然后生硬地分割本就血肉相连的一对范畴。

若深作分析，便会发现，《中国大百科全书》关于习惯与习惯法观点的上述不足，主要根源于其视角上的偏差，也即，从大传统视角去定义、分析本就与大传统存在差异，一定程度上甚至是对立的小传统——这就正如我们从汽车视角去分析一辆自行车，很显然，这样得出的结论能有多大价值是很可疑的。可喜的是，已有不少研究者开始从小传统视角来探析习惯与习惯法这一对范畴了，② 可以说，这种视角的转换是全面、深入、客观分析这两个范畴的先决条件。

我们认为，从法社会学、法文化学视角观之，所谓习惯，是对一定范围内之社会主体所表现出来的行为模式或心理模式的客观描述。习惯之为行为模式，即习惯自外而言，是我们对主体表现出来的、普遍且反复的言行模式的客观描述。至于这种模式是出于何种原因（如传统、权威或其他）而形成，以及该模式是否具有规范意义则在所不问。习惯之为心理模式，即习惯自内而言，是我们对主体表现出来的、倾向性或惯常性思维或情感模式的客观描述。同样地，这种描述亦不关注模式之成因及其是否具有规范意义。而所谓习惯法，有学者曾这样定义："习惯法是独立于国家制定法之外，依据某种社会权威和社会组织，具有一定强制性的行为规范的总

---

① 在这里，值得一提的是，韦伯亦是以一个外在标准来区别习惯与习惯法的，韦伯认为，"必须把'习惯'和'习惯法'加以区别。……根据一般的术语，作为习惯法的适用，恰恰应该意味着这样的机会，即为了实现一种不是依据章程而是仅仅依据默契而适用的准则，将会使用一种强制机器。与此相反，在习惯的情况下，恰恰缺乏这种'强制机器'"[［德］马克斯·韦伯：《经济与社会》（上册），约翰内斯·温克尔曼整理，林荣远译，商务印书馆1997年版，第356页］。从此话可以看出，韦伯显然是以"强制机器"（虽然并不像中国大百科全书那样强调必须是国家的强制机器）的存在与否作为衡量某一范畴是习惯还是习惯法之标准的。

② 其中的典型是梁治平和高其才，前者的相关论述可参见梁治平：《清代习惯法：社会与国家》，中国政法大学出版社1996年版；后者的相关论述可参见高其才：《中国习惯法论》，中国法制出版社2008年版。

和。"① 这一定义的可取之处在于，它突出了习惯法的规范属性；而其不足之处却在于，过分强调习惯法与国家法的二分关系——正如后文将要提及的，习惯法与国家法（即由国家正式机关予以制定或认可的行为规范）并不是一对截然二分的范畴，而是一对实质上存在某些同一性，却因人们分析视角的不同而给予了不同定义的范畴。相对而言，另一位学者的定义则更为可取，该学者认为，"习惯法乃是这样一套地方性规范，它是在乡民长期的生活与劳作过程中逐渐形成的，它被用来分配乡民之间的权利、义务，调整和解决他们之间的利益冲突，并且主要在一套关系网络中被予以实施"②。当然，尽管这一定义更为可取，但又失之于没能反映出习惯法与习惯之间的关系。因此，我们认为，所谓习惯法，是指在一定范围内、由于传统或心理默契等原因形成的、存在于主体心理或行为之外、具有一定外在强制力的、以主体心理或行为模式反映并表现出来的社会规范。

　　上述关于习惯与习惯法的定义表明：一方面，我们并没有将习惯与习惯法截然二分，而是将它们作为一对相互关联但描述角度不同的范畴：习惯是一种内在的、实然的、具有较强主体性的范畴，而习惯法则是一种外在的、应然的、具有规范属性的范畴。另一方面，我们并没有将习惯法与国家法截然二分，而是同样将它们作为一对相互关联但描述侧重点不同的范畴：习惯法描述的侧重点是某一规范的实然属性，并且强调这种规范的历时性；而国家法描述的侧重点则是某一规范的效力属性，同时强调这种规范的国家强制性③ 相对于前文所引定义，这样定义的好处在于：其一，由于它择取的是法文化学和法社会学的视角，因此它能够还习惯及习惯法以本来面目，而不是一种用国家法性质的霸权话语去涵括习惯及习惯法因而使其扭曲、失真的做法；其二，由于它并没有试图割裂习惯与习惯法、习惯法与国家法的关联，因此，它有助于我们较为客观地研究和探索这两组概念之间的内在关联。那么，除了描述侧重点不同这一区别外，习惯与习惯法之间还有没有其他区别？它们的关联以及它们与国家法之间的关系又

---

① 高其才：《中国习惯法论》，中国法制出版社 2008 年版，第 3 页。
② 梁治平：《清代习惯法：社会与国家》，中国政法大学出版社 1996 年版，第 166 页；与此类似的定义，可参见周勇：《习惯法在中国法律体系中的历史地位》，载《上海社会科学院学术季刊》1991 年第 4 期。
③ 梁治平认为，"习惯只是生活的常规化，习惯法则关注权利和义务的分配"，因此，"习惯法比较普通习惯更具有操作性和确定性"（梁治平：《清代习惯法：社会与国家》，中国政法大学出版社 1996 年版，第 165 页）。从表面观之，我们的观点与梁氏观点并无不同，但我们对这种可能的评断并不认同，原因在于：在梁治平这里，存在一种明显地将习惯与习惯法割裂的痕迹，也就是说，他也陷入了前述韦伯的陷阱——以外在标准来衡量习惯与习惯法；而我们认为，习惯与习惯法之间存在一种血肉相连、大致一体两面的关系。

是怎样的？关于习惯、习惯法与国家法的关系，我们将在本节第三部分及第二节中具体展开，此处，我们先分析习惯与习惯法之间的区别与关联。

关于习惯与习惯法的区别，我们认为，除了前述之视角不同外，还存在指涉范围上的一定差异。正如前文所说，习惯与习惯法是对同一实体、不同视角的描述，因而它们所指涉的范围大体相当，也有一定差别：一般而言，凡存在习惯法且该习惯法仍有效的领域，必定存在相应的习惯，而该习惯一般也蕴含着规范意义；相对应地，某一领域内虽存在一定的习惯，但由于该习惯所传达的主要不是规范意义，而是一种事实状态，则其中可能并不存在习惯法。例如，某地球迷一到周末就去主场看球这样一种社会现象，若将它描述为该地球迷的一种社会习惯是合适的，但其中显然并不含有任何规范性因素（习惯法）。

关于习惯与习惯法的联系问题，可以从以下两方面进行阐述：首先，习惯与习惯法是一定范围内之习俗的两大组成部分。所谓习俗，从一定意义上讲，即传统文化中与社会秩序相关联的那一部分。那么，什么是传统文化？有学者曾对中国传统文化一词作了较为平实却很恰当的定义，"所谓中国传统文化，就是我们从自己父辈手中继承下来的关于人们行为选择的标准体系，包括人们的价值观、规范和意义体系，以及与之相适应的外在表现和物质实体"[①]。以小可以见大，所谓传统文化就是指具有历史传承性的价值规范因素、心理行为因素及物质因素的总和。我们认为，此处所谓规范因素，主要就是习惯法，而心理行为因素则主要是习惯——这再一次表明，习惯与习惯法描述的实在是同一范畴（习俗）的不同侧面，因此，从这个意义上讲，在两者之间设立任何外在的标准（如前述韦伯所谓"强制机器"）都是没有意义的：因为它们本就是具有不同属性因而不具有任何可比性的范畴。

其次，虽然正如上文所言，习惯主要描述的是心理或言行所表现出来的模式属性，而不问其是否具有规范性意义，但在日常生活中，习惯与习惯法却都可能使主体的行为符合规范要求，也即符合社会秩序的要求。换句话说，有时候人们可能并没有意识到社会秩序的规范性要求，因而也不会像大多数理性人遵守规范时那样，先经过利害得失的比较，再作出是否遵守某一规范的决定，却可能仅仅因为对社会所表现出来的心理、言行模式（即社会习惯）的下意识跟从，而使自己的行为符合该社会秩序的要求。这种现象在婴幼儿逐渐社会化的过程中最为常见：婴幼儿一开始"遵守"某

---

① 刘云德：《文化论纲——一个社会学的视野》，中国展望出版社1988年版，第137页。

一规范往往并非真正的遵守,而仅仅是符合,因为起初他们难以意识到遵守该规范的原因及意义,之所以这样做,仅仅是出于盲从——当然,这种现象也可能出现在某一习俗的外来者身上。关于习惯的这种事实上的规范作用,韦伯曾经看到了,他指出,习惯有一种使身处其中的社会成员"毫不思考"地做出与之相符的行为的特性。① 但遗憾的是,韦伯并没有明示何以习惯会有这种特性。我们认为,习惯之所以具有此种特性,主要是因为人类本性中的惰性因子。

二、习惯与习惯法的缘起和变迁

关于习惯与习惯法的缘起和变迁,首先应说明的是,由于它们是一体(即习俗)之两面,因此,其缘起和变迁大体是沿着同一轨迹进行的,也因此,在下文中,我们拟不再区分两者,换句话说,下文若提到习惯(或习惯法)的缘起或变迁时,自然地适用于习惯法(或习惯)。

恩格斯有一段被人们广为引用的经典论述:"在社会发展某个很早的阶段,产生了这样一种需要:把每天重复着的产品生产、分配和交换用一个共同规则约束起来,借以使个人服从生产和交换的共用条件。这个规则首先表现为习惯,不久便成了法律。"② 虽然,恩格斯的这段话多是被人们用来论证法律的产生过程,但它同样可以被看作对习惯和习惯法产生过程的描述,即,习惯或习惯法源于人类的交往,以及交往的频繁性。可以说,没有人类交往就无所谓习惯或习惯法。那么,人类为什么会有各种各样的交往呢?这是因为,"人天生是社会的动物,并且从本质上讲,是愿意与他人生活在一起的"③。换言之,人类的交往源于人类的本性。

接下来,我们重点关注习惯及习惯法的变迁问题。首先,何谓习惯变迁?我们认为,所谓习惯变迁,是指一个社会或群体中的大多数成员逐渐放弃旧的规范体系,接受或形成新的规范体系,因而形成新的心理模式和行为模式的过程。从这个定义可以看出,习惯变迁是一个过程,而引起变迁的直接因素是新的规范体系取代旧的规范体系。那么,什么原因会导致规范体系的轮替呢?主要有如下几种典型情况:

第一,社会自身的自生自发性变迁。所谓社会自生自发的变迁,是指

---

① [德]马克斯·韦伯:《经济与社会》(上册),约翰内斯·温克尔曼整理,林荣远译,商务印书馆1997年版,第60页。

② 《马克思恩格斯选集》第2卷,第211页,转引自沈宗灵:《法理学》,北京大学出版社2000年版,第93页。

③ Aristotle, *The Nicomachean Ethics*, Translated by D.P.Chase, the E.P.Dutton & Co. 1934, P. 227.

在没有外力或内部人为因素的影响下,由社会内部成员不断试错、日积月累而发生的一种经验演进型变迁模式。生产力发展的实践已然表明,早期人类的各种飞跃性发展,几乎都是一种不断试错、日积月累的结果。同样地,在前现代社会,由于人类的远距离异地交往相对较少,因而习惯及习惯法的变迁大多以自生自发的方式进行。

第二,社会精英主导下的变迁。有学者在论述法制建设的路径时指出,政府推进是一国法制发展的重要途径,也即,依靠政府力量进行自上而下的法制改革和法制建设[①]我们认为,社会习惯的改变同样可以由政治力量自上而下地推行,这方面的例子屡见不鲜:近年来第三世界国家的各种改革自救活动,一方面固然引起了国家法的变迁,但同时可以肯定的是,这些改革几乎无一例外地引起了该国习惯及习惯法的变迁。那么,何以政府的推进能够导致习惯及习惯法的变迁?有研究者指出,"民间法必定会受到历史上的在社会中占主导地位的意识形态的影响"[②]。据此,我们可以认为,作为民间法重要组成部分之习惯法,自然也会受到社会主流意识形态的影响。当然,社会精英除了通过改革(或革命)的方式来促进习惯及习惯法的变迁外,还可以采取另一种方式,也即通过模范的示范作用。孟德斯鸠甚至将模范作用视为改变一国习惯的唯一有效方式:"我们有改变我们习惯的手段,就是创立典范"[③]

第三,因外部力量的介入而变迁。具体说来,又可以分为以下三种方式:其一,和平方式。最典型的就是通过移民而引发习惯及习惯法的变迁。虽然有谚语云"入乡随俗",但若入乡之主体从数量及势力上比"乡民"更强大时,则此时更有可能的情况是:一方面,外来移民会尽量去适应"乡俗",以便更好地融入当地社会;另一方面,该"乡俗"也会主动调适自身,否则便会遭到融合之后乡民的抵制甚至抛弃。因移民而引起习惯变迁的例子,只要我们到深圳、大连、北京这样的移民城市去看看就可以体会到:在这些地方,完全的"土著"习惯已基本无迹可寻,有些地方甚至语言习惯都发生了改变。另外,各种形式的经济和文化交流活动,也可以通过和平的方式引起习惯及习惯法的变迁。其二,通过武力征服或殖民方式。罗素曾指出,"武力的征服较之任何其他的力量都更有助于文明的传播"[④],如果罗素这个观点成立的话,那么,由于文化的传播会导致作为受体之文化的

---

① 蒋立山:《中国法制现代化建设特征分析》,载《中外法学》1995年第4期。
② 苏力:《法治及其本土资源》,中国政法大学出版社1996年版,第45页。
③ [法]孟德斯鸠:《论法的精神》(上册),张雁深译,商务印书馆1961年版,第310页。
④ [英]罗素:《权力论》,靳建国译,东方出版社1988年版,第26页。

变迁(这种变迁当然包括习惯与习惯法的变迁),因而武力征服可以成为习惯变迁的重要原因。即便是极为强盛的中华文化,也几乎在每次外族入侵时都会对自身做出一些调适:上至战国时期赵国因匈奴入侵而引发的服饰习惯的改变,下至近代因欧美列强入侵所带来的几乎整个社会的全方位变化。其三,宗教活动。"宗教是一种不以暴力而能约束人、不以论证而能说服人的权威"①,卢梭的这一判断一针见血地指出了宗教的特殊性。那么,为什么宗教会具有如此神奇的作用呢?根据奥古斯丁在《上帝之城》中的说法,主要在于只有宗教才能将人从现世的沉沦中解脱出来,也只有宗教才能洗涤人的原罪②。也就是说,只有宗教才能真正满足人类心灵最深处的需要。可以说,也正是因为宗教的这种从人类灵魂着力的特点,使得传教士们往往不需任何物质资源(如武力,又如经济),就可以轻易改变一个社会群体的观念,并因此而改变存在于该群体中的习惯及习惯法。

三、习惯、习惯法与国家法

前文指出,我们并不认为习惯、习惯法与国家法是截然割裂的范畴,它们的区别主要在于描述角度的不同。那么,具体来说,它们之间到底是一种怎样的关系呢?

(一)习惯法与国家法的关系

首先,虽然我们倾向于从不同视角去看待习惯法与国家法,但从范围上讲,它们却存在一定的交叉。这意味着,一方面,社会生活的某些领域是由习惯法与国家法共同规范和调整的。最典型的如现在农村仍然流行的婚俗:这些婚俗既糅合了习惯法的因素,又慢慢吸收了国家法的一些因子。因此,对于农村的婚姻及婚姻关系而言,少了国家法或习惯法两者中的任何一种合法性,都会给当事人带来不必要的麻烦。另一方面,由于国家法与习惯法事实上的这种重合关系,因此,在对待这二者时,较为理性的做法是,让它们形成一种宽容、重叠和互动的关系,而不应试图用国家法去全面取代习惯法,或者反过来,用习惯法取代国家法。我们相信,唯有这样,才是尊重事实(即两者不可避免的重叠关系)的做法,也只有这样,才能达致两者的共荣③。

其次,从功能上看,由于二者的调整范围存在交叉,因此,习惯法与国

---

① [法]卢梭:《社会契约论》,何兆武译,商务印书馆1980年版,第57页。
② 转引自周伟驰:《涕泣谷的外部秩序》,载《读书》2003年第8期。
③ 黄金兰、周赟:《民间法及其与国家法的关系初探》,载谢晖、陈金钊主持:《民间法》(第一卷),山东人民出版社2002年版。

家法有可能产生规范冲突,进而影响社会秩序的形成。当然,只要我们采取前述认真对待两者关系的理性做法,则一般情况下,两者是能够共同促进社会秩序的。具体说来:其一,对于某些行为,两者都能发挥规范作用。最典型的就是那些历时性较长的行为,这类行为一开始由习惯法调整,但在历史的某一时期却被纳入国家法的调整范围,因而在此之后,它们实际上是由习惯法和国家法共同调整。其二,通过一种遥相呼应的方式,共同作用于社会秩序。在这里,所谓遥相呼应的方式,也即习惯法与国家法虽不同时对某类行为进行调整,但通过在不同阶段的介入,可以达到共同维护社会秩序的目的。举例说来,民间的各种契约行为,其成立及正常的履行可能是依据习惯法进行,但一旦发生纠纷,则当事人很可能会寻求国家法的救济,因而此时,一种良好的契约秩序之生成和维护,实际上仰赖于习惯法与国家法在不同阶段的介入。

最后,从两者的缘起及发展来看,一般而言,国家法总是后于习惯法并吸纳习惯法而产生。这一点并不难理解,毕竟人类社会是在发展很长一段时期后才进入政治社会的,而前政治社会必定是存在习惯法的,就如西谚所云:"有社会就有法。"——这里的"法",就是指习惯法。

(二)关于习惯与国家法的关系

乍一看,似乎这两个范畴之间不存在什么可供分析的关系,因为前者属于事实范畴,而后者属于规范范畴。然而,分析实证主义者哈特、凯尔森等人的研究表明,国家法的最终效力可以落脚到社会习惯上——哈特认为,作为最重要的第二性规则,"承认规则只是作为法院、官员和私人依据一定标准确认法律这种复杂而通常不协调的实践而存在。它的存在只是一个事实问题"[1];凯尔森则认为,习惯是创设一般规范的方式[2]。那么,哈特等人的观点有无道理?让我们先对国家法的效力基础作一个简单考察。一般而言,我们守法的直接原因在于某一范畴是"法",但我们要追问,为什么它是"法"我们就要遵守呢?对这个问题的回答,学界往往诉诸法的合理性或强制性。这种答案当然是有道理的,但问题是,为什么有些法律强制程度很高却得不到遵守?有些法律具有很大的合理性也得不到遵守?以及为什么两种合理性相当的规范,其中一种能被很好地遵守,另一种却不能被很好地遵守?我们认为,促使人们对某一被称为"法"的范畴之遵守的最重要因素,乃在于哈特等人所谓的"事实",即习惯。为什么这

---

[1] [英]哈特:《法律的概念》,张文显等译,中国大百科全书出版社1996年版,第111页。
[2] [奥]凯尔森:《法与国家的一般理论》,沈宗灵译,中国大百科全书出版社1996年版,第129页。

么说？因为这可以从人类的心理特征上找到依据：它既是人类惰性心理的外在表现，也是人类服从（甚至盲从）心理的外在表现。①

当然，关于习惯与国家法的关系，还应关注的是国家法对一国习惯变迁的影响，这种影响毫无疑问是巨大的；我们认为，这一问题当无须多着笔墨。

第二节 习惯、习惯法与国家法关系的进一步阐释

尽管前文第一节对于习惯、习惯法与国家法的关系已有论及，但必须承认，第一节的论述还不够充分，或者说，有些地方阐述得还不够透彻。因此，在本节中，我们将再次就三者的关系作详尽而系统的讨论。

一、习惯、习惯法、国家法三者不处于同一逻辑层面

前文已指出，所谓习惯，是对一定范围内之社会主体所表现出来的心理模式或行为模式的客观描述；而所谓习惯法，是指在一定范围内由于传统或心理默契等原因形成的、存在于主体心理或行为之外的、具有一定外在强制力的、由主体心理或行为模式反映并表现出来的行为规范。可以说，从习惯与习惯法的这一定义可以看出，习惯与习惯法是对同一实体的不同视角的描述，二者分处于不同的逻辑层面。按照这种认知，习惯与习惯法的差别，颇有些类似哈特在讨论"法律的概念"时所提出的"外部立场"和"内部立场"的差别：② 习惯是从某社会现象之外的观察者角度切入，因而更多地具有描述意味；习惯法则是从某社会现象之中的主体角度切入，因而强调的是此种社会现象（如婚俗）的规范性和约束力。当然，两者并不总是构成一体两面的关系：一般而言，凡存在习惯法且该习惯法仍然有效的领域，必定存在相应的习惯；相对应地，尽管某一领域内存在一定的习惯，但由于该习惯所蕴含的主要不是一种规范意义，而是一种事实状态，因而在这一领域并不存在习惯法。

进一步地，按照这种认知，习惯与国家法也不处于同一逻辑层面，因为两者本就属于不同性质的事物因而不具有任何可比性。同样地，习惯法也并非指称那些具有国家强制力的习惯性规范，而是指存续于社会之中并

---

① 关于人类的惰性心理，已多被心理学研究所论证；而关于人类的服从或盲从心理，就我们所见，罗素曾有精彩的论证（[英]罗素：《权力论》，靳建国译，东方出版社1988年版，第9页）。

② 关于哈特此论的相关分析，可见[英]哈特：《法律的概念》，张文显等译，中国大百科全书出版社1996年版，第102～106页。

对主体具有约束力的行为规范——这种约束力首先源自社会生活本身,并且,它不会因自身被纳入国家正式法律系统而丧失,习惯法被纳入正式法律体系后,将与国家强制力一起,共同作用于社会主体。这意味着,那种认为习惯与习惯法之区别在于没有国家强制力的观点,实际上是错把习惯规范(习惯法)与经国家认可而上升为国家法的习惯规范之区别等同于习惯与习惯法之间的区别。

二、"习惯乃习惯法和国家法之根本"命题补论

在第一节中,我们虽然提到了习惯与习惯法、国家法的此种关联,却论述得还不够充分。或者说,我们只是提出了一个命题,即,习惯乃习惯法和国家法之根本;而对于这一命题,却没有作详尽的论证。因而,此处拟对三者的这一关系作更深入的阐释,以弥补上一节行文上的缺憾。

在西方法哲学思想史上,"何以应当守法"(法律的合法性问题)以及"法律是什么"(法律的概念问题)是一对相互关联、相互定义的理论法学元问题。启蒙运动以前,人们满足于以各种各样的"上帝"作为法律之基准,或者说,"上帝"既定义了"法律",也给予了法律以足够的合法性。但启蒙运动所必然带来的"上帝之死",却使人们意识到,法律的基准一定在别的什么地方。在各种寻求对这一问题解答的理论中,分析实证主义值得特别注意:[①] 对边沁、奥斯丁而言,不是某种动机或态度,而是服从主权者的习惯,才是理解法律概念的关键,也就是说,凡存在普遍服从习惯的地方,也就存在主权者以及法律。后来哈特对此种理论进行了有力的批判,他以及他的支持者认为,除非民众,或至少是那些被授权执行法律的人从内心接受了相关规则,否则,就不可能存在法律。这也就是说,单纯服从权力的习惯本身不足以证明法律的存在,它还必须加上这样一个因素:人们之所以形成服从权力(及相应的法律)的习惯,是因为根据他们所接受的某种基本法(constitution),这种权力具有合法性(legitimate),也就是说,人们是基于内心的认同而养成此种服从习惯的。当然,在承认习惯乃法律之根本这一点上,哈特与他的前辈保持了一致。

紧接着,德沃金又这样批评哈特及其追随者,"他们尚没有对此种态

---

① 按照有关学者的考察,或许只有分析实证主义才最适切地回答了在当下这个"上帝死了"之后的"诸神与诸魔"社会中合法性问题的进路,而事实上,分析实证主义之所以能迅速成为西学中的显学,也正因了它所具有的价值无涉特点并内在地与启蒙运动所带来的神魔冲突之社会禀性相符(周赟:《西方法哲学主题思想史论:一种系列剧式的叙述》,法律出版社2008年版,第28~29页)。也正是基于此种判断,我们认定就此处论题而言,分析实证主义也许最值得关注。

度与单纯地服从权力作出清楚地界分,因此他们可能也尚不能很好地回应如下问题:对于此种服从而言,是否意味着人们一定认为该基本法是正当的,或者说人们对于该基本法是满意的?如果回答是肯定的,那么至少纳粹德国是否存在法律就很有疑问,或者现在的南非(该书成书年代是20世纪70年代末——笔者注)是否存在法律也将很有疑问。如果回答是否定的,则为何一个已经成功打造出一种出于恐惧而形成的服从习惯的官方机构却仍然无法获得所谓的合法性?而如果此种情形中该官方机构其实已经获得了合法性,那么这实际上意味着哈特他们的规则理论(rule theory)与命令理论的区别并没有那么大"①。德沃金的批评是有力的,但应当看到,德沃金同样没有击倒(也许他本就无意这样做)"习惯乃法律之根本"这一命题。

可以说,在这个所谓"上帝已死"的当今社会,意欲判断一个社会现象是否具有规范性,也即是否是"法"以及是否具有"合法性",都离不开习惯这种事实:当一个外部立场的观察者根本无从观察到某种习惯时,也就不存在相应的规范性现象。反对此论的人可能会说,一个形式上有效,也即由有权机关按照法定程序颁行的规范,就算它从来没有被人们遵守因而也无所谓相应的习惯,它不同样也是"法律"?这是一种看似有理的诘问:之所以"有理",是因为确实存在这种情形,一个规范乃至一个法典由于某些特殊原因,几乎没有得到遵从,因而社会上也就不存在相应的习惯,但在有关机关正式废止之前,它始终还是法律;而之所以"看似",是因为这种诘问忽略了"习惯乃法律之根本"这一命题的哲学性、根本性,而沉溺于表面化、细节化的纠缠——具有前述属性之法律规范或法典之所以被认为是"法律",是因为根据它所处的法律体系的其他规范和机制而具有法律属性,因此,若作为整体的该法律体系本身丧失了法律属性,则其中所有的组成因素(包括具有前述特质的规范或法典)当然也就丧失了法律的资格。那么,存在一种完全没有相应习惯却仍可以被恰切地称为"法律"的有效"法律体系"吗?或者更进一步讲,存在一个没有起码的守"法"习惯却仍有一个(有效)法律体系的社会吗?从经验上看,我们似乎找不到这样的法律体系或社会;从逻辑上讲,规范本身似乎也内含着至少是某种程度的服从。申言之,如果我们把"习惯乃法律之根本"这一命题放到元问题或者说放到法哲学的层面来考察,就会发现至少前述例子无法击倒它。

既然习惯对于国家法具有"根本"的地位,则按照同样的思路,我们可

---

① Ronald Dworkin, Introduction, in Ronald Dworkin ed., *The Philosophy of Law*, Oxford: Oxford University Press, 1977, P. 2-3.

以得出这样的结论：习惯对于习惯法也具有"根本"之价值。甚至可以说，"习惯乃法律之根本"这一命题对于"习惯法（律）"具有更大的适切性。这是因为，除了是否存在某种习惯这一因素外，我们甚至找不到任何其他因素作为习惯法存在的判准。因此，虽然区分习惯与习惯法、国家法并指出它们分处于不同逻辑层面是必要且准确的，但因为这种必要性而无视它们之间的相互关联，则显然陷入了"过犹不及"之境地。

长期以来，人们似乎因了习惯法中的"法"字而这样定义习惯法：有国家强制力保障实施的习惯规范即习惯法。① 这种定义的不足有二：其一，如果习惯法是国家法的下位概念，那么，如何理解社会学、文化学、人类学等领域的"法（律）"？在这些领域中，所谓"法"其实就是"为了维护社会秩序，进行社会管理，而依据某种社会权威和社会组织，具有一定强制性的行为规范"②，或"法律只是我们文化的一个因素，它运用组织化的社会集团的力量来调整个人及团体的行为，防止、纠正并且惩罚任何偏离社会规范的情况"③。很显然，从根本上并没有什么依据来判定只有国家法才是法（律），而其他社会规范就不可以称为"法（律）"。与此相关联的，其二，习惯法作为一个本就因了社会学、人类学和文化学之研究才被带入法学视域的范畴，如果我们硬性地把它收编到传统法学的理论逻辑之中，是否本身就已经不合适？进一步讲，如果习惯法是国家法的下位概念，那么，是否还有什么特别的必要专门研究它？

三、关于习惯法与国家法的区别问题

关于习惯法与国家法的区别，学者高其才的相关研究最具系统性和代表性。按照他的研究，这些区别可以概述如下：第一，习惯法是特定群体意志的体现，经由群体成员反复实践而成，并由全体成员参与执行，而国家法则是通过暴力及某种形式的特许而形成，并由国家暴力机器保障落实；第二，习惯法尽管可能受国家法的影响，但其内容、效力范围、作用、执行等都自成体系；第三，习惯法更加生动、具体，在实际生活中可以弥补宏观、抽象的国家法之部分空白；第四，国家法随时代、政权的更替而废改，而习惯法则较少受外在环境的影响，具有相对长期稳定不变的特点。随

---

① 典型者如《中国大百科全书·法学卷》，中国大百科全书出版社 1984 年版，第 87 页；张文显、信春鹰、许崇德、夏勇主编：《法理学》，人民出版社 2010 年版，第 97～98 页；等。

② 高其才：《中国习惯法论》，中国法制出版社 2008 年版，第 3 页。

③ S. P. Simpson and Ruth Field, Law and the Social Sciences, in *Virginia Law Review*, (32), 1946: 855-867, at 858.

后,该学者特别强调习惯法具有如下特性:悠久性、自发性、连续性、强制性、确定性、合理性、一致性、可不成文性——尽管他并没有明确指出这些特性乃习惯法所有而国家法没有,但综观上下文,这应该是题中之意。①应该说,高其才关于习惯法与国家法之区别的讨论可谓系统、详尽,但若细究起来,则至少存在如下问题:

第一,他关于习惯法第一个特点的判断,存在不少理论上的漏洞。譬如,当他强调"习惯法是特定人群意志之体现"时,是否忽略了这样一个问题:此处所谓"特定人群"是否可能、可以是"一个行政区划",譬如一个国家?进一步讲,考虑到国家法的生成和执行,至少在一个宣称具有合法性的国家(不管是君主制、民主制或其他什么政制)中,也是由全体成员参与(分为直接参与和间接参与),因而,如果此处的特定人群可以是一国的国民,那么,岂非此一区别并非习惯法与国家法的内在区别,而仅仅是偶然性区别?同时,习惯法真的是"特定人群意志的体现"吗?我们认为,至少相对国家法而言,习惯法恰恰不是,或至少更加不强调"特定人群意志",因为习惯往往由几代,甚至几十代人在特定区域、语境中反复试错而形成,并且仅仅存在于特定区域或语境中,因而才有所谓"入乡随俗"之说法——而这"俗",恰恰并不强调是否是某些人意志的体现,毋宁说,它强调的是对语境或区域的依赖性。也正是在此意义上,我们才能理解何以拉兹称习惯法为"无作者的作品",以及他的如下判断,"很显然,当我们解释诸如习惯规范、礼仪、仪式或诸如此类的无特定作者的作品时,并不需要诉诸所谓作者意图"。②

第二,尽管高其才明确了习惯法在内容、效力范围、作用、执行等方面都自成体系,但由于他并没有明确这个所谓"自成体系"到底是怎样的体系,因而这第二点区别实际上可以说是空洞无物。那么,相对国家法而言,习惯法之"自成体系"到底表现在哪呢?让我们先来看看罗斯的论述:"虽然习惯规范(customary rules)也有其社会渊源(social origin),并且因此在具有相同社会背景(socila milieu)的情形中,与国家法会或多或少具有一致性,但即便如此,它们仍然是个别化的现象(individual phenomenon),因为对于习惯法而言,并没有设定可以创制、实施它们的普遍的强力机构之资格规范。无论是道德还是习惯(convention)领域,都没有专门的立法者(law-giver),也没有专门的法官,而由每个人自己判定应当如何根据

---

① 高其才:《中国习惯法论》,中国法制出版社2008年版,第4~5页。
② Joseph Raz, *Between Authority and Interpretation*, Oxford: Oxford University Press, 2009, P. 245.

相关规范安排自己的行为;相对应地,对违反道德或习惯规范的否定性评价(disapproval)也或多或少由每个人自己的态度所决定,尽管此种态度可能会为特定社会背景下的典型或压倒性观点所影响、决定。因此,当我们谈论习惯领域的行为规范时,无法将其客观性与法律领域的行为规范相提并论"。① 据此,可以认为,如果请罗斯来归纳习惯法之自成体系,那么结论将大体会是:它不像国家法那样有专门的创制、实施机关,而更多地诉诸主体的个体化感受、安排,因而是一种所谓的个别化现象(与制度化现象——institutional phenomenon——相对);以及,它在客观性,也即确定性方面不如国家法那么高。必须承认,罗斯的此种判断具有较强的说服力,但他显然忽视了如下根本的一点:既然习惯法与国家法分处不同的逻辑层面,那么,有必要、有可能对二者作一种有理且有力的比较吗?关于这一点,本部分结尾处还将涉及,故此处不赘述。

第三,至于习惯法更加具体、生动因而可以弥补宏观、抽象的国家法之空白,其实也仅仅是部分成立。更准确的说法似乎应当是,"部分习惯法更具体生动因而可以弥补某些宏观、抽象的国家法",与此同时,"部分国家法更具体生动因而可以弥补宏观、抽象的习惯法"。有关这一点,我们甚至都无须举例证明,而只需考虑如下事实就可以:一般说来,国家法由于涉及公权力的行使,因而总是力图做到权力法定,包括权限、行使程序、方法等各方面法定,这使得国家法至少在涉及公权运作问题时特别强调具体性,而习惯法则显然没有这种明确的要求。

第四,习惯法真的比国家法更少受外部环境影响吗?举例来说,在诸如"汉承秦制""清承明制"以及变(国家)法总是艰难等现象中,我们就很难看到此种区别,很多情况下国家法也有其强烈的、不输于习惯法的惰性;相反,考虑到国家法因其普适性而带来的牵一发而动全身之属性,以及习惯法所天然具有的实用理性(怎么方便怎么来),我们倒似乎有较充分的理由认为,习惯法具有更强的环境适应性,也即更大的可变性。

第五,关于悠久性、自发性、连续性、强制性、确定性、合理性、一致性、可不成文性等特点。这些特点固然可以用来描述习惯法,但细究起来却会发现,这些特点如果不是更适合于描述国家法,至少也是同样适用于国家法:中华法系1000多年的传承还不足以证明国家法的悠久性、连续性吗?哈耶克(F. Hayek)等人穷尽毕生精力所意欲强调的,不正是具有合法性的法律(国家法尤其如此)必定是自发的吗?就合理性而言,我们完全可

---

① Alf Ross, *On Law and Justice*, London: Stevens & Sons Limited, First edition in 1958, P. 61.

以找到单纯依据习惯就能存在，不需要考量具体内容是否具有合理性，却为人们所接受的习惯法——显然，我们很难找到这样的国家法。或至少可以说，国家法多以内容的合理性为追求，而习惯法则并不必然具有此种追求。① 至于一致性，相对而言，国家法比习惯法更具有此种特点，这既因为国家法之公权属性的内在要求，也因为习惯法本身的多源头性。可以说，在高其才关于习惯法特点的这些表述中，也许只有"可不成文性"这一点更适合于描述习惯法而非国家法，但考虑到尚有英美普通法实践的存在，因而，即便是这一点，也尚有进一步推敲和斟酌的可能。

第六，从宏观方面讲，如上分析也存在明显的逻辑不清晰问题。也即，该研究者所总结、归纳出的习惯法与国家法之间的四点区别，它们相互之间的逻辑关系并不明确，因此，我们完全有理由问：为什么是这四个方面？而不是另外四个方面？又，为什么是四个方面？而不是三个方面或七个方面？可以说，我们几乎很难确定这四点区别所依凭的逻辑框架，进而只能认为它不过是大脑风暴的结果。另外，如上分析也明显反映出我们在分析、论说习惯法时的国家法理论思维和进路，也即，用国家法理论的立场、进路和范式来研究习惯法，这种思路上的错位，既可能扭曲习惯法的本来面貌，也可能进一步降低其关于二者区别之判断的准确性。

除了如上宏观问题外，包括高其才观点在内的既有相关讨论，还存在如下一个宏观并且更"要命"的问题：高其才乃至罗斯对于习惯法与国家法之区别的分析，为什么会如此经不起推敲？现在看来，这可能主要是因为习惯法与国家法本就是从不同立场、角度对社会生活进行把握的结果，因而两者的关系颇类似于"关公"与"秦琼"，或"哺乳动物"与"陆地动物"的关系。申言之，由于习惯与习惯法分处不同的逻辑层面，因而，任何关于二者具体区别的分析、描述都可能难以成立。进而言之，如果非要找出两者的差异，或许我们只能说：习惯法是从文化学、人类学、社会学角度，因而也主要是从结构、功能的角度对社会生活某个层面的抽象、命名，而国家

---

① 当然，"合理性"（legitimacy）是一个很难界分清楚的概念。以韦伯为例，他一方面将合理性分为形式合理性和实质合理性（这也是为学界所更熟知的分类），但在论说"社会行动的类型"问题时，他又依社会行动所建立的合理性基础将其分为工具合理性的、价值（目的）合理性的、情感合理性的和传统合理性的（[德] 马克斯·韦伯：《社会科学方法论》，杨富斌译，华夏出版社1999年版，第59~60页）。我们此处所谓的"合理性"更多地指的是实质合理性与程序合理性角度的合理性，而非从事物赖以建立的基础角度之合理性。

法则是从纯粹法学①,因而也主要是从权利—权力、权利—义务角度对社会生活某个层面的抽象、命名。而如果一定要比较两者的具体区别,则必须先把它们统合到一个更高(上位)的范畴或概念底下(譬如"社会控制",或"规范现象"等),并以这一上位概念为基准方可进行,而非如当下许多学者那样,在没有确立这一上位概念的前提下进行比较,进而注定会堕入逻辑混乱抑或根本没有逻辑的"大脑风暴"式境地。

综言之,欲比较习惯法与国家法之具体区别,首要的是正视它们分处不同逻辑层面这一事实,进而确立一个可以很好地统合两者,又能够较为恰切地提供比较框架的上位概念。②舍此,则几无可能进行任何严肃的学术判断。

第三节 习惯法的规范认同机制及其对法治的启示
——以黔东南苗族、侗族习惯法秩序为例

一、从规范认同对于法治的重要意义说起

美国法学家富勒曾断言,法治就是使人类行为服从于规则之治的事业。③如果我们认可富勒的这一判断,则可以得出如下结论,即,法治的实现就是法律规则的实现,也即法律规则被相关社会主体实际遵守。而一项规则要获得人们的遵守,从主体心理——人之行为是其心理的外化角度看,有一个必不可少的逻辑前提,那就是,人们对于该规则具有某种情感体验或价值认同——在这里,我们不妨称之为"规范认同"。

规范认同是否存在,以及认同的程度如何,都会影响法律运行的实际效果——可以说,规范认同是规则得以实现也即法治得以实现的一个永恒

---

① 在法学导论中讨论法学学科体系时,有这样一种说法,"从法学和其他学科的关系这一角度来看,法学又可分为法学本科和法学边缘学科","法学中除本科外,还包括法学与自然科学、工程、技术科学或其他人文社会科学之间的一些边缘学科,如科技法学、犯罪学、司法鉴定学、法律精神病学、证据学、法律统计学、法律教育学等"(沈宗灵主编:《法理学》,北京大学出版社2003年版,第6页)。我们所谓"纯粹法学"大体与此处的"法学本科"同,而非特指意义上的凯尔森纯粹法学理论(the pure theory of law)。

② 就我们当下的考量而言,目前似乎没有什么概念或术语可以很好地扮演此种角色。以文中提到的"社会控制"来说,由于其更多地具有社会学面向,因而很可能导致扭曲国家法所具有的政治学属性,这就正如以国家法理论考究习惯法可能导致对后者的扭曲一样(这也正是当前许多学者不自觉陷入的困境);至于文中提到的"规范现象",则可能过于宽泛以至于很难提供一个具体可行的比较框架,这就正如把"存在"作为两者的上位概念将很难提供一个成熟、具体而可行的比较框架一样。基于此种考量,这里不拟对两者的具体区别展开分析。

③ [美]富勒:《法律的道德性》,郑戈译,商务印书馆2005年版,第124~125页。

参数和变量。只有当对规则具有情感上的体验或价值上的认同时，人们才会自觉地遵守规则。也许有人会反诘说，何以在解释很多的情况下，即便人们对特定规则并没有此种认同，他们却还是会遵守规则？必须承认，在现实生活中，这种情况并非没有，甚至还相当普遍。那么，此处的立论是否有问题？当然不是。

从经验角度看，我们可以区分两种遵守规则的行为：一是基于内心确信而遵守规则，二是基于功利考量而遵守规则。其中，在前一种情况下，主体选择遵守规则，仅仅是由于他认为自己必须这样做，舍此别无他因——当然，如果这样做的结果能使其获益，也并不排斥。后一种情况下，主体是否遵守规则，取决于功利的考量，也即，人们在作出是否遵守规则的决定前，先要进行功利权衡：如果遵守规则能使其获益，就会选择遵守；反之，如果不能获益，哪怕是短期不能获益而长远终将获益，或者违反规则比遵守规则获益更多，他都会选择违反规则（上述诘问所反映出来的现象主要应属于此种情形）。简言之，"只有在服从规则而不是抵抗规则更有利于促进他的目标这个范围内，他才服从规则"[①]。因而，后一种情况的遵守规则并不以对规则的认同为前提，人们之所以选择遵守，仅仅是因为这样做更符合他的利益，特别是眼前利益——在这里，之所以强调"眼前利益"，是因为我们也和哈耶克一样认定在大部分情形中，由于人之理性和认知能力的有限性，一个人不可能预见到自己行为的所有后果（包括利益和弊害）。[②]

由于法律的一项重要功能就在于，在相互冲突的利益中寻求均衡与协调，因而，它在确认和保护某一利益的同时，很可能会忽略甚至压制另一与之相冲突的利益。在这个意义上，我们可以说，任何一项规则的出台，都同时伴随着违反这一规则的群体的相应"潜伏"或出现。换句话说，如果我们承认个体社会角色的多面性，那么，按照一种功利主义式的守法逻辑，则任何社会主体都有违反规则的可能——因为任何人都可能成为某一规则的对立面。因此，倘若在一个社会中，人们遵守规则完全或主要立基于功利考量，那么，这个社会的法治是很不牢靠的，它随时可能土崩瓦解。也就是说，真正的法治一定建立在人们基于内心确信而守法的基础之上。

---

① [美]R.M. 昂格尔：《现代社会中的法律》，吴玉章、周汉华译，译林出版社 2001 年版，第 25 页。

② 这正是哈耶克反理性建构主义的认识论基础。[英]哈耶克：《自由秩序原理》（上册），邓正来译，三联书店 1997 年版，第 5 页；[英]哈耶克：《致命的自负》，冯克利、胡晋华等译，中国社会科学出版社 2000 年版，第 14、19～20 页；等等。

申言之，基于内心确信的守法是法治所必需的，而基于功利考量的守法则是法治所要否弃的，至少是不应当提倡的：因为唯有前者才有利于实现和维护法治，才能够真正达到使人类的行为服从于规则之治，而后者则会动摇甚至瓦解法治。那么，如何让人们基于内心确信而遵守规则？也即，如何培养人们对于规则的认同？

二、经验式认同：一种有效的习惯法认同方式

在《公民身份与民族认同》（1990）一文中，在谈及政治认同模式的问题时，哈贝马斯曾提出一对关于政治认同模式的范畴，即"授予性"认同与"获得性"认同。① 尽管该文并没有对两者作进一步界定，但从字里行间来看，他所谓的授予性认同，应当是指基于人们之间某种先天的共同属性而产生的认同，例如血缘、传统等；而所谓获得性认同，则是指基于主体的某种自觉行动而产生的认同，例如共同参与和交往的实践。可以看出，在前一种认同模式中，认同的基础具有一定的先在性，也即，它是先于主体而存在的，换句话说，认同的产生建立在一个被事先给定的、外在于人们的事物之上。而在后一种认同模式中，认同的基础来自于主体的经验，也即，之所以会形成认同，是因为人们切身感受和体验过。

也许会有读者对如上略带推测意蕴的分析持不同看法，但就此处主题而言，这或许并不重要，因为我们所"看中"的并不是这一对范畴本身，而是蕴含于其中的关于认同模式的划分思路——依循哈贝马斯的如上思路，可以认为，人类对规则的认同也可以分为两种主要模式：先验模式与经验模式。先验模式是借助人们对某种神灵的信仰或对某些超验事物的笃信而产生的认同，它通过信仰，并以不断宣扬和重申的方式来解决认同问题，此种认同方式是"授予性"的。经验模式则是借助主体的切身体验而产生的认同，它通过主体的参与，也即通过融入主体的主观感受、利益表达和行为实践等来实现认同。

先验模式首先借助神灵信仰来实现认同。这里的"神灵"，既包括人格神，也包括自然神。世界各大宗教多是通过人们对人格神的信仰来实现对教法规则之认同的：犹太教和基督教通过人们对上帝的信仰来实现对摩西律法的认同；伊斯兰教通过人们对真主的信仰来实现对沙里亚法的认同；印度教通过人们对梵天的信仰来实现对教法规则的认同；等等。当然，除人格神外，对自然神的信仰也有助于人们的规则认同——古代中国便利用

---

① [德]哈贝马斯：《在事实与规范之间——关于法律和民主法治国的商谈理论》，童世骏译，生活·读书·新知三联书店 2003 年版，第 658 页。

人们对"天"的信仰,来论证规则的合法性从而实现认同。除神灵信仰外,先验模式还借助某些超验事物来推进规则认同。从很大程度上讲,自然法学派所宣扬的自然法、历史法学派所倡导的民族精神等,都具有促进认同的功能。自然法学派认为,在实定法之外,存在一种适用于宇宙万物、在一切时空范围内有效、体现自然正义精神的完美无缺的法律体系——自然法。他们同时认为,通过运用人类的理性,可以制定出一套与自然法的原则和精神相一致的实在法体系。这就是说,经由人类理性精心策划和制定出来的法律,可以体现自然法的精神——对于这样的法律,人们当然是会予以认同的,因为对公平、正义等超验价值的笃信,是任何形式的人类组合所共有的。同样,历史法学派所提倡的民族精神,也有利于促进人们对规则的认同。在该学派看来,法律就像语言一样,是伴随着民族的成长慢慢演化而来的,它承载着民族的经验、情感和价值,体现着民族的精神,并使民族的记忆连贯。① 既然法律是"民族精神"的体现,那么,它获得民众的认同也就是理所当然的,因为认同这样的法律就等于认同自我,认同自我的存在及意义。

由于先验模式通过信仰来解决认同问题,这一点使得它基本不能顺应现代社会的需要,至少不能成为现代社会中主导性的规范认同模式。因为正如韦伯所言,现代社会是一个"脱魅"的时代,一个"诸神与诸魔"的时代,在这样的时代,任何"意义"和"共识"的建立,都变得非常困难甚至不可能。② 身处这样的时代,我们不能奢望乞灵于信仰,至少不能对其寄予过高的期望,因此,法治追求者客观上不能,也没有必要去过多追求先验式的规范认同模式。③

那么,什么样的认同方式能够顺应现代社会的需要呢?习惯法的规范

---

① 如作为历史法学派代表人物的萨维尼就认为,"法律……其为一定民族所特有,如同其语言、行为方式和基本的社会组织体制。……它们实际乃为一个独特的民族所特有的根本不可分割的禀赋和取向……将其联结一体的,乃是排除了一切偶然与任意其所由来的意图的这个民族的共同信念,对其内在必然性的共同意识","法律随着民族的成长而成长,随着民族的壮大而壮大,最后,随着民族对于其民族性的丧失而消亡"([德]萨维尼:《论立法与法学的当代使命》,许章润译,中国法制出版社2001年版,第7、9页)。

② 罗尔斯也认为,在现代社会,"完备性哲学学说和道德学说同样都无法获得公民的普遍认可,而且,它们再也不能——如果说它们曾经能够的话——作为人们公开承认的社会基础来发挥作用了"([美]罗尔斯:《政治自由主义·第一讲》,万俊人译,载汪晖、陈燕谷主编:《文化与公共性》,三联书店2005年版,第246页)。

③ 事实上,在当今社会,乞求通过信仰来解决规范认同问题的人比比皆是。远者如美国的伯尔曼教授,他宣称:"法律必须被信仰,否则它将形同虚设"([美]伯尔曼:《法律与宗教》,梁治平译,中国政法大学出版社2003年版,第3页);近者如中国的谢晖教授,他力主"法律信仰是法治社会最坚固的支持系统"(谢晖:《法律信仰的理念与基础》,山东人民出版社1997年版,第1页);等等。

认同模式也许能给我们一些启示。习惯法是特定社会群体在长期的生活实践中，逐渐发展起来的一套规则体系。这套规则体系的最大特点，就在于主体的广泛参与性；而人们对这些规则的认同，也正是基于此种参与性。在习惯法规则形成的过程中，人们将自己的利益和需要、情感和信念融入其中，因而，对于这样的规则，人们当然容易产生认同，因为认同这些规则，就是肯定自己的需要和情感。

具体来说，习惯法的经验式认同之形成，主要通过以下两种途径：首先，规则的形成融入主体的广泛参与。习惯法并非立法者刻意创造的产物，而是由相关主体在日常生活中不断累积、反复经验而成，是"由民间日常生活中自动显现"①的一套规则体系。习惯法中的各种规则，尤其是有关利益分配的规则，无一不是相关主体在长期的利益博弈中，经过反复较量和深思熟虑才得以成形，"它们从无数次个别的和偶然的交往、讨价还价乃至冲突中逐渐形成和显现出来"②。无论是传统意义上的习惯法，如民族法、宗族法、行业法等，还是现代意义上的习惯法，如社区法，都是在实用理性的指导和支配下，经过反复经验而逐渐演变出来的。

其次，规则的运行融入主体的广泛参与。生活于习惯法秩序中的人们，亲历规则的实施，并参与对它的发展和改造，是他们生活的一部分。人们自出生始，便融入习惯法所安排的秩序中；而在此后的人生中，他们不仅无数次地目睹和经历规则的实施，还用自己的经验和理性去参与规则的发展和演化。特别是当出现纠纷时，在纠纷调处过程中，人们在其中扮演着重要的角色，"此一场合的当事人在另一场合可以是中证人，又在另一场合是出面调处的'公亲'"③。而对纠纷解决的参与，是经验规则的重要方式，它能够深化人们对于规则的理解。同时，由于习惯法的纠纷解决过程往往具有较强的戏剧效果，因而，它还能给前来观看的人们一种极为生动的体验，这种体验也能够强化他们对于规则的认知。

形成和运行中的这种广泛参与性，使其更容易获得人们的认[同。一]方面，[人们在]参与塑造和实施规则的过程中，已将自身的经验、情感和信[念融入其中。一]方面，规则本身是由他们的日常生活而显现，规则表达了[他们的需要，调]和了他们的冲突，承载了他们的情感和信念。④另一方面，

① 梁治平：《清代习惯法：社会与国家》，中国政法大学出版社1996年版，第53页。
② 梁治平：《清代习惯法：社会与国家》，中国政法大学出版社1996年版，第57页。
③ 梁治平：《清代习惯法：社会与国家》，中国政法大学出版社1996年版，第163页。
④ 正如梁治平所说，习惯法"直接产生于日常生活，其功能主要为实用的，不像正式的律典那样有更强的符号意味"（梁治平：《清代习惯法：社会与国家》，中国政法大学出版社1996年版，第50～51页）。

规则的实施和实现成为他们生活的一部分,维护规则、发展规则是他们的生活本身,而经历和目睹纠纷的解决,又能使他们对规则的认知不断深化和形象化——这些都在不同程度上强化了人们对于规则的认同。

习惯法的这种独特认同方式,能够解释何以在没有强大国家制裁的习惯法秩序中,规则却能得到很好的维护和实施。因为由经验铸就和强化的规则,本身就隐含着一种无形的制裁机制:违背规则就等于违背人们共同的经验、情感和信念;更重要的也许是,违背这些经验性规则,往往可能带来人们意想不到的"恶果"——正如前述,人并不总是能够认识到自己行为的所有后果。也正是在这一意义上,我们才能理解哈耶克的如下论断,"如果人类的生存依赖一种特定的、受规则支配的、其效果已得到验证的行为方式,那么,他当然不会仅仅为了眼前一时的好处,便去选择另一种行为方式"①。因此,一种基于自身经验而成的规则,在多数主体那里,都是能够获得认同(按哈耶克的思路则是"不得不认同")并被认真遵守的。这种对待规则的态度是法治所需要、所渴求的——而这,正是习惯法对于法治的重要意义所在。

三、一个例证:黔东南苗族、侗族习惯规范② 的认同机制

(一)"埋岩"或"勒石定规":一种具有广泛参与性的习惯法形成活动

苗族、侗族历史上没有文字,在无文字状态下,苗侗先民以石头为象征和载体,采用埋岩的方式产生法律,从而形成了"石头法"这一独特的法律样态。所谓埋岩,是将一块长方形的石条半截埋入泥土,半截露出地面,石头上并无文字,却能有效地规范人们的行为和调整社会秩序。在苗族地区,当某地出现一些急需解决的社会问题时,地方头人或头人代表就会聚集到一起,共同商议解决方案。如认为有必要以"埋岩"的方式解决问题,便会进一步商议具体的埋岩时间和地点,而后以苗族传统的信息传递方式,向本地域内的各个村寨发出通知,要求人们参与群众大会或代表大会,

---

① [英]F.A. 哈耶克:《致命的自负》,冯克利、胡晋华等译,中国社会科学出版社 2000 年版,第 3 页。与哈耶克一样,李泽厚也非常推崇人类的经验,他将由历史建立起来的、与经验相关的合理性(reasonableness)称为历史理性,并认为这种理性依附于人类历史——人类群体的现实生存、生活、生命的时间过程——而产生,而成长,而演变推移,它具有足够灵活的"度"(李泽厚:《历史本体论·己卯五说》,生活·读书·新知三联书店 2003 年版,第 43 页)。

② 本部分关于苗族、侗族习惯法规范的分析,材料依凭主要来自于徐晓光教授所作《原生的法:黔东南苗族侗族地区的法人类学调查》,该书由中国政法大学出版社 2010 年出版,在此特别予以说明。

并以此为组织形式进行埋岩,从而产生相应的习惯法规范。通常,以埋岩形式所产生的习惯法规范,也即所形成的"决议",会以口头形式向与会者宣布。与会者领受这些"决议"后,再回去向各自所在的村寨传达。而对于一些内容非常重要的埋岩活动,头人在回到本村寨后,会再次采用埋岩的形式,向本村寨的民众再现埋岩的内容。就法律效力来讲,埋岩所产生的规范一经通过,便具有法律效力,相关民众必须遵守。①

而侗族的"约法款"则是在款坪集会时议定或宣布。在举行此种集会时,一般会在款坪的中央砌一个土台,即所谓"款坛",坛上竖一块巨石,形状带方而扁平,称为"款石"。款组织在议定或宣布第一条款约时即立此石,称为"勒石定规"。与苗族的埋岩相类似,款石上也没有文字。然而,虽无文字,但参与立款的民众对此次"勒石"的由来与目的,以及"勒石"之后所产生的习惯规范之具体内容,都了然于胸。此后,如有人做出此次"勒石"所指向的行为,便会被拉到款坪上,在款石前进行处理,此种活动被称为"聚款"。也因此,在侗族的语言中,通常会把犯罪叫作"犯岩"。②

而埋岩的形式,具体说来,包括三种类型,即:立法/先例型埋岩,实施/重申型埋岩和修正/废止型埋岩。立法/先例型埋岩同时具有立法和确定先例的意义。埋岩的起因通常是由于社会出现了某个亟须解决的重大问题,因此埋岩的目的首先是为该问题寻求解决方案;同时,该解决方案又不仅仅针对该特定问题,它还可以适用于以后发生的类似情状,因而,埋岩又具有确定一般规范的意义。与苗族相类似,侗族的每次"勒石定规"也为此后的"聚款"提供规范和先例。实施/重申型埋岩通常适用于以下情形:对于涉及面广、内容重大的埋岩活动,各地方头人参加完埋岩会议回到本村寨后,为更准确和正式地向本地民众传达埋岩会议的精神,会再次以埋岩的形式,将此次埋岩所确立的规范向村民公布。需要特别指出的是,从江县的苗族会通过"凿岩会议"重申乡规民约。此类会议通常由寨老主持,并且要杀牛吃肉,有时还要送"串串肉"(即用竹签将肉块穿成串挨户去送)。在具体的仪式上,通常需要到祖先专为制定和实施榔规而埋下的岩石那里去,由寨老用插钎来凿岩。寨老在举行这一活动时,通常会一边背诵议定的法规,一边凿岩。凿岩结束后,任何人不得违反。修正/废止型埋岩则主要盛行于黔桂边界地区的苗族。在那里,当人们认为需要对

---

① 徐晓光:《原生的法:黔东南苗族侗族地区的法人类学调查》,中国政法大学出版社2010年版,第25、26页。

② 徐晓光:《原生的法:黔东南苗族侗族地区的法人类学调查》,中国政法大学出版社2010年版,第48、49页。

某项岩规作出修正时,就会把群众召集到一个事先选好的地方进行栽岩,把一块石头一半埋在地下,另一半露在地面,通过一定的仪式重申古理古规,然后根据当时的情况进行修改和补充,形成新的规约,以此作为约束人们行为的规范。而侗族在修改已经过时、不再具有实际效力的规约,增添新的规约时,由于条件的限制和组织的不易,并不经常采用埋岩的形式,而是把人们召集到祖先先前埋岩的地方,通过一定的仪式补充一些新的规约。① 在埋岩程序的运作过程中,"埋岩头人"扮演着相当重要的角色。"埋岩头人是当地苗族的自然领袖,也是苗族埋岩古规的执行者。埋岩头人不能自封,也不能世袭,不需选举,也无需任命,他们一般是在长期社会实践活动中逐渐显露出才华,并被公认为'好人'的自然领袖。"② 其职能除了在埋岩时当众宣布此次埋岩所形成的法规这一核心工作外,还负责在埋岩前发动辖区内群众参加埋岩活动,代表辖区群众参加头人议事,以及埋岩程序结束后宣传埋岩法规,监督埋岩法规在本地域内的执行情况和对所出现问题的处理情况。由这样具有德性和权威的领袖作为埋岩活动的运作者和埋岩法规的公布乃至宣传和监督执行者,无疑有助于增加整个埋岩活动的公众参与度,以及民众对埋岩所产生的规约的信任和支持度,从而使埋岩法规获得更大的合法性和有效性——这也从一定意义上验证了埃尔曼的一句话:"有德性的人本身便是秩序的渊源"。③

综观整个埋岩活动,我们可以发现两个十分鲜明的特色。一是埋岩前的充分讨论和磋商。"埋岩大会的筹备工作由埋岩头人及有关代表人物负责,他们往往经过无数次的相聚酝酿、磋商。这种酝酿时间,少则几天,多则几个月,甚至几年。在酝酿过程中,一般围绕三个问题进行:一是分析目前所产生的社会问题的严重性和解决的迫切性;二是协商解决的办法和措施;三是推选埋岩会议的主持人和宣布法规的人,即立岩人。"④ 这样,事先充分的讨论和协商,使得针对特定问题所提出的解决方案表现出足够的理性和广泛的参与度,也即,人们的意见得以充分地表达,相关因素被反复而周密地考量,而各村寨头人及代表人物的参加又保证了磋商过程的广泛参与。这些都使得经由讨论而形成的具有规范性的解决方案更容易获

---

① 徐晓光:《原生的法:黔东南苗族侗族地区的法人类学调查》,中国政法大学出版社 2010 年版,第 28、55 页。
② 徐晓光:《原生的法:黔东南苗族侗族地区的法人类学调查》,中国政法大学出版社 2010 年版,第 27 页。
③ [美]埃尔曼:《比较法律文化》,贺卫方、高鸿钧译,清华大学出版社 2002 年版,第 71 页。
④ 徐晓光:《原生的法:黔东南苗族侗族地区的法人类学调查》,中国政法大学出版社 2010 年版,第 26 页。

得人们的认同,以及在此基础上的普遍遵守。这就正如昂格尔和伯尔曼所言:"一个人对规则的忠诚来自于这些规则有能力表达他参与其中的共同目标,而不是来自于担心规则的实施所伴随的伤害威胁"①;"法律活动中更为广泛的公众参与乃是重新赋予法律以活力的重要途径。除非人们觉得那是他们的法律,否则就不会尊重法律"②。

二是对于岩规的独特认可和接受方式。具体的埋岩程序一般是这样的:"首先,由几个人将一块用作埋岩标志的石块立于'立岩人'讲话的地方。在岩前用草或木叶铺在地上,上面覆盖着一排碗,碗的数量根据此次埋岩活动各村寨头人的数目而定。然后由'立岩人'诵词祭祀。诵词内容包括:叙述埋岩的由来,埋岩在各个历史时期对苗族社会的作用,祭祀埋岩创始人及历届已故埋岩头人的亡灵。祭毕,杀猪或宰牛,利用这段时间群众自由交换意见,头人再次商议这次埋岩所要订立的法规。然后,猪或牛煮熟后,把肉和内脏切成小片,将岩前摆放的碗翻起,放入少许内脏,斟酒。由'埋岩头人'当众宣布此次埋岩所形成的法规,然后由主持人按各村头人名次,点名依次上前领酒。酒碗领完后,由'埋岩头人'再祭祀一番。其内容有:说明埋岩法规已经订立,各村头人已经代表各村寨的群众认领'岩规',重申岩规要人人遵守,违者必究,并预祝问题得到圆满解决。最后,会议开完,把请来的埋岩创始人及历届埋岩头人的亡灵送回去,祭完后,各村头人领取分好的肉串,即散会。当晚(路远的次日晚),埋岩管辖区内各家各户家长把分得的肉煮好全家吃,并向全家人宣布这次埋岩法规的内容,教育家人要遵守法规。有些人家有人外出了,就将肉做成腊肉,等他们回来时,便取出肉来煮给全家吃,并借此机会让全家熟记所订规约。人们一旦吃了这次埋岩所分得的肉,就说明大家已承认了这些法规,因此,人人必须自觉遵守,还要'教子教孙传千代'"③。

从上述程序介绍可以看出,人们对岩规的认可和接受是以喝酒吃肉的方式来表达的。村寨头人以在埋岩程序中喝酒和吃现场煮好的肉,作为认领岩规的方式,各村寨的群众则以吃头人带回来的"串串肉",来表达其对新岩规的接受。各家在吃"串串肉"的同时,家长还会向全家宣布新岩规的内容,并以此让大家熟记规约,如恰逢有人外出,还要将肉做成腊肉,待

---

① [美]R.M. 昂格尔:《现代社会中的法律》,吴玉章、周汉华译,译林出版社2001年版,第29页。
② [美]伯尔曼:《法律与宗教》,梁治平译,中国政法大学出版社2003年版,第35页。
③ 徐晓光:《原生的法:黔东南苗族侗族地区的法人类学调查》,中国政法大学出版社2010年版,第27页。

其归来后全家一起吃。人们吃了"串串肉",就表明已承认了岩规,此后,岩规不仅可以规范和约束他们的行为,对他们的子孙后代也具有同样的效力。在这里,岩规的合法性不仅来自于埋岩前人们的广泛参与和充分讨论,还来自于他们对岩规的独特认可和接受方式。人们通过一定的仪式来"接收"岩规,无疑具有强化岩规的权威和神圣性之文化意义,因为"法律的各项仪式(包括立法、执法、协商以及裁判的各种仪式),也像宗教的各种仪式一样,乃是被深刻体验到的价值之庄严的戏剧化。在法律和宗教里面都需要有这种戏剧化,不仅为了反映那些价值,也不仅是为了彰显那种认为它们是有益于社会的价值的知识信念,而且是为了唤起把它们视为生活终极意义之一部分的充满激情的信仰"[1]。通过吃"串串肉"这一仪式,新产生的岩规以一种更加权威和合法化的色彩被人们接受。除了增强岩规的权威和合法性之外,这种认领岩规的方式还具有宣传和普法的功能。这一功能主要体现于村寨头人给各家分"串串肉"和每家在食用"串串肉"的过程中:头人在分"串串肉"时要向每户家长传达埋岩法规的内容,而家长在全家共吃"串串肉"时又要将岩规的内容向家人宣告,即便外出的人也不会被遗漏,此外还要传及子孙后代。这种层层传达式的宣传无疑是一种极为有效的普法方式,它不仅使"石头法"的内容为当下人所熟知,而且将其内化为一种"文化基因"而遗传给后代人,从而使"石头法"获得持久的效力。

(二)理场辩论:一种具有深度体验性的纠纷解决方式

黔东南苗族在出现纠纷时,一般先找族中的长者或舅爷进行调解,如果调解未成,则要请理老来公断。理老一般由熟谙古理榔规又能言善辩的人担任,他们通常是村落社会中知识、阅历丰富并受人尊敬的长者,不仅熟谙古理、古词,而且能言善辩,能够灵活、自如地运用"古理"和"先例"。理老裁决纠纷时,一般要开设理场,进行辩理——这种程序有些类似于正式诉讼制度中的法庭辩论。在这种辩论中,当事人双方都有各自的代理人(称为"理师")代为"起诉"或"答辩"。与国家正式诉讼程序不同的是,此种起诉和答辩并不是面对面进行,而是"背靠背"进行,也即各自单独设置理场,并各请理师。且所请理师通常为两人以上,其中一人为"掌理师",其职责在于主持理场;另一人为"送理师",其职责在于往返于两边理场,传递理情。理场辩论由理师来主持,当事人双方各自陈述自己的理由,提供证据,并相互辩斥,理师会根据双方所陈述的内容和案情,来即兴编作和

---

[1] [美]伯尔曼:《法律与宗教》,梁治平译,中国政法大学出版社2003年版,第22页。

唱诵理词。①

毫无疑问，以此种方式处理案件，不仅可以生动、形象、细致地向人们展现案情，给人身临其境之感，也是一种极为有效的习惯法普及和教育方式。理场辩论犹如一场生动的戏剧表演，理师所唱诵的理词，以一种极具感染力的方式，向人们生动地再现案情，并有效地宣示着习惯法规范的内容，从而以一种潜移默化的方式对习惯法规范起着普及和教育作用。与此同时，通过对理场辩论的参与和观摩，社会大众对习惯法规则有了一种深度体验，此种体验对于社会秩序的形成，具有相当重要的意义，尤其在一个小型社会中更是如此。诚如费孝通所言，"乡土社会的信用并不是对契约的重视，而是发生于对一种行为的规矩熟悉到不加思索时的可靠性"②，对习惯法规则的深度体验，不仅有助于强化人们对规则的认同，还可以使他们的日常行为达致一种"从心所欲而不逾矩"的境界。

（三）理词（款词）和古歌：提升规则认同的独特艺术形式

苗族民众在埋岩或诉讼的过程中，分别会唱诵一种理词。前者称为埋岩理词，后者则为诉讼理词。埋岩理词通常由两部分构成：一为通用埋岩理词，它是每次埋岩活动都必须使用的理词——苗族埋岩头人在每次埋岩活动中都会首先叙述苗族埋岩的由来，埋岩在苗族历史上所起的作用等；二为专用埋岩理词，它是根据每次埋岩活动所解决的不同社会问题而编制的理词，只供本次埋岩活动所用。诉讼理词则是在案件审理过程中，由理老唱诵出来的歌词。它通常也由两部分构成：一是理老据以裁决案件的法理或先例，二是理老根据当下案件所作的一些即兴发挥。根据徐晓光的介绍，理词多半以盘歌形式演唱，要么以叙事的形式吟唱，要么以道白的形式对唱，听起来和谐悦耳、古朴雅致、朗朗上口，从而使在场的人们很容易记住。

可以说，埋岩理词和诉讼理词，都是关于苗族习惯法规范的有效诠释方式。其中，埋岩理词不仅可以向人们阐释埋岩的合法性——这是由通用埋岩理词来实现的，还可以向人们展现每次埋岩活动的具体缘由以及经由埋岩所确认的习惯法规范的具体内容，这无疑具有规范宣示的意义——这一功能是通过专用埋岩理词来实现的。而理老在调解纠纷过程中所唱诵的理词，同样具有这两方面的功能：理词中对于法理、先例的引用，实际上是对既有习惯法规范的再现和重申，而针对当下案件所作的即兴发挥，则

---

① 徐晓光：《原生的法：黔东南苗族侗族地区的法人类学调查》，中国政法大学出版社2010年版，第64、66、67、105、106页。

② 费孝通：《乡土中国》，三联书店1985年版，第6页。

可以让人们更深切地感受到规范在具体个案中的适用情况。总之，埋岩理词和诉讼理词，既是对习惯法规范合法性的有效阐释，也是对习惯法内容的极好诠释。这两种形式，都能够很好地促进人们对习惯法规则的认同。

与苗族不同，侗族则使用款词来承担苗族理词的功能。据徐晓光介绍，款词起初仅限于款众集会时由款首在款坪内讲诵，其内容也只是发布款的规约或讲述款的历史。后来，款首为了使其内容更易于讲诵和记忆，并使听众感到兴奋，便尽量使用一些生动、形象的语言，这样一来，款词逐渐成为一种兼具严肃性和艺术性的口头文学形式。同时，款词的内容不断丰富，讲述的范围也逐渐越出款坪，成为流传和应用范围非常广泛的文学形式。需要特别指出的是，侗族的款组织在款规订立之后，为促使款众（村民）牢记款规并认真遵守，每年会于固定的时间举行讲款活动，称为"三月约青""九月约黄"，即农历三月农忙备耕和农历九月作物即将收获之时，重申款约条规。讲款活动通常以村寨或鼓楼为单位，全寨或全族人都要参加，由有威望的寨老、款首或款师当众背诵《约法款》或其他方面的款词，整个讲款活动处于一种庄重而神秘的气氛之中。讲款者一般都站在高高的石台或板凳上，手中拿一大把用禾秆草或芭茅草挽成的草结。他每讲完一条，听众都会齐声高呼"是呀""对呀"作为回应，而后讲款者会将一根草结放在神台上，以示此条已经讲完。接着再讲一条，直至将各条讲完，由此而使家喻户晓，人人皆知。①

除理词外，苗族还经常以古歌的形式来诠释和传播规范。苗族的古歌有很多不同的种类，其中具有规范意义的主要是埋岩古歌和诉讼古歌。埋岩古歌以埋岩为叙事内容，在形式上比埋岩理词更形象、具体和生动，其主要功能在于，对历次埋岩活动的内容进行宣传和普及。②而诉讼古歌则通常是由一些情节曲折、具有故事性和代表性的案例所编成的叙事民歌。从传播的广度来看，古歌要远远胜过理词，这是因为，理词只为"专业人士"所唱——埋岩理词是主持埋岩的人所唱诵的，诉讼理词则为裁决纠纷的理老所唱诵，而古歌则以歌唱的形式为广大群众所传唱，因此其流传更加广泛。可以说，埋岩古歌和诉讼古歌，以一种极具情节性和艺术感染力的方式，不断地向人们宣示和输送着苗族习惯规范的内容及其对具体纠纷的处理。此种艺术化的法律宣示和输送方式，相比于刻板的国家法律传播方

---

① 徐晓光：《原生的法：黔东南苗族侗族地区的法人类学调查》，中国政法大学出版社2010年版，第111、107、108页。

② 徐晓光：《原生的法：黔东南苗族侗族地区的法人类学调查》，中国政法大学出版社2010年版，第67、79页。

式，能够起到更好的传播效果，它在民众中的反复传唱，具有一种"润物细无声"之功效。也就是说，在传唱这些古歌的过程中，人们会不经意地被其中所蕴含的规范意蕴所浸润和影响，此种浸润和影响，也是一种重要的规范参与方式。经由这些独特形式的参与和影响，人们对规则的认同也以潜移默化的方式实现着。

四、习惯法的规范认同机制对法治的启示

著名比较法学者埃尔曼曾提醒人们："以中央政权、法院和警察为条件去解释法律的效力是错误的。"① 庞德也指出："我们一定要为法律找到一个较好的根据，一定要找出强力背后的某种东西。强力不可能是社会控制的最终现实。"② 苗族、侗族习惯法秩序的运行状况，是对此种判断的很好诠释。可以说，这两个民族良好的习惯法秩序，并非源于某种外在的强力，而是源于人们在规范产生和实施中的广泛参与：一方面，在"石头法"形成过程中，各村头人及代表广泛参与；另一方面，通过吃"串串肉"的方式，村寨中人人都参与对"石头法"的认领与接受；再一方面，在理场辩论中，人们还以围观的形式参与法的实施。无论是对埋岩活动的直接参与，还是事后对埋岩规范的认领，都不失为一种凝聚共识的有效方式。③ 而理场辩论中人们以围观形式体现的参与，则将人们一次次地带入法的实施现场，并一次次被理师们潜移默化地教化着，而教化是实现认同与合法性的重要途径。此外，苗族民众对理词和古歌的传唱，不仅是习惯法规范的有效传播方式，也是民众参与、体验规范的重要形式，它能以一种"润物细无声"的神奇效果来强化人们对习惯规范的认同。

由于法治是使人类行为服从于规则治理的事业，并且，法治的实现仰赖于主体对国家法的认同，因此，如何提升人们对国家法的认同，应当成为法治追求者所要解决的核心问题。必须承认，习惯法的规范认同方式具有很好的借鉴意义。如前所述，人们对习惯规则的认同，是建基于其在规则形成与实施过程中的广泛参与。相对应地，我们认为，欲使国家法获得民众的深度认同，也应从这两方面入手：一方面，国家法的制定应吸收主体的广泛参与；另一方面，国家法的实施应贯穿主体的广泛参与。当然，在

---

① ［美］埃尔曼：《比较法律文化》，贺卫方、高鸿钧译，清华大学出版社 2002 年版，第 3 页。
② ［美］罗斯科·庞德：《通过法律的社会控制·法律的任务》，沈宗灵等译，商务印书馆 1984 年版，第 15 页。
③ 美国学者昂格尔指出："法律秩序必须制定一种共识，制定一种超越任何成本收益统计的相应的责任感。"（［美］R.M. 昂格尔：《现代社会中的法律》，吴玉章、周汉华译，译林出版社 2001 年版，第 127 页）。

这两方面中，前者更具有根本性：一则如果一部法律在制定过程中得到了人们的广泛参与并充分表达了他们的意志，那么，它一般较容易获得人们的遵守；二则国家法的实施不可能不贯穿主体的广泛参与——在任何时候，守法都是一种数量最为庞大的法的实施行为。因此，下文将对前者予以着重讨论。

应当说，在现代各国，民主制度的广泛确立①为民众参与国家法的制定提供了可能。然而，这也仅仅是可能而已，因为就目前的状况而言，各国民众对公共事务参与的程度仍然不高②，尤其是对国家立法活动的参与程度更低。造成这种状况的原因是多方面的，其中，公民意识的缺乏应当是一个重要原因，在一些所谓"政治不成熟"（political immaturity）③国家尤其如此。

那么，何谓公民意识？它是指主体作为某一政治共同体的成员，理应具有的一种对共同体公共事务之关注和参与的热情。哈贝马斯将公民意识强的民族称为"公民民族"，"公民民族的认同并不在于种族、文化的共同性，而在于公民积极地运用其民主的参与权利和交往权利的实践"④。也就是说，"公民民族"的认同是建基于人们对公共生活的共同参与，而不是其他。可以说，一个公民意识越强的国家或民族，民众参与国家公共生活的热情和程度就越高，其对共同体的认同（包括对共同体所制定的法律规则的认同）也越易于形成。因此，如何培养和提高民众的公民意识，就是一个追求法治的国家所应着力解决的问题。实际上，关于这一点，我们党和国家的决策报告中早已有所体现。例如，党的十八大报告指出，要"从各层次各领域扩大公民有序政治参与"，进而"实现国家各项工作法治化"；十九大报告也强调，要"扩大人民有序政治参与，保证人民依法实行民主选举、民主协商、民主决策、民主管理、民主监督"；等等。

至于如何培育民众的公民意识，我们认为，除通常所用的舆论宣传手段（关于这方面的讨论已经很多，此处不再赘述），更重要的或许是，我们

---

① 现代民主制度目前已通行于世界的大部分地区，尽管对于这一制度的反思和批判不绝于耳，但是，在人类还未找到比它更理性、更科学的制度之前，民主仍是一种可取的制度。

② 即便是政治较为成熟的美国，民众参政的比例也很低。例如，作为美国政治生活中最重要事项的总统选举，近几届的投票率都在50%左右。

③ 所谓"政治不成熟"，是韦伯用来形容那些没有足够意愿，也没有足够能力参与国家政治和社会公共事务的民族的一个术语。相对应地，下文"非政治民族"则指根本或基本没有参政意愿和能力的民族（Max Webber, *Political Writings*, ed. by P. Lassman and R. Speirs, Cambridge: Cambridge University Press, 1994）。

④ [德]哈贝马斯：《在事实与规范之间——关于法律和民主法治国的商谈理论》，童世骏译，生活·读书·新知三联书店2003年版，第658页。

应当以某种制度化的方式予以推进。本部分书稿完善之际，适逢笔者在英国访学，其间，笔者亲身经历的一件小事，可以作为此处的一个有力论据。事件的原委是这样的：笔者某天在住处收到一封来信，寄件人为当地政府选民登记处，信件内容是，要求该处房产的当前住户将房产内所有符合选民登记条件（信中详细列举了哪些人有资格进行选民登记）之人的资料反馈给选民登记处。信中特别强调，收信人必须作出反馈，否则，将面临最高 1000 英镑的罚款。即便收件人不符合选民登记条件，也应当反馈，并说明理由；否则，同样会面临这一罚款。信中还善意提醒人们，进行选民登记可以提高登记者的信用等级。通常情况下，笔者对于此类信件都不予理会，但考虑到涉及高额罚款，于是非常认真地填写资料并及时寄了出去。这虽是笔者访学期间经历的一件小事，却足以作为公民意识培育的典型个案进行分析。可以说，英国政府的这一做法，能有效促使民众对选民登记予以认真对待。无论是提高信用等级的正面激励，还是处以罚款的反面鞭策，尤其是后者，都足以引起民众对这一事务的理性思量和审慎对待。必须承认，英国选民登记制度中的这一诱导和推进机制，无疑有助于更好地培育国民的公民精神。

当然，除公民意识这一主观因素外，民众对公共生活的参与还依赖于一些框架性的制度设计。韦伯曾指出，落后民族与发达民族相比，最大差异在于，落后民族从根本上是一个"非政治民族"（unpolitical nation）——在此种民族中，缺乏一套能够使全体国民都参与其中的政治过程和政治机制。"非政治民族"中的此种政治机制只有在经济发展相当缓慢，社会尚未分殊（societal differentiation）的状况下才能有效运作。而现代经济发展所带来的是一个高度分殊化的社会，在这样的社会，利益的多元化容易引发整个社会离心力的丧失。因此，如何凝聚社会，保持社会的向心力便成为现代政治所要解决的基本问题。对此，韦伯开出的药方是，以"大众政党"（mass party）和全民普选为基本机制的"大众民主"。① "大众政党的特点即在于它的政治活动不是局限于某一特定集团之内，而是致力于沟通不同阶层、不同集团、不同地区的局部利益，从而凝聚对民族整体利益的共识，而定期性的全国大选机制则为利益千差万别以致彼此冲突的社会各阶层提供相互了解、谋求妥协的机会，从而有利于社会达成'随时调整的共识'（contingent consensus）。"②

---

① Max Webber, *Political Writings*, ed. by P. Lassman and R. Speirs, Cambridge: Cambridge University Press, 1994.

② 甘阳：《走向"政治民族"》，载《读书》2003 年第 4 期。

可以说，韦伯所设想的"大众民主"，正是通过民众对公共生活的最广泛参与，来表达他们的需要，调和他们的利益冲突，并最终达成共识。此处的共识，并非前现代社会那种先验性共识（哈贝马斯意义上的"授予性"共识），而是一种基于经验、融入主体意志和情感、自主形成的共识（哈贝马斯意义上的"获得性"共识）。"授予性"共识是静止的、固定不变的，它主要通过社会精英（包括宗教精英、政治精英和文化精英）的不断宣扬和重申来达成；而"获得性"共识则是动态的、可调整的，它融入了不同利益主体的广泛参与，并且可以视具体情境而作出调整。由于体现了主体的参与性，此种共识无须外在的宣扬和重申，而通过利益主体之间的沟通和碰撞内在地形成——对于以后一种方式达成的共识，人们对它的尊重和恪守便属情理之中。因而，在国家法制定过程中，倘若能容纳不同利益主体最广泛的参与，彼此就各自的利益主张展开商谈，则由此而产生的规则便很容易获得人们的认同。

哈贝马斯毕其一生所谋求的，就是这个问题，他所提出的交往行为理论，其问题意识正是公共领域的共识达成。与前述韦伯的观点一样，哈贝马斯也认识到，在这个价值多元的现代社会，通过设定一种形而上学的先验命题，来作为政治认同的基础，基本上已不可行。为此，他开出的药方是，通过程序，也即通过主体的广泛参与来实现认同。用哈贝马斯的话说，在这个多元化的社会中，认同的基础不能再通过一种实体的价值共识，更不能由某种政治意识形态来维系，而只能通过一种旨在实现普遍民主、保障所有人平等参与权的程序来达成。① 然而，什么样的程序才能做到这一点？哈贝马斯设想了一种理想的交谈情境，即：所有人参与机会均等，言论自由，没有特权，真诚，不受强迫②。可以说，只要他所提出的这些条件均能实现，主体间性也即公共领域的共识达成还是极有可能的。因而，现代政治和法律学者应当做的，就是如何使哈贝马斯所设想的这些条件真正实现。唯有这样，公共领域的合法性问题才能有望解决，进一步地，人类所追求的法治事业也才能成为一项有前景的事业。

---

① ［德］哈贝马斯:《迟到的革命》（德文版），第 153 页，转引自章国锋:《关于一个公正世界的"乌托邦"构想——解读哈贝马斯〈交往行为理论〉》，山东人民出版社 2001 年版，第 154 页。

② ［德］考夫曼:《后现代法学——告别演讲》，米键译，法律出版社 2001 年版，第 38 页；章国锋:《关于一个公正世界的"乌托邦"构想——解读哈贝马斯〈交往行为理论〉》，山东人民出版社 2001 年版，第 137～141 页。

第二章　家族及其习惯法与法治

第一节　家族：传统中国的基本社会控制单元

一、"国权不下县，县下唯宗族"：关于传统中国基层社会治理的一种观点

在天高皇帝远的广大乡村地区，国家权力鞭长莫及，于是，基于血缘纽带而形成的宗族，凭着一套伦理机制，承担着社会控制的全部职能。这一景象既符合传统儒家关于社会治理的理想，也是当今很多学者对于传统中国乡村社会控制状况的想象。韦伯对古中国的行政管理体制就有过这样的判断："毫不夸张地说，中国行政管理史上充满了朝廷力图在城区以外发挥行政功能的努力。除了在税收方面达成了妥协，这种努力只获得了短期的成功，由于皇家行政独特的粗线条管理不可能获得永久的成功。真正的官员为数甚少，这种粗放管理是由财政决定的（反过来又决定着财政状况）。正式的皇家行政，事实上只限于市区和市辖区的行政。在这些地方，皇家行政不会碰到外面那样强大的宗族血亲联合体……一出城墙，皇家行政的威力就一落千丈，无所作为了。"① 基于此认识，他将传统中国的城市与乡村之差异总结为，"城市是没有自治的品官所在地，乡村则是没有品官的自治区"②。英国学者弗里德曼也持类似看法，他认为，在传统中国，"官僚体系指派的官员只下达到县府一级。县官是乡民与文人统治系统之间的连接点"；"县官通过衙门征集国家规定的税收，监督公共秩序的维护。这是他的主要职责。假如税收足以征集上来，没有他必须引起注意的对和平的破坏，他就没有理由干预地方社区的管理"③。因而，在他看来，国家权力在县以下，除了征税和预防大的动乱外，基本上是无所作为的。国内学者梁治平也指出："帝国派出的官吏只到县一级，城市以外的广大村镇不

---

① ［德］马克斯·韦伯：《儒教与道教》，王容芬译，商务印书馆2003年版，第145页。
② ［德］马克斯·韦伯：《儒教与道教》，王容芬译，商务印书馆2003年版，第145页。
③ ［英］莫里斯·弗里德曼：《中国东南的宗族组织》，刘晓春译，上海人民出版社2000年版，第82、83页。

在其直接统治之下,而这简单意味着存在一个极广阔的空间,民间的法律能够在其中生成、发展和流行。"①费孝通的研究也表明,由于农业帝国的虚弱,使得皇权难以做到"有为",为了维持自身,皇权只能以"无为"作为生存价值和政治理想。他由此认定,在传统中国,皇权政治"在人民实际生活上看,是松弛和微弱的,是挂名的,是无为的"②。既然国家权力在县以下基本无为,那么,广大乡村地区靠什么来实现社会的有序化呢?研究者给出的回答是:宗族自治。

温铁军将上述关于传统基层治理的认识范式概括为"国权不下县",秦晖则将其更完整地表述为:"国权不下县,县下唯宗族,宗族皆自治,自治靠伦理,伦理造乡绅。"③然而,这一认识范式是否真实地描绘出了传统中国乡村治理的状况?秦晖给出的答案是否定的,并且提出了一个与之截然相反的判断。

二、国家权力直接指向个人:关于传统中国基层社会治理的另种判断

秦晖的判断立基于20世纪末发现的长沙走马楼三国吴简,通过对这一史料的研究,他得出了关于传统基层治理的另类结论。他指出,与宗族自治理论关于乡土社会聚族而居的想象不同,吴简所反映的,是极端非宗族化的社会,多姓杂居乃普遍存在的事实。同时,与人们所勾勒出的宗族、乡绅治理乡土社会的图画不同,吴简向我们呈现的,是国家政权在县以下十分活跃的场景。当时不仅有发达的乡、里、丘组织,还有常设职、实行科层式对上负责制的各种形式的"乡吏"。他们虽属于郡或县的吏员编制,名义上被称为"郡吏"或"县吏",但因其任职都是在乡里,实际上履行的是乡吏的职责。这些乡吏,除了春夏"劝农"、课征租税役调外,还承担本地吏民户籍的管理,以及维护官方文化、杜绝异端私学等职责。

秦晖认为,不管乡吏是有酬的美差还是强加的重役,总之都不是"乡村自治"的体现者,而是国家权力下延于乡村的产物。因此,当时的基层权力机构比我们所知的复杂得多,远不是"县下唯宗族"的想象那么简单。秦晖甚至得出结论:中国传统乡村社会与其说是血缘族群社会,不如说是皇权控制之下的编户齐民社会——至少中国历史的绝大部分时期是如此。"走马楼吴简不能证明非宗族化的吏民社会或编户齐民社会的普遍性,但

---

① 梁治平:《清代习惯法:社会与国家》,中国政法大学出版社1996年版,第36页。
② 费孝通:《乡土中国》,人民出版社2008年版,第77、78页。
③ 秦晖:《传统十论——本土社会的制度、文化及其变革》,复旦大学出版社2004年版,第3页。

可以证明这种社会（而绝不是所谓自治的宗族社会）才是帝制下'传统国家'存在的逻辑基础。"① 他特别指出，尽管东汉至隋，世家大族一度兴盛，中央集权相对较弱，但即便如此，在那段时期，只要在帝国官府的控制下，乡村依然是编户齐民的，而不是由宗族所控制的。除那个时期之外，在秦汉唐宋这些稳定的王朝中，国家势力更大，世家大族势力更小，"所以毫不奇怪，吴简所反映的那种非宗族的吏民社会也在其他时代的存世档案文物之类'生活形成的史料'中得到了充分的反映——尽管伦理化的儒家典籍所描绘的根本是另一回事"。秦晖最后的结论是，"综上所述，在我国历史上大部分时期，血缘共同体（所谓家族或宗族）并不能提供——或者说不被允许提供有效的乡村'自治'资源，更谈不上以这些资源抗衡皇权"②。

秦晖的研究虽然有些过于极端，但至少在有一点上是有价值的，那就是，他对于我们长久以来用笼统的"宗族自治"来定位传统中国乡村治理模式的做法有着警醒作用。也就是说，他让我们意识到，所谓宗族自治在中国历史上并不是普遍存在的，或者说，用"宗族自治"这一术语笼统概括传统乡村治理模式的做法并不可取——它不仅有简单化的嫌疑，而且容易遮蔽我们的视线，使我们对很多问题的认识和判断变得不准确。

那么，该如何描述传统中国的乡村治理模式，才是准确的呢？

三、传统中国的基层治理模式：皇权为经，宗族为纬

传统中国的基层控制形式，既不是"国权不下县，县下唯宗族"所描绘的那种宗族自治乐园，也不是"皇权控制下的编户齐民社会"所展现的广大乡村处于国家权力赤裸裸包围的景象，总体上看，应当是一种以皇权为经，宗族为纬的交叉治理模式。国家与宗族共同作用，相辅相成，相得益彰，从而使皇权并不强大的传统中国却能基本实现社会的有序化。之所以说是"总体上看"，是因为这一治理模式在不同时期会呈现出不同的特点。西周及以前皇权相对微弱的时代，主要倚重宗法手段来治理社会。秦代国家权力膨胀，皇权通过瓦解宗族直接控制基层。西汉虽然在大的政治构架上"承秦制"，在具体制度上却仍贯彻儒家典籍中的家族伦理，从而为家族和宗族的发展留下了余地。隋唐的科举制度虽一定程度上削弱了世家大族的势力，但总体而言，基层宗族的发展却没有受到明显的压制。宋以后

---

① 秦晖：《传统十论——本土社会的制度、文化及其变革》，复旦大学出版社2004年版，第31页。

② 秦晖：《传统十论——本土社会的制度、文化及其变革》，复旦大学出版社2004年版，第44页。

社会名流的呼吁以及当权者重建宗族的主张,为此后宗族观念及宗族组织的大发展起了推波助澜的作用。明清时期是宗族发展的鼎盛时期,大量的家法族规在这一时期涌现,宗族组织极度发达。与此同时,肇始于宋,此后各朝代以不同形式沿袭的保甲和里甲制度,一直作为中央控制地方的基本组织形式,而充当着国家权力深入基层的中介和桥梁。因而,总体上可以认为,传统中国的基层社会治理,大多是以皇权为经,宗族为纬的。

一直以来,学界普遍认为,西周在制度设计上极力弘扬宗法制,其实仔细观察便会发现,西周的诸多制度,其功用与其说是落实宗法,不如说是皇权利用宗法来共同治理社会。例如,作为西周基础经济制度的井田制,其创设目的便是使国家权力更好地延伸至地方。井田制是周人"间架性设计"的典型代表,该设计的起因是,"在人口统计和土地测量的技术尚未准备妥当之际,即在一个区域广大的国家内,造成一种人为的政治区分",①而政治区分的最终目的,无疑是实现中央对地方的更有效控制。与此同时,西周的分封制也体现了皇权与宗法关系的有机结合:"每个诸侯的疆域内,必有宗庙,它成为地区上神圣之殿宇,其始祖被全疆域人众供奉,保持着一种准亲属的关系。在领域内不仅公侯伯子男的名位世袭,即主持国政的卿即大夫也仍由指定的世系所把持,他们在周朝成立时,即各在领地内拥有地产。他们也兼有军事领导权。"②可以看出,分封制的创立,既从形式上推动了宗法伦理及其组织的发展,实质上也有利于国家对地方的控制。《左传》中关于周朝宗法、分封制的讨论也印证了这一点:"故天子建国,诸侯立家,卿置侧室,大夫有贰宗,士有隶子弟,庶人工商,各有分亲,皆有等衰。是以民服事其上,而下无觊觎"③;"昔周公吊二叔之不咸,故封建亲戚,以蕃屏周"④。可见,周初之分封,以及后来的周公制礼,倡导宗法伦理,其终极目的是使"下无觊觎",以达到"蕃屏周"的效果——虽最终目的在此,客观上却促成了宗族和宗法伦理的发达。

秦朝是中国历史上唯一一个从意识形态到制度层面都极端反宗法的朝代。秦仰赖法家实现了政治上的统一,统一后更将其思想和制度发挥到极致:在大的政治架构上设立郡县制,为的是使中央权力越过宗法而延伸至地方:"始皇帝认定'周制微弱,终为诸侯所丧',遂采纳李斯建策,分天下为河东、太原、上党、南阳、右北平、九江、长沙、汉中等三十六郡"⑤;而

---

① 黄仁宇:《中国大历史》,生活·读书·新知三联书店1997年版,第13页。
② 黄仁宇:《中国大历史》,生活·读书·新知三联书店1997年版,第14~15页。
③ 《左传·桓公二年》。
④ 《左传·僖公二十四年》。
⑤ 冯天瑜:《"封建"考论》,武汉大学出版社2007年版,第62页。

在具体制度层面,"不得族居","民有二男以上不分异者倍其赋","父子兄弟同室内息者为禁"等规定,更使得皇权穿越家族直接指向个人。这些都是秦代戒备甚至仇视宗族的生动写照。一定程度上,秦朝的反宗法措施可以被视为是对西周极端重视宗法的一种反叛,而这种反叛所导致的结果,虽表面上有利于中央对地方的控制,实际上却使整个社会沦为一盘散沙,反而不利于社会治理目标的实现。

汉朝虽然在大的制度层面"承秦制",但由于其奉行的主流思想是儒家而非法家,因而,经学中的"父子相隐"原则被贯彻到法律实践中,用人制度上的"举孝廉"也将"孝"这一家族伦理作为人才任用的重要标准,这是血亲宗法伦理对冰冷的法家治理模式的胜利,它不仅意味着皇权极端仇视宗法伦理的结束,也意味着家族、宗族更广阔生长空间的开始。自汉朝始,家族、宗法伦理被重新认识,家族、宗族在基层社会控制中逐渐扮演起重要角色。汉代的一些家庭中,已有家长开始订立一些约束家人的规范,《史记》记载,富人任氏便立有家约:"非田畜所出弗衣食,公事不毕则不得饮酒食肉"①。这一家规的实施效果如何虽已不可考,但它的出现却意味着家长家内治理权被突出,与秦朝极力离间和瓦解家族的做法形成鲜明的对照。而东汉以后政权的分裂格局,客观上为宗族的生长腾出了空间,产生了一些强宗大族,形成一幅"连栋数百,膏田满野,奴婢千群,徒附万计"的景象。这些大宗族不仅订有宗族规范来约束族人的行为,在战乱时,出于自卫,还可以建造如同城堡的坞壁,并以军事化的形式来组织族众,从而出现了"部曲"这样的宗族军队。②后来北魏政权在制度上承认了这一宗族治理形式,史称"宗主督户"。在中央政权无力控制社会的时代,这种"百室合户、千丁共籍"的宗主督户制,弥补着国家权力的空隙,承担着实际上的社会控制功能。

发端于隋,唐以后渐趋完善的科举制度,一定程度上不利于宗族的进一步生长。"儒家贵族政治被废弃并代之以'冷冰冰的'科场角逐,无疑是极权国家权威对宗法权威、'法术势'对温情主义占优势的结果。"③ 这也许又是一轮新治理模式对旧治理模式的反叛,正如秦晖所说:"实际上由察举、门阀之制向科考之制的演变在某种程度上是对由周之世卿世禄到秦

---

① 司马迁:《史记》,中华书局 2006 年版,第 756 页。
② 费成康:《中国的家法族规》,上海社会科学院出版社 1998 年版,第 5、6 页。
③ 秦晖:《传统十论——本土社会的制度、文化及其变革》,复旦大学出版社 2004 年版,第 83 页。

之军功爵制度的一种复制。"① 而为什么会出现这种复制？魏晋时期宗族过于强大，成了当权者的心腹之患，事实上形成了一种类似地方割据的局面，这使得统一后的政权要从制度上消除这种可能的隐患。于是，削弱门阀世族，将国家权力直接指向个人，成为隋唐治理方式的重要特点，科举考试就是这一治理方式在用人制度中的体现。当然，隋唐的制度也并不一概反对宗法，甚至可以说，一些具体的制度还有助于宗族的发展，如唐律中的"同居相为隐"，就是对汉朝"亲亲得相首匿"原则的进一步完备和制度化——这一制度无疑有助于亲属间的抱团，进而促进家族的发展。因而，此时的国家政权，一方面采取措施削弱豪门大族，以防止大族乱政；另一方面鉴于家族伦理具有事实上凝聚社会的功能，为了使社会不至沦为一盘散沙，又在一定程度上弘扬这种伦理，从而为宗族的发展留下了空间。

北宋以后，科举制度已趋成熟，而一项制度的成熟同时意味着该制度的定式化，这种定式不仅体现为考试科目的固定与程式化，也体现为考试本身成为人才录用的唯一依据。唐代取士，既要看考试成绩，还要有知名人士的推荐，称为"公荐"。北宋废除了这一制度。公荐制的废除，固然有利于遏制科考中的腐败，却使门阀世族最终瓦解，从而使北宋社会成为彻底的科举社会。这样的社会，表面上虽便于国家权力的纵向控制，深层次却不利于社会整体的凝聚和团结。苏轼曾感慨："今世之公卿大臣贤人君子之后，所以不能世其家如古之久远者，其族散而忘其祖也。"鉴于此，北宋中叶，理学家张载提出重建宗族的设想。他指出："管摄天下人心，收宗族，厚风俗，使人不忘本，须是明谱学世族与立宗子之法"，"宗子法不立，则朝廷无世臣。且如公卿一日崛起于贫贱之中，以至公相，宗法不立，既死，遂散族，其家不传……如此则家且不保，又安能保国家！"张载还提出了设立宗子的具体方法，主张宗子的人选要兼顾嫡长与仕宦两方面，并优先考虑仕宦。理学家程颐也主张由有官职的族人担任宗子，并认为士大夫应当建立自己的家庙，后来北宋朝廷采纳了他的主张，规定三品以上官员有资格建立自己的家庙。② 在朝野主张重振宗族的同时，用以治理宗族事务的家法族规也开始广泛流行。北宋名相司马光的《居家杂仪》，堪称当时名门望族治理家族的经典文本。南宋理学家朱熹更是制定了适合于普通民众的详细的宗族制度范本——《家礼》(人称《朱子家礼》)，它对南宋以

---

① 秦晖：《传统十论——本土社会的制度、文化及其变革》，复旦大学出版社2004年版，第83页。
② 徐茂明：《明清以来苏州文化世族与社会变迁》，中国社会科学出版社2011年版，第34、35页。

后中国宗族观念和宗族组织的发展产生了深远影响。

明清以来,宗族及宗族组织获得了广阔的发展空间。明清以前宗族组织的发展主要在名门望族,从南北朝时著名的《颜氏家训》,到唐朝的江州陈氏《义门家法》,再到北宋名相司马光的《居家杂仪》,体现的都是豪门大族对族内事务的治理。到明代中后期,民间的宗族组织已比较发达,这些宗族大多建有宗祠,撰有宗谱,原来主要存在于名门望族的家法族规也逐渐进入了平常百姓家,现存的出自民间的明代家法族规,大多制定于嘉靖、万历、天启年间。满人入主中原后,作为异族统治者的满洲贵族需要借助宗族势力来支撑其统治,因而对宗族多采取扶植政策;而嘉庆以后各种反清活动的涌现,更强化了清政府对宗族势力的倚重。到清代中期,由于人口激增,社会上出现了很多无业游民,成为社会动荡的隐患,这迫使很多宗族通过强化宗族组织和家法族规来治理族人;与此同时,朝廷客观上也需要宗族的内部治理,以作为社会控制的辅助。在这些因素的共同作用下,宗族在此时获得了前所未有的发展。①

放眼整个中国社会治理史,宗族在其中扮演着相当重要的角色。国家权力越过宗族直接控制编户齐民,这既是法家的社会控制理想,也符合一些掌权者的主观愿望,但这终究只能是愿望。真实的情况却是,中央权力在伸入地方的同时,由于财力、信息以及人力等的局限,必须仰赖宗族这一最基本的乡村社会组织的辅助,才能实现对社会的有效控制。秦朝社会的一盘散沙提醒人们,皇权彻底瓦解家族可能造成的危害;政权分裂时豪强大族崛起,乃至新政权建立后尾大不掉的现实,又使当权者对大族势力保持必要的警惕。中央控制和宗族治理之间必须保持某种微妙的平衡,才可能使广大乡村既处于皇权的掌控之中,又不失自身的活力和凝聚力。可以说,当这种平衡拿捏得比较准的时候,社会一般可以获得持续的良性发展;而一旦这种平衡被打破,社会要么出现分裂和动荡,要么就将沦为一潭死水。

接下来要回答的问题是,为何皇权必须仰赖宗族,才能实现对社会的有效治理?也即,作为血缘组织的宗族,何以能在整个社会控制系统中发挥如此重要的作用?这是由家族所具有的基本社会功能所决定的。

四、家族的基本社会功能:社会团结与人格教化

根据涂尔干的理论,在分工不发达的前现代社会,人们之间主要依靠某种情感或意识方面的共同性来实现团结,这种共同情感或集体意识可以

---

① 费成康:《中国的家法族规》,上海社会科学院出版社1998年版,第19、20页。

成为联结传统社会的强韧纽带。①然而,这些共同情感或集体意识又源自哪里?它既可以源于某种宗教信仰,也可以源于某些世俗的伦理准则或主义。可以说,传统的基督教社会和伊斯兰教社会,都是借助共同的宗教信仰和宗教情感凝聚起来的;而在缺乏统一宗教信仰的国家,人们之间则通过一些共同的伦理准则或某种主义来实现团结。具体到中国,传统社会是依靠什么纽带团结起来的呢?毫无疑问,儒家伦理是最主要的团结力量。那么,儒家伦理又通过什么具体机制来作用于社会呢?

儒家伦理的基点是家族伦理,并经由家族伦理逐步推衍出政治伦理,《礼记》中的"父慈、子孝、兄良、弟悌、夫义、妇听、长惠、幼顺、君仁、臣忠"②,是这一伦理及其推衍过程的完整体现。其内含的逻辑顺序是,由最天然的父子兄弟手足,到后天结合的夫妻,再到更大社会关系中的长幼,最后推到政治领域中的君臣。可以说,这一整套的伦理实现过程,很大程度上仰赖于家族或宗族,这不仅因为家族或宗族是这一伦理的重要适用场域,还因为它们是这一伦理推衍过程的逻辑起点——这一套伦理的最初教化和宣扬是通过家族来实现的。辜鸿铭曾强调家庭在儒教传播中的重要性,"在中国,孔子国家宗教的真正教堂是家庭,学校只是它的附属之物。有着祖先牌位的家庭,在每个村庄或城镇散布着的有祖先祠堂或庙宇的家庭,才是国教的真正教堂"③。可以说,一个和谐的家庭,一个友睦的宗族,本身就是实践儒家伦理最好的场景,生活于其中的人们,从一出生便浸润于这一伦理之中,成为该伦理的接受者和传承者。除家族的宣教和实践外,很多宗族还以家法族规的形式,将这些伦理制度化,并对违反者给予制裁。北宋司马氏的《居家杂仪》便是儒家伦理制度化的典型:"凡为人子者,出必告,反必面。有宾客,不敢坐于正厅,或坐书室。无书室,坐于厅之旁侧。升降不敢由东阶,上下马不敢当厅。凡事不敢自拟于其父……凡父母舅姑有疾,子妇无故不离侧,亲调尝药饵而供之。父母有疾,子色不满容。不戏笑,不宴游。一切不得如平时,甚则不交睫,不解衣,舍置余事,专以迎医检方合药为务……。凡子事父母,父母所爱,亦当爱之;所敬,亦当敬之。至于犬马尽然,而况于人乎。凡子事父母,乐其心,不违其志。乐其耳目,安其寝处。以其饮食忠尽己之为忠,养之。幼事长,贱事贵,皆仿此。"

---

① 涂尔干将这种基于某种集体意识或共同情感而形成的团结称为"机械团结",以区别基于社会分工而形成的"有机团结"([法]埃米尔·涂尔干:《社会分工论》,渠东译,生活·读书·新知三联书店2000年版,第33~72页)。

② 《礼记·礼运》。

③ 辜鸿铭:《中国人的精神》,海南出版社1996年版,第72页。

而对于违反家族伦理的行为,轻则会被叱责或罚跪,重则会面临出族、革谱甚至刑事责任。例如,武荣柯氏规定,"男子六岁入幼学,至十八九岁,观其难以进取者,为父兄者当使之治生。理农商工贾皆可为,唯有志者勿拘。子弟虽资质庸下或不读书,亦当知礼义。其或下流如赌荡俳优之类,粗率无礼,及伤祖地乱风俗,敢显然恃强者,为父兄者当痛责训诲之。如不遵训诲,众共诛之"①。可以说,家族或宗族对于儒家伦理,尤其是其中的家族伦理,起着非常重要的维系和强化作用。而家族伦理一旦稳固,便能够有效地支撑建基于其上的政治伦理,从而达到"身修而后家齐,家齐而后国治,国治而后天下平"②的政治目的。可以说,整个传统中国社会,正是依靠这样一套伦理及其动态的实现过程而有效地团结起来。

家族或宗族除了充当儒家伦理的宣扬和实践场所外,还承担着对族内人员进行人格教化的功能,这种教化主要通过家族内长者的教化性权力来实现。而长者所具有的这种教化性权力,源于传统中国独特的家庭结构。传统中国的家庭结构与西方的不同之处在于,西方的家庭结构是横向的,其主轴是夫妻关系;中国的家庭结构则是纵向的,其主轴是父子关系。在这种纵向家庭结构中,长者(主要是父亲但不限于父亲)握有一种十分重要的权力——教化性权力。③这种教化通常以一种类似宗教仪式的形式进行,"通过在祖宗牌位前举行的家族全体成员集会上宣讲,而给予这种教育以相当高的重视和庄严的地位"④。除直接的宣教外,有的宗族还设定一些独特的激励机制来作为辅助的教化方式,"有时是凭着挂在宗祠里木匾上所镌刻的纪念本族贤能之士的生平事迹的铭文,有时则是凭表明担当族中领袖职位所应具备的道德素养"⑤。此外,这种教化通常还有家法族规作为制度保障。

教化的内容,除作为主体的儒家伦理外,还包括其他一些处世立事的准则。很多家法族规都要求族人和睦乡邻,不做损害乡人之事。如,合江李氏族规规定,"若有不肖子弟,恃强恃诈;或倚仗族人之势,欺侮乡党者,长辈亟宜戒责"⑥;而对于违反族规,为盗为贼的族人,合江李氏会给予其出族、削谱等严重处分。又如,福建安溪梁氏族规规定,"子孙当本分治生,

---

① 《武荣柯氏族谱》,乾隆三十六年(1771年)。
② 《礼记·大学》。
③ 费孝通:《乡土中国》,人民出版社2008年版,第48、82页。
④ [英]S. 斯普林克尔:《清代法制导论——从社会学角度加以分析》,张守东译,中国政法大学出版社2000年版,第100页。
⑤ [英]S. 斯普林克尔:《清代法制导论——从社会学角度加以分析》,张守东译,中国政法大学出版社2000年版,第100页。
⑥ 《合江李氏族谱》卷八,《族规十条》,光绪二十一年(1895年)。

自求衣食。不可鼠窃狗偷，玷辱祖宗，贻累父母兄弟妻子。罪恶之大，莫甚于此。……不肖子孙有此行者，率族攻之。不改首，官惩之"①。除对破坏乡土社会秩序的行为予以禁止和制裁外，有些宗族还要求有能力的族人为地方多做善事，如紫江朱氏规定："财甲一方，即宜扶助一方之贫；势甲一方，即宜拯济一方之难。"② 对于造福地方的善人善事，宗族会给予不同形式的褒扬：有些宗族会在每年春秋祠祭之后，请德高望重的房长坐在祠堂中央，向两边依次而坐的族众宣说族内的善人善事，"以鼓励同种慕善之心"；有些宗族会设置"劝惩牌"，将族人的德行写入"劝牌"，悬挂于宗祠，以昭示族众；还有宗族设置功过簿，将族人的利家、利族乃至利国事迹记入功簿，供奉在祖宗的神龛前，以告慰祖宗在天之灵。③

可见，宗族以其独特的仪式、制度和机制，对族人的人格进行教化和塑造。由宗族教化和塑造出来的个人，不仅是家族伦理的维护者，也是整个社会秩序的维护者。这样的个人，不仅能够内在地支持族内秩序，而且可以对国家层面的外部秩序形成有效的支撑。

当然，除团结和教化功能外，家族还具有制度产出的功能，关于这一功能，我们将在下一节中予以讨论。

第二节　家族习惯法的秩序功能

家族习惯法的秩序功能，主要体现为两个方面：一是家法族规的秩序功能，它体现为家法族规对于家族内部秩序的调整，以及家法族规作为一种小传统对国家大传统的制度补充功能；二是家族观念的秩序功能，与其他社会观念不同，家族观念在传统中国发挥着独特的秩序功能，从秩序效果上看，它丝毫不亚于家法族规。

一、家法族规的秩序功能

在传统中国，家法族规作为一个制度系统，不仅有力地规范着家族内部秩序，作为一种小传统，它还为国家的正式制度提供着有益的补充。关于家族习惯法对家族内部秩序的调整，由于已有学者进行过系统讨论④，此处不再赘述。这里要着重讨论的，是家族习惯法对于国家法的制度补充

---

① 《安溪梁氏族谱》，康熙五十一年（1712年）。
② 《紫江朱氏家乘》卷四，《旧谱家规》，1938年本。
③ 费成康：《中国的家法族规》，上海社会科学院出版社1998年版，第161页。
④ 费成康：《中国的家法族规》，上海社会科学院出版社1998年版。

功能。

(一)知识的分散性:家法族规补充国家法的基本理据

要实现对社会的有效治理,光凭一套国家正式制度是不够的,在正式制度之外,还必须有其他制度作为补充——这从根本上源于人类知识的分散性特点。知识的分散性使得"每个人对于大多数决定着各个社会成员的行动的特定事实,都处于一种必然的且无从救济的无知状态之中"[1]。也即,由于"每一个社会成员都只能拥有为所有社会成员所掌握的知识中的一小部分,从而每个社会成员对于社会运行所依凭的大多数事实也都处于无知的状态"[2];并且,由于这些分散的知识只有在掌握它的个体那里才能获得最好的运用;因此,理性而有效的治理方式是,首先承认治理者不可能获取所有知识,因而需要"利用那些广泛分散于个人之中的知识"[3]——这就需要"一种并不依赖于个别人士的判断、能够协调种种个别努力"的机制,在这一机制中,"得到运用的知识要远远多于任何一个个人或有组织的群体所能拥有的知识"[4]。

传统乡村"皇权为经,宗族为纬"的治理方式,可以看作是符合上述特点的一种机制。由知识精英所垄断的中央权力系统,有着一套正式的制度体系,在这一体系之外,作为基层控制主体的宗族,依凭其掌握的地方性知识发展出另一些被称为家法族规的制度,对中央正式制度起着重要的辅助和补充功能。接下来的问题是,作为宗族内生制度的家法族规具体以哪些方式来补充作为正式制度的国家法?

(二)家法族规对国家制度的具体补充方式

一般来说,这些方式包括具体化国家制度,填补国家制度空白,以及对国家制度作出变通等。

首先,家法族规可以将国家法中的一般规定具体化。以追求普适性为目标的国家法,其规定必然具有一般性的特点。而一般性同时意味着对地方性和个性的忽略甚至抹杀,这一点又使得国家法的普适性目标在实践中大打折扣,甚至落空。因此,当国家法运用于某一特定系统时,需要经过该

---

[1] [英]哈耶克:《法律、立法与自由》(第一卷),邓正来等译,中国大百科全书出版社2000年版,第8页。

[2] [英]哈耶克:《法律、立法与自由》(第一卷),邓正来等译,中国大百科全书出版社2000年版,第11页。

[3] [英]哈耶克:《法律、立法与自由》(第一卷),邓正来等译,中国大百科全书出版社2000年版,第13页。

[4] [英]哈耶克:《自由秩序原理》(上册),邓正来译,生活·读书·新知三联书店1997年版,第5页。

系统的具体化过程，才有可能获得真正实现。宗族就是这样一个可以将国家法具体化的系统，这种具体化是以家法族规形式来实现的。例如，孝悌等儒家伦理价值乃传统中国正式制度倡导和维护的核心价值体系，对于这一价值体系，不同的宗族会以不同的具体规定来落实：有些宗族会禁止父母尚在时别籍异财，如湘潭周氏规定，父母尚在以及有兄弟还未成家时就分居各食，除了仍令他们与父母兄弟同居外，还要给予责罚；有些宗族会规定对终身不娶者的惩罚——所谓"不孝有三，无后为大"——这些惩罚包括在世时不得充当族长，不得主持宗祠祭祀，死后神主牌位不得放入祠堂等；还有些宗族会对破坏长幼之序的乱伦行为给予制裁，如对于兄死后弟娶孀嫂，弟亡后兄纳弟媳的"兄弟转房"行为，不少宗族都严厉禁止并对该类行为给予出族等重罚。[①] 这样，通过家法族规的形式，国家法中的一般性原则被具体化，进而使它获得普遍实现。

其次，在国家法无力顾及之处，家法族规具有填补空白的意义。一般来说，"家法族规调整的主要是家事和族事。其中有些内容，诸如涉及纳税、孝悌、财产、婚姻、继承、偷盗等方面的事务，直接关系到国家的治理、社会的秩序、地方的治安，也是国法始终予以规范的。这些方面，便是家法族规与国法的重合部分。不过，家庭和宗族中有着一些特殊的家事、族事，其中不少对国家来说实在是不足挂齿的琐事。这些规定集中在祠堂、祭祀、进主、谱牒、学塾等方面"[②]。例如，安溪陈氏宗谱规定："今后吾门子孙，或犯十恶之罪，或习下等之事、为下等之艺，俱为不肖，有玷祖风，不许入谱。"[③] 可以说，安溪陈氏的这一族规，一方面是对国家法既有规定的进一步落实——所谓犯"十恶"者，不得入谱；另一方面也对国家法"不足挂齿"的事项作了规定——要求族人不得"习下等之事、为下等之艺"，否则，也不能入谱。我们以为，这些事务，对国家来说，虽表面上看"不足挂齿"，深入分析则会发现，其不仅直接关涉家族的内部秩序，间接地也会对国家层面的外部秩序造成一定的影响。这些事项与其说是对于国家而言"不足挂齿"，不如说是国家不宜也没必要进行具体规定。与此同时，涉及这些事项的知识，也往往是国家所不能掌握的。例如，关于宗族机构如何运作、族产如何管理、族内纠纷如何解决，以及违反族规的行为将招致什么样的处罚，不同宗族会有不同的处理方式；又如，关于祭祀的程序和礼节，族人死后牌位放入祠堂所需要的费用，以及符合哪些条件的人其牌位才能放入享堂

---

① 费成康：《中国的家法族规》，上海社会科学院出版社1998年版，第56、57、65、66页。
② 费成康：《中国的家法族规》，上海社会科学院出版社1998年版，第185页。
③ 《安溪陈氏大成宗谱》，同治三年（1864年）。

中央的中龛等，每个宗族会根据本宗族的实际作出不同的规定。对于这些事务，国家正式制度不可能也没必要作出规定，即便某些事务中央认为有规范的必要，考虑到每个宗族具体情况的差异，也不可能用整齐划一的规定来进行调整，而只能将规范制定权赋予具体的宗族。这样就使得几乎每个宗族都成为一个独特的制度生成和制度运作场域，从而对国家的正式制度形成有效的辅助和补充，并以宗族的内部秩序来支撑国家的外部秩序。这样形成的秩序之所以可取，"不在于它能保持一切因素各就其位，而在于它能够生成在其他情况下不可能存在的新力量。对有序化水平——即秩序创造并提供的新力量——更有决定性作用的，不是构成其要素的时空位置，而是他们的多样性"①。

最后，当机械适用国家法可能出现主体所不欲的局面时，家法族规中的一些变通规定可以避免这种情形的出现，同时又不至于造成对国家法的消解。例如，一般来说，一个男子只能作为一个家庭财产的继承人，然而，有些人可能生前无子；鉴于此，一些宗族规定，一个子弟可以同时作为其父和另一位长辈的继承人，这叫"兼祧"或"双祧"。这种规定的合理性在于，在子侄不多的情况下，可以防止族内财产落入他人之手，从而更好地维护家族或宗族利益。又如，当富裕家庭因无子而立继时，被选中的继子凭空获得了极大的利益，必然会引起其他族人心理上的不平，这无疑不利于族内秩序的稳定。鉴于此，一些宗族规定，富有家庭立继，需拿出部分家产，如家产的十分之一，来作为宗族的公产；有些宗族还根据继子与其继父在血缘上的亲疏，来决定宗族分成的比例。②这种处理方式，既有助于消除族人的不平心理，从而稳定族内秩序，同时又没有对国家的宗法秩序构成威胁，因而是一种十分实用和有效的做法。

（三）宗族纠纷解决机制对正式司法的支援

除作为制度生成和制度运作的场域外，宗族还是一个纠纷解决的场所。在传统中国的司法运作体系中，宗族承担着初级司法的功能，因为"绝大多数宗族，在族人将纠纷提交族长评断之前，禁止到官府诉讼"③。对于族内纠纷，宗族实施着一套完备的"类司法"程序：家法族规充当裁判依据，族长等扮演司法官角色，宗祠则成为裁判场所，并贯穿着一套严格的程序

---

① [英]哈耶克：《致命的自负》，冯克利、胡晋华等译，中国社会科学出版社2000年版，第89页。
② 费成康：《中国的家法族规》，上海社会科学院出版社1998年版，第69、70页。
③ [英]S.斯普林克尔：《清代法制导论——从社会学角度加以分析》，张守东译，中国政法大学出版社2000年版，第104页。

运作体系。

一般来说，鸣告，即负有稽查职责的族人或普通族人控告、检举违反家法族规的行为，意味着这一程序的开始。裁决的场所，通常是在供有祖宗牌位的宗祠内。对于一般违反家法族规的行为，通常由族长充当裁决者。但如果所犯过错较为严重，则不能由族长个人独断裁决，而需由族中众尊长在宗祠内一起讯问，共同裁决。此种情况下，有些宗族还会召集族众到宗祠，与尊长们共同议决，尤其是当可能对违反族规者处以出族、驱逐等严重处罚时，必须经由族众的集体商议。在裁决前，族长等人通常会以口头或知单类的书面通知要求违反族规者到宗祠候审，被传者必须准时到祠等候，若数传不到，则会被视为理亏，族长等将根据原告的陈述进行"缺席判决"。此时，除常规处罚外，违反族规者还将面临因"蔑视祖宗"而额外给予的处罚。在有些宗族，若被传者不到祠，房长等人可以将其强行押送，甚至捆送宗祠。有些宗族还专门设有祠壮、壮丁等，专司拘捕、押解等事宜，充当衙役的角色。裁决过程中如需有关亲属出场作证或提供担保，这些族人也应准时到场。裁断开始后，祠堂就像衙门，族长或族正端坐于祠堂正中央，房长、支长等分坐左右，如需族众到场，则于左右两侧或站或坐。宗祠裁断的结果，通常都会立即执行。很多宗族在对族人实施惩罚前，还需经过"告祠"或"告庙"即禀告祖宗这一程序，特别是在"鸣官"，也即将不法族人送交官府惩处前，都要举行这样的仪式。①

作为初级司法的宗族裁决，不仅事实上处理了大量日常纠纷，从而对本就稀缺的国家司法资源形成有效的补充，而且，相对于国家正式司法而言，此种解纷方式还有其独特和优越之处。这种独特性首先体现为宗族裁决中的一些独特原则。例如，依据儒家经典中"父为子隐，子为父隐"的教义，正式司法都会体现"父子相隐"或"同居相为隐"的"容隐"原则。与此不同的是，宗族一般都不允许"亲属容隐"，因为若允许这样做，则在宗族这样一个血缘交错的团体中，绝大多数违反家法族规的行为将无人举告，因而家法族规也将形同虚设。正因为这样，很多宗族不但禁止"亲属容隐"，而且对知情不报的直系亲属，尤其是包庇子孙的祖父、父亲，一并给予惩罚。② 唯有如此，才能对族内的不法行为给予及时有效的矫正和制裁，也才能对族内秩序形成有效的维护。其次，宗族裁决还有着一些独特的程序要求。例如，鉴于经常出现生父、继母虐待和诬陷前妻所生子女，以及因公婆嫌贫爱富或丈夫移情别恋而以忤逆公婆之罪休弃媳妇的情形，一些宗

---

① 费成康：《中国的家法族规》，上海社会科学院出版社 1998 年版，第 130~147 页。
② 费成康：《中国的家法族规》，上海社会科学院出版社 1998 年版，第 134 页。

族规定,如果以不孝、忤逆、偷盗等重罪指控家人或族人,需由合族之人共同证实,才能认定。① 这种程序规定显然更加合乎理性,从而能有效避免冤假错案的出现。

在独特性之外,与正式司法相比,宗族裁决还有诸多优势,它们能为裁决的合法性和有效性增加砝码。对于家法族规,人们十分熟悉,因为它是"由民间日常生活中自动显现"②的规则,"是一种内生于社会的制度,是人们在反复博弈后形成的日常生活定式"③。以此种方式形成的规则,人们不仅对其内容了如指掌,而且由于语境的共同性,人们对规则的理解也不容易产生歧义。同时,由于裁决者本身就是纠纷场域中的主体,因此,其对于事实的把握也会更准确,"比起县官,族人和族长有更好的条件去了解人和事"④。此外,宗族裁决中的很多救济和惩罚措施,比起正式惩罚也更具针对性。如不予扶持帮助,遇到困难,亲人拒绝救济等,既是"衙门行使不了"⑤的惩罚措施,也是针对宗族特定语境的极为有效的惩罚措施。而一些羞辱类的惩罚方式,则具有经济性和有效性的双重功能,如向族人或祖宗请罪,要求族众不与其打招呼,缓行成人礼,在家门口挂"不孝之家"牌匾等⑥,不仅处罚成本低廉,而且,在奉行"面子机制"的传统社会中能达到极好的惩罚效果。另外,一些资格类惩罚如削谱(即在宗谱上削去特定人的名字)、出族等,在传统中国的语境中,具有比死刑更有效的惩罚功能。因为"一旦被削,就不得再参加宗族礼仪,不得在生前享受本族的物质利益,死后,其姓名亦不得载于族谱,祠堂里也不供奉他的牌位,没有人祭奠他。这就等于被'拒之于族人阴阳两界之外'。对于一个中国人,这将标志着他在人生最为重要的事情上失败了。而没有亲属的支持,他在其他任何事情上,也难以有所成就"⑦。这样的结局,对于绝大多数个体来说,无疑比死亡更可怕。因而,可以说,家族中的一些独特惩罚机制,往往能起到比国家正式制度更好的惩罚效果。

---

① 费成康:《中国的家法族规》,上海社会科学院出版社1998年版,第140页。
② 梁治平:《清代习惯法:社会与国家》,中国政法大学出版社1996年版,第53页。
③ 苏力:《道路通向城市——转型中国的法治》,法律出版社2004年版,第105页。
④ [英]S.斯普林克尔:《清代法制导论——从社会学角度加以分析》,张守东译,中国政法大学出版社2000年版,第107页。
⑤ [英]S.斯普林克尔:《清代法制导论——从社会学角度加以分析》,张守东译,中国政法大学出版社2000年版第108页。
⑥ 费成康:《中国的家法族规》,上海社会科学院出版社1998年版,第108、109页。
⑦ [英]S.斯普林克尔:《清代法制导论——从社会学角度加以分析》,张守东译,中国政法大学出版社2000年版,第106页。

二、家族观念的秩序功能

在中国传统社会中，家族观念所具有的秩序功能，丝毫不亚于家族制度，可以说，从对人们行为影响的广度和深度看，其意义甚至要超过家族制度。总体而言，传统中国的家族观念，建立在一个核心理念之上，那就是家族一体化理念。所谓家族一体化，也即在传统国人看来，家族是一个横跨过去、现在与未来的时空连续体，是由已故的祖先、当下活着的家族成员以及未来的子孙后代共同构成的一个整体。可以说，传统家族中的其他观念，大多是由这一理念演化发展而来——家族一体化理念派生出了诸如光宗耀祖、家族脸面、家和万事兴等家族观念，这些观念不仅能很好地约束和激励人们的行为，而且能让人们在利益关系中保持自我克制，从而有效缓解人际互动中的紧张关系。此外，特定家族观念还有助于人们形成长远的行为预期，从而提升他们的社会责任感，并遏制各种短期行为。

（一）过去·现在·未来：作为时空连续体的家族

中国人的家族，是一个空间与时间的连续体：在空间上，家族是家庭的扩大，也即如费孝通所说"家族是从家庭基础上推出来的"[①]；在时间上，家族意味着一种过去、现在和未来的有机联结。关于家族在空间上的扩展性，由于很多学者都有论及，[②]此处不再重复。这里着重要探讨的是，家族在时间上的连续性——这一点，也正是中国传统家族观念的核心所在。在传统国人看来，家族不应仅仅被看成是由活着的成员所组成的整体，它是由祖先、当下成员以及绵延不断的后代所构成的一个连续体。在此意义上，美籍华人文化学者许烺光曾恰切地指出，在传统中国，"每个人都只是家族链上的一环"[③]。

接下来，我们要讨论的是，何以中国人的家族观念蕴含着时间维度？对于这一问题，不同学者给出了不同的解释。这其中，有从宗教角度观察的，有从生命哲学角度理解的，也有从家族所承担的社会功能角度分析的。

辜鸿铭从宗教的视角对此进行说明。在他看来，人类本性上总是想要寻求一种安全感和永恒感。在西方，宗教很好地满足了人们的这一需要。

[①] 费孝通：《乡土中国　生育制度》，北京大学出版社1998年版，第39页。

[②] 在这些讨论中，较有代表性的有日本学者井上徹所著《中国的宗教与国家礼制》钱杭译，上海书店出版社2008年版）、冯尔康所著《中国古代的宗族和祠堂》（商务印书馆1996年版）、冯尔康等著《中国宗族史》（上海人民出版社2009年版）以及费成康所著《中国的家法族规》（上海社会科学院出版社1998年版）等等。

[③] 许烺光：《祖荫下》，台湾南天书局2001年版，第191页。

而在中国，承担这一功能的主要不在宗教，而在于孔子的哲学体系和道德学说，他称之为"儒教"。他并指出，在儒教中，有一种东西如同宗教一样，能给人们提供安全感和永恒感，那就是忠诚之道。此种忠诚之道的首要体现是皇权信仰，人们通过对绝对的、超自然的、全能的皇权的信仰，不仅能获得一种安全感，而且能形成一种国家绝对牢固和永恒的认识。此种认识一方面使人们体会到社会发展的无限连续性和持久性，另一方面使人们感受到族类的不朽。①

很显然，辜鸿铭的论证思路是，儒学所倡导的忠诚之道，首先使人们在国家层面感受到民族的永生，进而在家族层面感受到族类的不朽。他指出："事实上，中国的祖先崇拜与其说是建立在对来世的信仰之上，不如说是建立在对族类不朽的信仰之上。当一个中国人临死的时候，他并不是靠相信还有来生而得到安慰，而是相信他的子子孙孙都将记住他、思念他、热爱他，直到永远。在中国人的想象中，死亡就仿佛是将要开始的一次极漫长的旅行，在幽冥之中或许还有与亲人重逢的可能。因此，儒教中的祖先崇拜和忠诚之道，使中国人民在活着的时候得到了生存的永恒感，而当他们面临死亡时，又由此得到了慰藉。"② 可以看出，关于中国人为何会具有家族永恒这一观念，辜鸿铭给出的解释是，在中国社会，这一观念承担着类似于宗教的功能，也即，它能够满足人们本性中对于安全和永恒的渴望。

与辜鸿铭不同，台湾地区学者杨懋春则从儒学特有的生命观出发，来解释中国人的家族观念。在他看来，儒学对生老病死有一套自己独特的理论。他指出："中国儒家的创始者既不说人死后一切归于乌有，也不愿意接受有灵魂常存于天堂或地狱的说法，他们创立了第三答案。他们的答案是，人如能在死前留下自己亲生的子女或后代，就是自己生命及祖先生命的延续。这就是儒家的'永生'之说。人有了自己亲生子女，虽然自己的血肉身体仍然要死，但他和她或父和母的生命是在子女的生命中继续存在。"③ 可以看出，与其他人类一样，传统中国人也渴望永生。所不同的是，在其他文化中，人们一般通过对超验事物的信仰来获得永生感，而在中国文化中，人们却倾向于以一种经验的方式来实现，也即，他们是从自己的子孙身上来获得永生感的。经由此种方式而获得的永生感，不仅体现为自己血液在子孙身上的流淌，而且体现为自身将以不同的方式被子孙铭记。所

---

① 辜鸿铭：《中国人的精神》，海南出版社1996年版，第57~58页。
② 辜鸿铭：《中国人的精神》，海南出版社1996年版，第58页。
③ 杨懋春：《中国的家族主义与国民性格》，载李亦园、杨国枢主编：《中国人的性格》，中国人民大学出版社2012年版，第113页。

谓"人如能在今世留下子女，在子女身上有慈爱，又在亲戚朋友中有恩德，在乡党邻里间办过福利善行，死后就会被人想着，活着的人会设牌位、立碑碣以为纪念。一个人能做到这个地步，则虽死犹存"①。

在此基础上，中国还演化出了一套关于生与死的民众信念。此种信念认为，人死之后，虽然肉身会腐化，却会形成一种与生时一样的精灵样貌，他们仍然过着如同生前的各种生活，并有着生前的各种需要。而其生活物品的需要，则来自活着的人的供奉，其中最重要的是其子孙的供奉。为此，中国人必须结婚成家，并留有子孙后代。"换言之，人必须在今世建立并维持一个家族。于是中国人相信家族是延续生命的机构。"②

需进一步指出的是，在杨懋春看来，中国人通过家族所延续之生命，并不止于生物性生命。在生物性生命之外，还有社会、文化及道义性生命。生物性生命之延续，体现为自己的血液在子孙身上的流淌；而社会、文化及道义性生命之延续，则体现为个人因生前对社会有所贡献而获得的种种美誉，以及因此美誉而被子孙和社会所铭记。因此，"子孙在纪念家族中死了的先人时，其所怀念者不仅是他们以往生物性的存在而已，更重要者是他们在世时的慈爱心肠、善良行为、丰功伟业、美名令誉等"③。

与前述两位学者的论证逻辑不同，费孝通用家族所承担的社会功能来解释其所具有的时空特性。他指出，中国家庭和西洋家庭在结构上截然不同：在西洋家庭中，夫妇是主轴，子女在这团体中只是配角；而在中国家庭中，父子是主轴，夫妇反倒成了配角。然而，问题是，何以中西家庭结构会存在如此明显的差异？在费孝通看来，其原因主要在于家庭所承担的社会功能不同：西洋家庭的主要功能在于生育，至于政治、经济、宗教等功能，则由家庭以外的团体来承担；而中国家庭所承担的功能，却远不止于生育，在生育之外，家庭还担负着政治、经济、宗教等诸多功能。"为了要经营这许多事业，家的结构不能限于亲子的小组合，必须加以扩大。而且凡是政治、经济、宗教等事务都需要长期绵续性的，这个基本社群决不能像西洋家庭一般是临时的。家必须是绵续的，不因个人的长成而分裂，不因个人的死亡而结束。"④

---

① 杨懋春：《中国的家族主义与国民性格》，载李亦园、杨国枢主编：《中国人的性格》，中国人民大学出版社2012年版，第113页。
② 杨懋春：《中国的家族主义与国民性格》，载李亦园、杨国枢主编：《中国人的性格》，中国人民大学出版社2012年版，第114页。
③ 杨懋春：《中国的家族主义与国民性格》，载李亦园、杨国枢主编：《中国人的性格》，中国人民大学出版社2012年版，第115页。
④ 费孝通：《乡土中国 生育制度》，北京大学出版社1998年版，第40页。

简言之，在费孝通看来，中国家庭所承担的复杂社会功能，是其得以扩展的重要原因。这种扩展一方面表现为家庭规模的扩大，从而形成家族，这是家庭在空间上的扩展——这一点服务于家族事业的横向开展；另一方面表现为家庭的世代延续，家族被视为一个历史连续体，这是家庭在时间上的扩展——这一点服务于家族事业的纵向绵续。很显然，家族在横向和纵向上的此种联系，不仅将活着的家族成员牢牢凝聚在一起，而且在他们与其祖先及后代之间，结成一根连绵不断的纵句纽带。

上述学者的讨论都共同指向一点，即在传统中国人那里，家族被视为一个勾连过去、现在与未来的时空连续体，它由已故祖先、当下家族成员及其子孙后代共同组成。中国人的此种家族观念，我们可以从不少学者的论述中窥见一斑。许烺光指出："具有情境中心和相互依赖世界观的中国人，倾向于在家庭这种人类原初社会团体中，解决其生活中的问题。当他必须冒险离开家庭时，他依然会不断寻求并设法建立一种亲族性质的联结，以便根据他的位置和互惠原则，确定他的报酬和义务。人口增加的结果，只是使中国人建立具有内聚性质的扩大的家庭组织，亦即宗族。因为这种心理文化取向使他相信：这样一种较为自然的组织，能够满足他跟别人交往的各种需要。"[①] 这是从横向角度说的。从纵向角度来看，"中国人即使死了，他跟家庭的联系也不会因此而被切断，他依旧是大家庭的一个成员。只要财力允许，死者的尸体将尽可能地长期留在家中。死者的墓地就像生者的庭院一样，受到精心照顾。死者每年都定期被'请'回家中，跟家人'团聚'，或出席特别的仪式"[②]。

此种关于家族的认识，不仅深深蕴藏于每个中国人的内心之中，而且经由一些独特的象征和仪式而不断被强化。这其中，宗祠、族谱和祖先牌位等，是家族的主要物质象征；而日常侍奉祖先、定期祭祀和在宗祠内解决纠纷等，则以其仪式化的方式不断深化着人们对于家族的认同。

宗祠是家族的物质象征，它为祖先提供了所在，表达着祖先的在场。一般来说，在传统中国，稍有实力的家族，都会修建宗祠。宗祠中供奉着祖先的牌位，它们是祖先的象征，人们对它们所进行的膜拜，传达着一种对祖先的尊崇之情。通常，人们还会不定期地在牌位前与祖先对话，无论是家中的日常事务，还是重大事件，都会禀告祖先。在这些仪式中，牌位都被人们视同祖先本人。此外，家族还会编纂族谱，里面不仅罗列着每个族人的名字，还记载着家族的历史与荣耀。可以说，族谱是另一种形式的家族

---

① 许烺光：《宗族、种姓与社团》，黄光国译，台湾南天书局2002年版，第8页。
② 许烺光：《宗族、种姓与社团》，黄光国译，台湾南天书局2002年版，第50页。

象征，经由它，家族的祖先被人们持久铭记，家族的历史为人们生动呈现。对个人来说，使自己的名字列入族谱，是其最基本的人生需要——一个人倘若被族谱除名，将是一种奇耻大辱；在此基础上，如若能有什么善行或光辉事迹被载入族谱，那便是人生莫大的荣耀——这不仅意味着自己为家族增了脸面，还意味着由此而更容易被后人记住。而对于家族来说，族谱是其由过去通往现在并走向未来的证明，同时，族谱所记载的光辉事迹足以让家族成员终生引以为豪。一般来说，家族会经常性地续谱，将后续出生的家族成员列入其中，并将族中发生的重要事件载入族谱。因此，可以说，族谱诉说着家族的历史，见证着家族的荣辱，而一次次的续谱行为则使家族延续到无限遥远的未来。①

通常，家族会派专人料理宗祠，这被视为代表族人侍奉祖先的日常行为。而每逢重要节日，人们便亲自去宗祠祭拜，为祖先提供祭品以供其享用。当家族发生重大事件时，人们也会去宗祠禀告祖先，以示对祖先的尊重。倘若是好事，则可以取悦于祖先，让他们为后人的行为感到欣慰；倘若是坏事，则借此表达对祖先的愧疚之情，并乞求祖先的庇佑。除定期祭拜外，人们随时都可以去宗祠、祖先灵位前或墓地与祖先进行交流。② 在很多地方，当宗族中出现纠纷或有重要事务需要商议时，人们会选择宗祠作为裁决和商讨地点，这样做是为了让祖先也参与其中，并见证这些重要的时刻。可以说，以上种种，都向人们传达着祖先的在场，它昭示出，祖先并没有成为过去，他们仍与族人一起活在当下。

宗族中的象征体系和仪式性行为，除了具有向人们传达祖先在场的文化意义外，还能够在宗族成员之间形成一种强烈的认同。此种认同，不仅发生于活着的族人之间，还发生于活着的人与已然离世的祖先之间。可以说，此种认同的存在，为家族成员之间建立起一种强韧的联结纽带，从而使家族不仅成为人们共同的生活场所，而且成为他们共同的精神家园。更重要的是，它还使家族成为一个荣辱与共的实体：人们分享着祖先的荣耀，而祖先也会为后人的成就和荣誉而感到欣慰；同时，族人的失败和恶名也

---

① 一般来说，家族都非常重视续谱，并将其当作一件意义重大的事情来做。例如，闽南沪江侯氏在其族谱序言中便表明，"谱之作，上将以尊其祖考，下将以传其子孙，而旁将以睦宗族"（见《沪江侯氏族谱》）；东阜吴氏也在其族谱序中强调，"家之有谱，犹国之有史也"（见《东阜吴氏族谱》）。可以说，这些表述足见族谱对于家族的重要意义。

② 据许烺光的考察，这种交流通常有三个目的："一是为了了解死者灵魂的去向，它们生活的情况，以及死者再次投生的时间；第二个目的是给死者的灵魂提供吃食、衣物和钱；第三个目的是祈求死者履行他们生前承担的义务：掌握婚姻和分家的决定权，充当年轻人的监督者。"（许烺光：《祖荫下》，台湾南天书局2001年版，第143页）

足以让祖先蒙羞。可以说，上述一系列的象征和行为，将家族塑造成一个兼具历时性与共时性的实体：它源自过去，活跃于当下，并延伸至遥远的未来；它如同一根坚韧的纽带，不仅将所有活着的族人，而且将他们与其祖先、后代牢牢地拴在一起。在这样的家族中，"代与代之间互相负有义务和责任，并在相互依赖中保持着彼此的生活（阴间和阳间）意义，一个人存在的理由在于其祖先，其祖先存在的理由在于他还有后代。……崇祖的目的不在于单纯地把后代的思想意识拉回到遥远的过去，而更注重现在和未来，即'慎终追远，民德归厚矣'"。①

或许有必要说明的是，在西方历史上，也存在一些类似的关于祖先的观念。据法国历史学家古朗士的考察，在古希腊和古罗马，人们也曾奉祖先为神灵——在他们的观念中，所有的死者，无论其生前为善或作恶，死后都能成为神灵。对于这些神灵来说，坟墓便是他们的神庙，上面刻着神圣的碑文，墓前还往往设有祭坛，以供献祭之用——人们对祖先应尽的最大义务，便是定期地供奉他们。受到供奉的死者将成为活人的守护神，反之，被忽略而得不到供奉的死者将变成恶鬼。②并且，与中国人将宗祠、祖先牌位和族谱等作为祖先及家族的象征体系相类似，古希腊、罗马人将圣火视为祖先和家庭的象征。在每个家庭中，人们都会燃起圣火，它既是家庭的象征，也是家中的守护神。当人们遭遇不幸时，便会来到圣火前，责怪它为何不保佑供奉它的人；当人们遇上好运时，则会向圣火表达感激之情。③此外，在人们与祖先之间的沟通与交流方式上，希腊罗马人也非常重视供奉和祭祀，而且，这种供奉也完全是以家庭为单位的："他们相信，死去的祖先只接受自己家庭的供奉，只愿意被自己的后人所崇拜。非家庭成员的出现会打扰死者的宁静"④。当然，两种崇拜形式之间也存在一些差异，典型体现为，希腊罗马人将圣火前的家庭聚餐视为一种宗教行为，在此

---

① 翟学伟：《中国人的脸面观》，北京大学出版社 2011 年版，第 110～111 页。
② [法]菲斯泰尔·德·古朗士：《古代城市：希腊罗马宗教、法律及制度研究》，吴晓群译，上海世纪出版集团 2006 年版，第 45～48 页。需要指出的是，在这一点上，中国的观念略有不同。因为，"在中国任何地方，人们都相信祖灵对其子孙保有慈悲之心，绝不是其后代遭受惩罚的根源"，"在中国人的思想中，自己的祖先绝不会危害自己的后裔；相反地，自己祖先的神灵根本用不着祈求，就会自动降福于子孙"（许烺光：《宗族、种姓与社团》，黄光国译，台湾南天书局 2002 年版，第 60 页；许烺光：《中国人与美国人》，台湾南天书局 2002 年版，第 272 页）。
③ [法]菲斯泰尔·德·古朗士：《古代城市：希腊罗马宗教、法律及制度研究》，吴晓群译，上海世纪出版集团 2006 年版，第 52 页。
④ [法]菲斯泰尔·德·古朗士：《古代城市：希腊罗马宗教、法律及制度研究》，吴晓群译，上海世纪出版集团 2006 年版，第 59～60 页。

一场景中，人们邀请家神也参与其中，在饭前和饭后都必须进行祈祷；① 中国家族一般不将聚餐视为一种宗教行为，相反，我们赋予在宗祠中解决纠纷和商议重要事务以宗教意义，它意味着祖先的身临其境，见证并参与族中的重大事务。

虽然中西方在早期的家神崇拜上有诸多共通之处，但后来的历史发展却使它们走上了截然不同的发展道路。在西方，由于基督教的兴起，对上帝效忠的观念将人们从家庭中剥离出来，人们对家神的崇拜转化成对上帝的崇拜。而家神的式微与家庭观念的衰落有着必然的关联，家庭不再是一个具有内聚力的团体，也不再是人们最重要的精神家园。而中国的情形却截然不同，在中国历史上，除南北朝时期佛教曾短暂风靡于中华大地之外，绝大部分时期都未曾出现过哪种宗教一统天下的局面。这很大程度上可以解释何以中国的祖先崇拜难以被其他形式的崇拜所打破和消弭这一事实。祖先崇拜的强劲存在，使中国的家族及其制度和观念得以持续发展，并对中国传统社会治理产生了广泛而深远的影响。

（二）光宗耀祖与家族脸面：极为有效的行为激励

如前文所述，中国的家族是一个具有内聚力和连续性的实体。家族的内聚力将所有家族成员凝聚为一个整体，形成一种一损俱损、一荣俱荣的局面。而家族的连续性则使得活着的家族成员与已故的祖先之间也构成一个荣辱与共的实体。可以说，无论是家族的内聚力，还是其连续性，都能够内在地对人们的行为产生有效的激励。这种激励能够从正反两方面获得实现：从积极方面讲，为家族增光，乃至为祖宗赢得荣耀，可以成为一个人终生的奋斗目标；从消极方面讲，不为族人丢脸，不让祖宗蒙羞，是一个人对家族应尽的最基本义务。毫无疑问，不管是光宗耀祖的正面激励，还是不丢家族脸面的消极克制，对于人们的行为，都能起到非常有效的调节作用。简言之，家族脸面和光宗耀祖，是传统中国人最为重要的行为动力。②

接下来，我们首先要探讨的是，何以中国人会将家族脸面和光宗耀祖看得如此重要？从根本上讲，乃在于中国人深深的崇祖之情。中国人相信，祖先的离世，只意味着其肉身的消失，但其灵魂则将永存。以灵魂形态

---

① ［法］菲斯泰尔·德·古朗士：《古代城市：希腊罗马宗教、法律及制度研究》，吴晓群译，上海世纪出版集团2006年版，53页。

② 在一些家族的族规中，对于那些能给家族和祖先带来荣耀的族人，往往会以制度化的形式给予特别的嘉许。例如，闽南翁氏家族规定："前程及有功于族者，死后许其进主祖祠中。"［见《清溪翁氏族谱》，光绪二十一年（1895年）］毫无疑问，对于传统国人来讲，这是一种莫大的荣耀，它能给人们提供巨大的行为动力。

存在的祖先，将与他的后人保持着持久的物质和精神交流。物质上，祖先依靠后人的供奉而存活，他也为后人提供种种庇佑。精神上，祖先始终与后人在一起，他们时刻关注着族人，观察着他们的一言一行；而后人，也时刻保持着与祖先的交流。简言之，祖先的辞世绝不意味着他们的消失，而是以另一种形式存在于家族之中，他们是应当被族人敬仰的对象，是家族历史的见证人，更是家族的保护神。① 因此，崇敬他们，供奉他们，用自己的行动来取悦他们，是一个子孙应尽的基本义务。从这一角度讲，崇祖之情必然引发人们光宗耀祖的行为动机。

同时，崇祖观念也可以带来家族内部的认同与团结。既然家族成员都是共同祖先的后代，每个人身上都流淌着祖先的血液，那么，大家彼此之间便血脉相连——这是一种源自生理事实的最自然的认同。同时，家族的历史，无论是祖先生前的荣耀，还是家族艰辛的成长史，都会成为人们共同的家族记忆，这些记忆，深深地嵌入每个家族成员的脑海之中，成为他们共同的印记，进而也成为增进他们彼此认同和团结的纽带。此外，既然大家来自共同的祖先，同受祖先的庇护，那么，家族成员之间和睦相处、真诚以待，而不是相互排挤、尔虞我诈，便是对祖先最起码的尊重。也因此，在对外关系上，家族成员应当齐心协力，以各种成就来为家族赢得名誉和地位——这些成就既可以增加整个家族的荣耀，还可以告慰祖先的在天之灵。② 应当说，在这一点上，《礼记》恰切地道出了这一逻辑关系，并将其作了进一步推衍："是故人道亲亲也，亲亲故尊祖，尊祖故敬宗，敬宗故收族，收族故宗庙严，宗庙严故重社稷……"③

从历史的角度看，中国人的崇祖观念及随之而来的族内认同，在西周时便已然发达。许倬云指出，在西周人看来，"死亡，是在祖先与生者之间的过渡。死者的灵魂，必须长有依凭；暂时的依凭，竟可栖息在粥饭之上，而长久的依凭，则是以姓名为代表的铭及主。祖灵在祭祀时，不是象征性的存在，却是具体的由子孙中某人扮演。生人与死者，都可在宴饮时共同享受丰收，祖灵醉饱，更可庇佑子孙永远享有同样的福祉。燕飨遂具有联系过去与现在，人间与灵界的作用；当然，参加燕飨的宗亲，也为此而有强

---

① 美籍华人文化学家许烺光很恰当地指出，"就是死神也无法斩断前人与后人之间的关系，（相反）他们之间的这种关系会因为祭祀而变得更加紧密"（许烺光：《祖荫下》，台湾南天书局2001年版，第171页）。

② 通常情况下，当家族中有人取得巨大成就时，人们便会重新撰写家谱，以彰显家族的荣耀，并以此告慰祖先。参见许烺光：《祖荫下》，台湾南天书局2001年版，第109页。

③ 《礼记·大传》。

烈的认同"①。从许倬云的论述可以看出，将家族视为生者与死者共同的栖身之所，强调人们与祖先之间物质与精神的交流，将家族看成是勾连过去、现在与未来的连续体，族人在祖先的庇佑之下，以及在崇祖的热情之中，彼此相互认同、密切团结，这一系列观念与行为安排，在中国传统文化中，有着极为深厚的历史渊源。

那么，由崇祖之情所引发的光宗耀祖和家族内部认同，又是如何对人们的行为起到激励作用的呢？可以说，这是通过中国人一种独特的心理机制，也即面子机制而实现的。也就是说，光宗耀祖和家族内部认同，在中国人的心理和行为上，是通过顾及祖宗颜面和家族脸面来实现的。

此处有必要谈及中西文化中脸面的不同运作机制。在西方文化中，脸面是个体性的，也即，人们在社会互动中所呈现的行为状态，以及所获得的行为评价，完全是个体化的。也就是说，一个人所表现出的行为，仅仅代表他自己，而不代表其他任何人；同时，他人对其行为所作的评价，也仅仅针对行为者本人，而不会波及其他人。美国学者戈夫曼对西方人的脸面运作有精到的研究。根据他的研究，西方人脸面的运作实际上就是个人印象整饰的过程。在他看来，人生就如同一出戏，每个人都是这戏剧舞台中的一员，他们与别人所进行的社会互动，实际上就相当于一场场的表演。确切地说，在社会互动中，人人都是表演者，人人又都是观众。在这些表演中，人们都希望在观众面前塑造出一种易被他人所接受的形象。为了塑造好这一形象，人们的表演会区分为前台行为与后台行为。在前台行为中，他们表现出一种容易被他人接受的社会形象；而在后台行为中，则会展现出与前台行为完全不同的一面。简言之，在社会互动中，人们所看到的，都是他人的前台行为，而人们在前台所进行的表演，戈夫曼称之为"印象整饰"。②

必须指出的是，戈夫曼提出印象整饰理论，其本意是想要建立一种跨文化的面子运作机制。但实际上，戈夫曼所描述的印象整饰，展现的却只是西方人的面子运作过程。这一过程看似与中国人的面子运作并无不同，但细究起来，二者之间存在本质的区别。戈夫曼笔下的印象整饰行为，几乎都是个体性的，每个人都只是单个的表演者，其表演既不代表他人，观众也不会对其表演作出波及他人的评价。而中国人的面子运作却不同，一个人在社会互动中所涉及的面子，既是他自己的，也是与他密切相关之人的。这也就是说，西方人的面子是独立的，它源于自身，也只指向自身；而

---

① 许倬云：《西周史》，三联书店1994年版，第285页。
② 关于戈夫曼的印象整饰理论，可参见[美]欧文·戈夫曼：《日常生活中的自我呈现》，冯钢译，北京大学出版社2008年版。

中国人的面子却不同，它的动力来源是多元化的，面子评价也会辐射至很多人。①

当然，中国人面子动力的多元性和面子评价的辐射性是有一定范围的，通常情况下，这一范围限定在亲人、朋友之间，有时也包括普通的熟人。具体说来，中国人在社会互动中之所以倾向于好的行为表现，是因为其动机不仅在于为自己赢得面子，还在于为自己的亲人和朋友赢得面子；与此同时，中国人在社会互动中的良好表现，不仅可以博得他人对自己的正面评价，还可以使自己的亲人、朋友甚至一般的熟人脸上沾光。需进一步指出的是，亲人、朋友和熟人能为人们提供的面子动力并不是同等的，同样，人们所赢得的面子，也不可能被所有这些人同等地分享。在这些人中间，存在一个核心区域，那就是家族成员，他们可以上至祖宗、下至后代，横向则包括所有当下活着的人们。应当说，光宗耀祖、福荫后代、增进家族成员的脸面，是中国人最重要的面子和行为动力。正如有的学者所说，中国人的"脸面是一个辐射性或推广性的概念，它的动力和行为方向都是以与其相关之人共享性为特征的，即同所谓光宗耀祖、光大门楣、沾光等心理和行为相联系"②。"中国人走到任何地方都不会忘记他的家人，他在社会上奋斗也不是为他自己，而是他的父母、家族和乡里，因而中国人奋斗的动力和目标仍然聚集在光宗耀祖上。"③

对于传统中国人来说，每个人都不是单个的个体，他首先是作为祖宗的后代和家族的一员，因此，为祖宗增光，为家族添荣，是人们行为最根本也是最重要的动力。同时，不让祖宗蒙羞、不让家族丢脸，也是一个人要努力做到的。人们若做了任何有损家族名誉的行为，便是对族人的不负责任，也是对祖宗极大的不敬。并且，中国人相信，人死之后，都是要去见祖先并与祖先团聚的，一个人要是在生前做了有辱家族名誉的事情，他死后

---

① 须补充说明的是，中西文化中面子的不同运作方式，从根本上源于中西方不同的自我观。台湾地区文化心理学者黄光国等曾就基督教文化所塑造出的自我观与中国文化中的自我观进行对比，并指出：在基督教文化中，每个人都是上帝所创造的独立个体，因此，每个人都必须全力捍卫"自我的领域"；相反，在中国文化中，个人的生命是父母的延续，父母的生命又是祖先生命的延续，人们并不把"自我的领域"划在个人的范围之内，而必须将其扩展，将父母和亲人也包含在"自我的领域"之内，成为所谓的"大我"（黄光国、胡先缙等：《人情与面子：中国人的权力游戏》，中国人民大学出版社2010年版，第96页）。这也就是说，在中西文化中，人们关于自我的认识是截然不同的：西方人的自我，仅仅包括他本人；而中国人的自我，除了其本人之外，还包括与自己关系密切之人，这其中，家族成员最为核心。正是在这一意义上，有学者将西方文化中的自我称为"独立型自我"，而将中国文化中的自我称为"互依型自我"（朱滢：《文化与自我》，北京师范大学出版社2007年版，第49页）。
② 翟学伟：《人情、面子与权力的再生产》，北京大学出版社2013年版，第211页。
③ 翟学伟：《中国人的脸面观》，北京大学出版社2011年版，第120页。

将无颜面对自己的祖先。"基于这样一种信仰,中国人在活着时就有一种心理压力,这就是如果他这一生没有什么作为,或降低一点来看,在其一生中做了什么错事,死后是羞于见他的祖先的。"① 因而,让自己有脸面去见祖先,是人们基本的行为目标。在这一目标之下,一个人生前的行为表现,最低限度不能让祖先脸上无光;在更高的层次上,则应积极地以自己的善行或成就,来为祖先赢得荣耀。无论是积极地做出好的行为,还是消极地遏制不良行为,对于社会秩序的维护来说,都具有重要意义。简言之,光宗耀祖和家族脸面,在传统社会中,对人们的行为起到了非常有效的激励和调节作用,它既能使人们积极进取,也能使人们安分守己,从而使国家权力并不强大的传统社会依然能够秩序井然。

(三)"家和万事兴":礼让、克制精神的养成

由于中国历史上的大部分时期都缺少一种垄断性的宗教,因而,传统中国人的精神家园,大多不存在于超验信仰领域,而存在于经验世界,至少是准经验世界中——准确地说,是存在于生于斯、长于斯、死后仍寄托于斯的家族之中。家族对于传统国人来说,是一个极为重要的所在:它不仅是人们最基本的生活单位,也是最重要的生产与合作单位;不仅为人们提供衣食住行等物质性需求,还为人们提供意义与价值等精神性需要。可以说,无论是在生前,还是死后,家族都是人们最重要的栖身之所。在社会分工尚不发达的传统社会,人们不仅在家族中出生与成长,在他们成人之后,其生产与社会活动也多以家族为依托,因而,家族是人们最基本的安身之所。同时,传统社会中个体生命的价值,并不能单纯从其自身去寻找,而应当被置于家族的兴盛与绵延不断之中;其行为的意义,主要不在于能为自身赢得多大的成就与名望,而在于能给族人增添怎样的荣耀、给祖先带来多大的欣慰,因而,家族又是人们最重要的精神依归。正因为家族是人们的安身立命之所,因而,生活于家族之中,将自己的名字记载于族谱之内,对人们来说,才意味着生命有了归属。也因此,在传统中国,被驱逐出家族,或者被从族谱上除名,便是一种最严厉的处罚,它会使一个人丧失作为家族成员的所有物质与精神利益。此种处罚,甚至比单纯的死刑更可怕,它会使被处罚之人面临一种生不如死的境地,因为"一旦被削,就不得再参加宗族礼仪,不得在生前享受本族的物质利益,死后,其姓名亦不得载于族谱,祠堂里也不供奉他的牌位,没有人祭奠他。这就等于被'拒之于族人阴阳两界之外'。对于一个中国人,这将标志着他在人生最为重要的事情上

---

① 翟学伟:《中国人的脸面观》,北京大学出版社 2011 年版,第 111 页。

失败了。而没有亲属的支持,他在其他任何事情上,也难以有所成就。"①因而,生活在家族当中,生活在祖先的庇佑之下,对于人们来说,便是人生最根本和最重要的事情了。相应地,对于家族来说,它的成员能够各安其分,共同为家族的繁荣与兴盛而齐心协力、努力奋斗,便是家族最大的幸事。也因此,家和才能万事兴。

那么,如何才能做到家和万事兴呢?最重要的一点在于,家族成员之间应当相互克制。正如有学者所指出的:"保证或维系家族的最有效方法是要有和平,没有战争。……人与人相处,如想和平,没有战争,最好大家都有淡泊的性格。如大家都淡于名利,淡于财货……则在家族中会多有和平,在邻里社区中少有冲突伤害。"②这也就是说,在家族的日常交往中,人们应当保持一种淡泊的性格,淡泊于名利、淡泊于财货,家族的和谐便易于实现。③而所谓淡泊于名利与财货,也就是大家在交往行为中保持一种相互礼让、相互克制的习惯,唯有如此,家族的宁静与和谐才可能实现。进一步地,如果人们在家族中养成了一种礼让与克制的行为习惯,那么,当他们与外人打交道时,也会懂得如何更好地处理与他人的利害关系,从而实现人际交往的和谐。从这一意义上可以说,家族成员之间的相互礼让和克制,不仅有助于维护家族的凝聚与团结,也有助于人们在家族之外更广阔的社会关系中,实现与他人相处的融洽与和谐。

应当说,家族成员之间的礼让和克制不仅体现在利益关系上,而且体现在日常礼仪中,或者说,人们在日常行为中养成的礼让习惯,有助于其在利益关系中实现对自身权利的克制。换一个角度,也即从家族的角度来看,家族应当首先在其成员之间营造一种礼让的氛围,并在人们的日常行为中灌输一种礼让的精神,唯有如此,才能更好地培养人们在利益关系中的相互克制。可以说,传统中国的家族在这一方面做得很好。在写作本部分时,我们特地参考了闽南当地的一些家法族规。在查阅相关资料时,我们发现,不少家族都在人们礼让精神的养成、物质利益的相互克制问题上作了特别规定。例如,安溪梁氏在其族谱中明确规定:"幼当让长,卑当让

---

① [英] S. 斯普林克尔:《清代法制导论——从社会学角度加以分析》,张守东译,中国政法大学出版社 2000 年版,第 106 页。需要说明的是,此种惩罚方式,通常只会在不得已的情况下启用。也就是如有的学者所说:"只有当孩子无可挽救的时候,父母才采取这一惩罚形式"(许烺光:《祖荫下》,台湾南天书局 2001 年版,第 193 页)。

② 李亦园、杨国枢:《中国人的性格》,中国人民大学出版社 2012 年版,第 123 页。

③ 例如,浔海施氏族规规定:"兄弟如手足,何忍相煎?今人阋墙之忧多起于妯娌不和,分财不公。岂知妻子衣服破犹可补,财遗子孙未必能保。徒骨肉相残,甚可哀也。惟勿听谗言,勿蓄私财,正色公心以处之,则家道无乖,敦禽是也。"《浔海施氏族谱》,康熙二年(1662 年)。

尊，各相含忍，毋得争□，以取不义之名，为人耻笑。昔夷齐让国，伋寿让死，皆兄弟也。国与死尚相让，况区区土地金帛乎？"①在这一族规中，梁式家族首先告诫人们要遵循长幼、尊卑之序，并相互宽容和忍让；进而通过列举一些历史实例的方式，劝导人们在诸如财产等利益问题上相互礼让和克制。再如，晋江万氏族规特别强调："有善人而不富贵，族虽衰犹盛也；苟富贵而无善人，族虽盛犹衰也。愿族人为祖父者以善教其子孙，为子孙者以善荣其祖父。"②沪江侯氏亦规定："凡为子孙者，皆一脉流源，常以孝悌恭敬相与，毋伤和气。且人家亦有贫富不同，须念支脉随，遇餐饮相呼，欢笑一番。勿以富吞贫、恶凌善。患难相救，困穷相恤。"③可以说，无论是万氏所强调的"善"，还是侯氏所注重的"和气"，都包含着容忍、礼让、克制，乃至相互体恤与周济等行为内涵。

可以说，家族成员相互之间的容忍、礼让和克制，对于家族来说，实在是一件意义重大的事情。它不仅关乎家族内部秩序的维护，而且关乎家族长远的兴盛与繁荣。正因为如此，家族一般都会通过种种方式，例如营造礼让氛围，以教化的方式向人们灌输礼让和克制的观念，有时甚至是以家法族规的方式，将相关行为要求制度化等等，使人们不仅在日常交往中，而且在利益关系中相互克制。对于日常交往中的礼让与克制，此处不予讨论，这里要着重探讨的是，人们在利益关系中的相互克制。

人们在利益关系中的相互克制，从法学视角观之，也就是人们在权利问题上的相互克制，也即人们在主张和行使权利时保持适度的节制。西方的权利理论倾向于认为，一个人的权利与他人的权利之间存在一条明确的分界线，这条分界线可以运用密尔所提出的"伤害原则"④来划定。根据这一原则，每个人对于仅涉及自身的权利和自由都拥有绝对的支配权，对它们进行限制的唯一正当理由在于，这样做是为了避免给他人造成伤害。这意味着，在西方人那里，人们的行为只要不对他人造成伤害，便可以自由行

---

① 《安溪梁氏族谱》，康熙五十一年（1712年）。
② 《晋江万氏族谱》，乾隆三十四年（1769年）。
③ 《沪江侯氏族谱》，乾隆四十一年（1776年）。
④ 密尔伤害原则的较完整表述是："人类之所以有理有权可以分别地或者集体地对其中任何分子的行动自由进行干涉，唯一的目的只是自我防卫。这就是说，对于文明群体中的任一成员，所以能够施用一种权力以反其意志而不失为正当，唯一的目的只是要防止对他人的危害。若说为了那人自己的好处，不论是物质上的或者是精神上的好处，那不成为充足的理由。……要使强迫成为正当，必须是所要对他加以吓阻的那宗行为将会对他人产生祸害。任何人的行为，只有涉及他人的部分才须对社会负责。在仅只涉及本人的部分，他的独立性在权利上则是绝对的。对于本人自己，对于他自己的身和心，个人乃是最高主权者。"（［英］约翰·密尔：《论自由》，程崇华译，商务印书馆1959年版，第10页）。

使；具体到权利问题上，只要不对他人造成伤害，人们便可以自由行使其权利，甚至可以将权利主张运用到极致。相比之下，传统国人对此却持不同的看法，家族一体化的观念使人们相信：首先，权利与权利之间不存在也不需要画出一条明晰的分界线，所谓"清官难断家务事""自家人何必分得那么清？"；其次，人们在行使权利时，不必也不应把权利主张得太彻底，因为如果人们过于斤斤计较、寸步不让，便很容易"伤了和气"。简言之，在传统中国人看来，权利界限的过于清晰，以及权利主张的过于彻底，容易在家族成员之间制造紧张气氛，从而使家族丧失原有的团结与凝聚力。可以说，正是这一观念和认识，让人们在行使权利时保持克制，从而权利与权利之间不容易发生正面碰撞，人际互动中的紧张关系也较少出现。

此种权利行使的方式，相对于西方意义上的权利行使，有着独特的意义和价值。西方意义上的权利行使，至少从其原初意义上讲，实为权利的针锋相对。这一点从根本上与西方主体文化中的彻底个人主义倾向密切相关。什么是彻底个人主义？根据一位文化心理学者的解释，彻底个人主义也即强调人们在社会生活中的"自我依赖"（self-reliance）；此种"自我依赖"建立在一个基本的假定之上，那就是，人们在社会中能够自给自足。① 而西方社会之所以会形成这样一种个人主义，与基督教文化不无关联。"基督教文化普遍认为：每一个人都是上帝所创造的独立个体，因此，他们将每一个人必须全力捍卫的'自我的领域'划在个人身体的范围之内。"② 当然，自我依赖及与之相关的彻底个人主义在西方的发展，经历了一个漫长而复杂的发展历程，并非三言两语所能阐释清楚，因而，此处不作具体展开。③ 这里着重要分析的是，建立在自我依赖基础上的彻底个人主义，与权利行使的寸步不让之间具有怎样的内在关联，以及中西方不同的权利行使方式对于社会秩序的维护来说，具有哪些不同的意义。

可以说，西方式的彻底个人主义必将引发人们权利行使中的针锋相对。其原因主要在于，自我依赖观念支配下的彻底个人主义，会使人们在社会关系中保持一种奋力争取的姿态，此种姿态使人们在权利关系中自然而然地将其权利主张并运用到极致。由于自我依赖建立的基础是自给自足，因而，为了实现自我依赖，人们必须在社会生活中极力争取属于自己的

---

① 许烺光：《彻底个人主义的省思》，台湾南天书局 2002 年版，第 2 页。
② 黄光国、胡先缙等：《人情与面子：中国人的权力游戏》，中国人民大学出版社 2010 年版，第 96 页。
③ 关于这一主题，可以参阅张世英的《中西文化与自我》（人民出版社 2011 年版），以及朱滢的《文化与自我》（北京师范大学出版社 2007 年版）等著作。

利益；同时，由于奉行彻底的个人主义，人们在社会行动中一般不会考虑自己的行为将给他人造成怎样的影响，也不用考虑共同体的利益，因为共同体是不存在的。这里有必要简要提及共同体在西方的演变。根据滕尼斯的理论，共同体不是社会成员的简单相加，而是人们有机地浑然生长在一起的整体，它的形成是基于血缘、地缘或某种共同的信仰。[①] 在西方历史上，人们曾以共同体的形式存在，只是到后来，尤其是随着现代性的开启，人们结合的形式由共同体逐渐转化成社会。与共同体的有机生长不一样，社会是一种目的的联合体。生活于其中的人们，"（虽然）像在共同体里一样，以和平的方式相互共处地生活和居住在一起，但是，基本上不是结合在一起，而是基本上分离的。……行动的发生与其说是为了与个人结合的人们，不如说是为了他自己。在这里，人人为己，人人都处于同一切其他人的紧张状况之中。他们的活动和权力的领域相互之间有严格的界限，任何人都抗拒着他人的触动和进入，触动和进入立即被视为敌意。"[②] 由此看来，"建立一种社会的可能性无非是以众多的赤裸裸的个人为前提……因为在社会里，每个人都力争他自己的好处，以及只有其他的人也想促进这种好处，才会肯定他们"[③]。从滕尼斯的论述可以看出，在西方，随着人们结合形式由共同体转向社会，人与人之间变成了纯粹的目的关系和赤裸裸的利益关系。在这样的社会关系中，人们不再需要顾及他人，也不再需要顾及共同体的利益，每个人都只为自己而存在，他们在社会中唯一要做的，就是尽力争取自己的利益，因此，在权利行使的过程中，必然与他人形成一种针锋相对的局面。

此种权利行使的方式，也许乍看起来并无不妥，甚至在我们早期的法制宣传中，它还可能成为我们褒扬和倡导的对象。然而，从长远来看，人们如此行使自己的权利，将可能给社会带来一系列消极影响。其中，最明显的在于：首先，它容易在社会成员之间制造紧张关系；其次，它也会引发人们心理上的某种不安全感。对于前一点，我们无须过多阐释，因为这是显而易见的。正如滕尼斯所说，人人为己，必然会使人人都处于一种同其他一切人的紧张之中。而对于后一点，主要的论证依据在于，人类始终面临一个无可否认的基本事实，那就是，任何人都不可能完全自我依赖。因为

---

① 关于滕尼斯对共同体的阐述，可参见[德]斐迪南·滕尼斯：《共同体与社会——纯粹社会学的基本概念》，林荣远译，北京大学出版社2010年版，第48～76页。

② [德]斐迪南·滕尼斯：《共同体与社会——纯粹社会学的基本概念》，林荣远译，北京大学出版社2010年版，第77页。

③ [德]斐迪南·滕尼斯：《共同体与社会——纯粹社会学的基本概念》，林荣远译，北京大学出版社2010年版，第88页。

"事实上,人类生活方式的基础是架构在同伴间的相互依赖……假如一个人希望在这个社会或其他任何社会中存在,他必然要在知识和技术层面上依靠他的同类伙伴,就如同在社会和情感上面的依赖一样。每一个人对于伙伴也许有不同的需求,但是没有一个人可以真正说他不需要同伴"[①]。因此,建立在否认同伴重要性基础上的彻底个人主义,终究会将人类引入孤独之境,而内心孤独的人们,是很难获得安全感的。倘若一个社会中人们普遍缺乏安全感,那么,这个社会的和谐与稳定终将成为泡影。

相比之下,在传统中国,由于家族观念的影响,尤其是家族共同体的观念与实体性存在,使人们在行使权利时必然会顾及同伴的利益以及家族共同体的利益。如此行使自己的权利,不仅可以有效缓解甚至避免人们之间的紧张关系,从而实现家族内部的凝聚与团结;而且,此种行为方式一旦养成,还有助于人们在与家族外的社会成员交往时,达致一种和谐的状态。可以说,无论是家族内的团结,还是家族外的和谐,对于整体社会秩序来讲,都有着直接而积极的意义。此外,权利行使中的相互克制,还有助于社会成员获得一种普遍的安全感。因为彼此之间的克制,表达并强化着人们相互之间的认同和需要;此种认同和需要,可以在人们之间形成一根强韧的联结纽带,并让生活于其中的人们获得一种归属感和安全感。

有必要顺带提及的是,与权利行使的克制相对应,传统中国人在义务履行方面却是相当主动的。这主要体现为中国人强烈的义务观念和积极的义务行为。梁漱溟曾指出:"权利一词,是近数十年之舶来品,译自英文 rights。论其字之本义,为'正当合理',与吾人之所尚初无不合。但有根本相异者,即它不出于对方之认许,或第三方面之一般公认,而是由自己说出。例如子女享受父母之教养供给,谁说不是应当的?但如子女对父母说'这是我的权利','你应该养活我;你要给我相当教育费'——便大大不合中国味道。假如父母对子女说'我应当养活你们到长大';'我应给你们相当教育'——这便合味道了。……其他各种关系,一切准此可知。要之,各人尽自己义务为先;权利则待对方赋予,莫自己主张。而就在彼此各尽其义务时,彼此权利自在其中;并没有漏掉,亦没有迟延。事实不改,而精神却变了。"[②] 梁漱溟的分析可谓精辟,短短数语,便道出了传统中国人权利义务关系的一个重要特点,那就是,权利无须主张,因为义务的自觉履行

[①] 许烺光:《彻底个人主义的省思》,台湾南天书局2002年版,第8页。需要指出的是,许烺光还分析了彻底个人主义的其他一些不良影响,例如种族和宗教成见、人际关系方面的虚幻主义等,详请参阅该书第一章内容。

[②] 梁漱溟:《中国文化要义》,上海世纪出版集团2005年版,第82~83页。

将自然而然地保证权利的实现。梁先生所说的"事实不改,而精神却变了"非常准确地总结了中西方在权利实现上的差异:西方人积极地主张权利,也即积极地要求义务人履行义务,才能使权利获得实现;中国人却正好相反,权利人无须主动伸张权利,只待义务人履行义务,便可以使其权利获得自动实现——两种权利的实现,都依赖于义务人履行义务的行为,因此,二者之间"事实不改";然而,在履行义务时,西方人是基于权利人的要求而履行,中国人却是义务人自觉履行,因此,它们之间的"精神变了"。①

倘若我们要继续追问,为什么会"精神不同"?我想,根本上仍可以追溯至家族主义的影响。在中国的家族当中,人们之间更多的是一种互负义务的关系。无论是活着的家族成员之间,还是家族成员与其祖先和后代之间,都保持着一种极强的义务关系。这种义务关系首先体现为人们对祖先的义务,包括物质上供奉祖先的义务,保持与祖先经常性交流的义务,以及以自己的行动让祖先"含笑九泉"的义务(其最高境界是达到"光宗耀祖");其次还体现为家族成员相互之间的义务,包括在秩序层面维护家族团结与和睦的义务,在物质层面互相帮助与周济的义务,以及在对外交往中维护本家族面子与荣誉的义务,等等;最后还体现为人们对其子孙后代的义务,包括多做善事以为子孙积德的义务,以及相应地,不做或少做坏事以免让子孙连带遭殃的义务。这些都非常鲜明地展现出家族成员之间的重重义务关系,也凸显出义务对于维护一个家族的利益所具有的重要意义。由于家族关系是一个人最基本也是最重要的社会关系,这一社会关系中人们的行为模式,将直接影响和决定他们在其他社会关系中的行为表现,因此,我们完全有理由认为,家族关系中的重义务特点,必将辐射并影响到其他社会关系,从而使这些社会关系也染上了浓烈的义务色彩;也因此,在权利与义务何者为优先、何者该侧重的问题上,中国传统社会必然倾向于后者,而不是前者——这与西方社会恰好相反,在他们那里,彻底的个人主义必然导致人们高喊权利优先的口号,并将这一口号落实于行为实践中,有时甚至会将其发挥到极致。

---

① 需要指出的是,西方国家后来在权利本位之外,发展出国家本位或社会本位,由此强调从义务角度去安排人们的行为。例如,所有权的行使附有义务,人们接受教育既是权利又是义务,甚至将选举投票亦规定为人们的义务。学界普遍认为,这意味着西方国家在权利和义务何者为导向和优先这一问题上作出了调整,也即,由原来的纯粹注重权利转向也开始注重义务。但在梁漱溟看来,这些新的规定并没有使西方超越权利优先的基本导向——由纯粹注重公民权利转而同时强调公民的义务,只是由于人们所站的立场不同罢了;倘若一个人是个人本位主义者,他便会为个人设想,替个人说话,因而极力主张个人权利;倘若他是团体本位主义者,则必然为国家设想,替国家说话,因而会强调个人的义务。应当承认,梁漱溟的分析是有一定道理的。关于这一观点,参见梁漱溟:《中国文化要义》,上海世纪出版集团2005年版,第83页。

（四）"不是不报，时候未到"：公平正义有了长远预期

谈到公平正义问题，我们脑海中立即会浮现西方思想史上各种形形色色的理论观点。古希腊思想家将公平正义诠释为"适中""恰如其分"或"各得其所"；[①] 近代启蒙主义者则要么从社会契约的角度来理解公平正义[②]，要么将功利原则作为衡量公平正义的尺度[③]；后来的马克思主义者则以"各尽所能，按需分配"来描绘其理想的正义蓝图；等等。诸如此类的公平正义理论，在西方思想史中占据着重要篇幅。甚至可以说，整个西方思想与社会史，都贯穿着人们对公平正义的探索与追求。而这些理论的影响范围，则不仅当然地包括它们所据以形成的国度和时代，其理论体系及制度安排，也早已成为其他国家学界津津乐道和政府竞相仿效的对象。

然而，尽管西方的公平正义理念及其制度安排在世界范围内影响深远，但关于公平正义的观念与认识，却并非西方世界所独有。在中国，我们也有一套自己独特的公平正义观念，与西方的理论比起来，这些观念的独特之处能够非常清晰地凸显出来。为什么这么说呢？综观西方的公平正义理论，无论其在具体观点上存在多大差异，有一点是共同的，那就是，这些理论的提出者都试图通过某种理论假设或制度设计来一劳永逸地为人类解决公平正义问题。从苏格拉底、柏拉图、亚里士多德等古希腊先哲所追求的"适中""恰如其分"或"各得其所"，到洛克、卢梭等近代启蒙思想者所预设的社会契约，以及穆勒、边沁等人所倡导的"最大多数人的最大幸福"[④]，再到现代美国学者罗尔斯所假设的"无知之幕"[⑤]，以及后现代主义

---

① 亚里士多德将正义理解为"适中"和"恰如其分"。他指出，"寻求公正的人即是在寻求适中"，"适中并非'折中'或'中庸'之意，而是与每一事物的价值及状况正好相符，即'恰如其分'。公正就是适中或恰如其分地对待每一事物"（颜一编：《亚里士多德选集·政治学卷》，中国人民大学出版社 1999 年版，第 116、192 页）。苏格拉底和柏拉图也对正义作了同样的解释。在他们看来，"正义就是给每个人以适如其份的报答"，"正义的本质就是最好与最坏的折中"（[古希腊] 柏拉图：《理想国》，郭斌和、张竹明译，商务印书馆 2002 年版，第 7、46 页）。

② 典型者如洛克和卢梭。关于他们的契约式公平正义观，可参见[英]洛克：《政府论》，叶启芳、瞿菊农译，商务印书馆 1982 年版；[法]卢梭：《社会契约论》，何兆武译，商务印书馆 1980 年版。

③ 典型者如边沁和穆勒。关于他们的功利主义正义观，可参见[英]边沁：《道德与立法原理导论》，时殷弘译，商务印书馆 2000 年版；[英]约翰·穆勒：《功利主义》，徐大建译，上海世纪出版集团 2008 年版。

④ 边沁将人类的幸福化约为快乐，在他看来，"最大多数人的最大幸福"也就是"最大多数人的最大快乐"。并且，在他看来，判断一项制度正义与否的唯一标准便是看其是否符合"最大多数人的最大快乐"这一原则。为此，他详细探讨了人类快乐与痛苦的来源，并建构出一套如何计算快乐与痛苦之值的复杂体系，以期为人类立法提供理论参考。关于他的这一理论体系，参见[英]边沁：《道德与立法原理导论》，时殷弘译，商务印书馆 2000 年版，第三、四、五章。

⑤ 不同于社会契约研究者，罗尔斯将原初状态替换为"无知之幕"的假设，他试图通过将人们置于"无知之幕"后，来实现一种对大家都公平的制度安排。关于罗尔斯的这一理论，可参见[美]约翰·罗尔斯：《正义论》，何怀宏等译，中国社会科学出版社 1997 年版。

者哈贝马斯所主张的"理想的交谈情境"①，所有这些理论，都潜藏着理论家的一个共同意图，那就是，他们都想通过其理论假设或制度设想来"一次性地"为人类解决公平和正义问题。相比之下，传统中国人对这一问题持完全不同的态度。他们并不简单寄希望于某种理论假设或制度设计，而是相信，在追求公平正义的道路上，时间是一个非常重要的变量。也就是说，在他们看来，公平正义的实现，不可能一蹴而就，它需要时间，人们应当在一个纵向的历史语境中去看待公平正义问题；相应地，判断一种社会现象是否公平，也不应当将目光仅仅局限于当下，而应当放眼长远。中国人常说，"风物长宜放眼量""风水轮流转，明年到我家""三十年河东，三十年河西""不是不报，时候未到"，等等，②诸如此类的通俗说法，生动地表达出中国人独特的正义理念，他们所要强调的是，在理解和诠释公平正义时，必须加入时间这一重要的变量。

接下来我们要回答的问题是，为什么中国人在诠释公平正义时，会融入时间的因素？关于这一点，我们仍然可以从传统的家族观念中获得解释。前文已述，在传统中国，家族被视为一个历史连续体，当下活着的族人，只是家族成员的极小一部分，更多的家族成员，活在源远流长的过去，活在绵延不断的未来。在这样一种对于家族的理解之下，人们进一步认为，一个家族的成功，并不在于它一时一世的壮大，而在于保持一种一以贯之的持久繁荣；同时，当家族在一种广阔的社会语境中与他人展开竞争时，不应当仅仅看重一时的所得与所失，而应当心怀长远。所谓"三十年河东，三十年河西""风水轮流转"，一时的得势不能保证持久的成功，一时的失意也不意味着恒久的失败。同时，家族一体化的观念使中国人相信，个体的生命并非孤立的存在，而是蕴藏于家族的整体和历史延续性当中。也因此，中国人对于因果报应，形成了一套自己独特的看法。在他们看来，一个人所种的善因，总会在未来的某个时间收获善果；一个人所作的恶行，也会在某个不确定的时间招致恶报。并且，这些善果与恶报，不一定会在行为者身上显现，也不一定在他活着时就见效，而可能在他的家族成员或子

---

① 在哈贝马斯看来，在民主协商过程中，只要满足"理想的交谈情境"，一种公平合理的制度安排便可以实现。哈贝马斯的相关理论，可参见 [德] 哈贝马斯：《在事实与规范之间：关于法律和民主法治国的商谈理论》，童世骏译，生活·读书·新知三联书店 2003 年版；[德] 哈贝马斯：《交往行为理论》，曹卫东译，上海人民出版社 2004 年版；章国锋：《关于一个公正世界的'乌托邦'构想：解读哈贝马斯〈交往行为理论〉》，山东人民出版社 2001 年版。

② 类似的还有"父债子还"观念。在中国传统文化中，"父债子还"所昭示的，不仅是民事责任意义上的责任连带、责任承继观念（关于这一点的详细讨论，可参见霍存福：《汉语言的法文化透视》，法律出版社 2015 年版，第 47~50 页）；它还隐含着中国人独特的报应观，那就是，上一代人所行的善与恶，终究会在后代人身上结出相应的果。

孙后代身上应验——这也就是我们通常所说的"不是不报,时候未到"。可以说,中国人对家族的独特理解和对个体生命的独特诠释,使他们在看待问题时始终能保持一种历史的面向,在评判一种社会现象时也会自觉或不自觉地融入时间因素。正是这一点,影响和塑造了中国人独特的公平正义理念。

那么,在理解公平正义时加入时间因素这一做法,对于社会治理来说,具有怎样的积极意义呢?可以说,其最重要和最直接的意义在于,它能让人们在社会互动中抱有一种长远的行为预期。而一个预期长远的人,通常会有较强的社会责任意识,也就是说,在他们做出某一行为时,通常会考虑这一行为将产生怎样的社会后果。而一旦他们这样估量自己的行为,一些非理性因素,诸如损人利己、赤裸裸的现实利益等将不容易影响和决定他们的行为选择。建基于家族观念基础上的独特报应观——"不是不报,时候未到"——无形中拉长了人们的行为预期,它促使人们仔细考量自身行为可能引发的后果:倘若他们多做善事,自己、亲人和后代终将会有好的回报;而倘若他们做了恶事,难免哪一天要为此付出沉重的代价。基于这样一种对行为后果的未来预测,基于对自身荣辱、家族兴亡和子孙祸福的长远考量,人们自然会认真对待并审慎安排他们的行为。也因此,一些急功近利、损人利己和仅仅基于功利算计的行为更容易得到抑制——这一点,无论是对于社会当下的稳定,还是持久的康健发展,都具有极为重要的意义。

而当下中国社会所出现的诸多问题,很大程度上与人们行为预期的缩短有着内在关联。从形形色色的食品安全问题,到极端严重的环境污染事件,再到屡屡发生的社会治安问题,乃至人际关系中的种种淡漠表现,所有这些社会不良现象,从表面看似乎可以归结为人们法治意识淡薄、制度落实不到位以及监管乏力等原因,但更深层次的原因却在于,人们的行为预期发生了变化。可以说,家族的日趋解体、家族观念的逐渐衰落以及人们生育观念的转变等因素,都在很大程度上弱化和缩短着人们原有的行为预期。随着大家族的式微,家族整体性的观念正在消失,人们之间认同和团结的纽带难以存续,个人也很难再从家族的延续性中实现安身立命。最近几十年人们生育观念的改变,也让传统的家族观念渐渐被人们遗忘。尤其是对于广大"丁克"人群来说,"为自己活着""活在当下"成为他们重要的人生信条,在这样的人生信条之下,所谓家族、所谓子孙后代,都已经不能为他们提供任何的人生激励和行为约束。既然作为共同体的家族已然消失,那么,人们便不必再为共同体的荣辱而忧心;既然人们的生命不再被视为家族生命链上的一环,那么,祖先的荣耀、子孙的祸福便不再是他们需要关注的问题;既然只需为自己活着而且只需活在当下,那么,他人的幸福、人类的未来又与我何干?所有这些,都在缩短和吞噬着人们的行为预期,让人们开始对自己行为的后果漠不关心。因而,此时的人们,变成了只顾追求眼前利益的目光短浅之人,变成了只顾追求自身利益的自私自利之人——这样的人,很可能还会是一个对他人极度冷漠、对社会缺乏责任感的人。而一个社会中这样的人越多,则不仅我们的社会秩序越难以维护,而且,从长远来看,我们离美好的人类生活愿景也会越来越遥远。

(五)启示:重估家族观念的价值

在以往的讨论中,人们倾向于在价值判断上将家族观念与封建、落后画等号,并因此而主张将其彻底抛弃。此处的研究却表明,家族观念在传统社会中发挥着重要的秩序功能:它解决了传统国人的安身立命,让个体生命在家族生命的延续中得以安顿;它为人们的行为提供了有效的约束和激励,家族的脸面、祖先的荣辱,乃至后代的祸福,都成为影响他们行为选择的重要因素;它让人们在行使权利时保持适度的克制,在履行义务时又表现出积极主动,从而缓解或避免了人际互动中的紧张关系;它让人们在社会行动中抱有长远的行为预期,从而有效地遏制了各种短视和不负责任的行为,并最终为社会秩序的维护,乃至社会的持续健康发展铺平道路。凡此种种,都彰显出传统家族观念的重要价值。

也许有人会问,传统意义上的大家族注定将成为历史的陈迹,家族观念也不可能再度复兴,讨论它们的价值还有什么意义?在我们看来,尽管传统家族不可能重建,家族观念也难以再主导人们的精神世界,但是,家族观念在传统社会治理中所发挥的重要功能,却是我们不能忽略的,家族观念衰微之后中国社会所面临的一些问题,也是我们应该正视的。因此,作为一种严肃的学术探讨,我们首先不能像以往那样简单否定家族观念的意义,在此基础上,我们还可以试着去探索和挖掘其中的某些观念在当下保留和发扬的可能性,从而为我们的社会治理寻求一些新的支撑点。

第三节 后宗族时代社会控制的难题及可能出路

本章第一节、第二节的论述,已然揭示出家族在社会治理中所具有的重要功能。可以说,在传统中国,国家权力正是通过家族,才能有效地对社会进行治理。这不仅是因为家族所具有的团结与教化功能,也因为家族作为一个独立的制度生成场所而给国家正式制度提供的种种补充,还因为传统国人对于家族的独特认识以及建基于此认识基础上的一系列家族观念所具有的强大秩序功能。可以说,正是由于家族的纽带作用,传统国人才能够紧密团结在一起,并实现个体的安身立命;也正是由于家族这一社会组织的中介作用,传统社会中并不强大的国家权力才能够对社会进行较好的管理和控制。因此,这样一种社会组织的存在,对于社会治理而言,无疑具有重要的意义和价值。

然而,民国以降,尤其是中华人民共和国成立以来的诸多政治运动和制度变革,使原有的宗族组织发生动摇并最终趋于解体。宗族的解体不仅意味着人们之间基本联结纽带的丧失,也意味着人们据以安身立命之所已不复存在,还意味着家族制度与观念本该具有的秩序功能难以有效发挥。所有这些,都将使我们的社会秩序陷入新的危机。本节的目的,一方面是要向人们揭示这些危机,另一方面是要尝试着寻求走出这些危机的可能出路。

一、原子化:后宗族时代的社会结构

在传统中国,以血缘为基础,辅之以地缘的宗族组织,是最基本的社会联结方式。这一联结方式能够有效地将个体组织起来。借助房、支等组织形式,以家法族规作为族内行为准则,伴之以不同于国家制裁的独特惩罚方式,宗族不仅对内有效地调整着族人的行为,安排着族内秩序,而且以其高度的同质性对外呈现为一个独立的行动单位,对国家治理形成有效承接。也即,宗族既是一个内生秩序形成单元和运作场域,也是一个国家纵向治理的良好着力点。不仅如此,宗族依凭其独特的制度生成功能,对国家正式制度形成有效补充,从而一定程度上填补相应的制度空白,亦能将国家制度与地方性共识有机衔接,以强化国家治理的针对性。简言之,作为一种具有内生秩序的社会组织,宗族能为生活于其中的个体提供结构化安排,也为其行为提供制度化依凭;作为国家权力的作用中介,宗族能有效地承接国家治理,并将其下达到族内的每个成员;作为正式制度的非正式补充机制,宗族的制度生成功能不仅填补了国家制度空白,而且将国家意志与地方性共识有机对接,从而进一步提升国家治理的有效性。

而对于传统中国的个人来说,宗族为其提供了安身之所,生命因而具有归属感;宗族为其安排了制度系统,行为因而有了规范化依据;宗族亦对国家权力形成了一定缓冲,因而避免了个人与国家权力的正面相遇。这一方面使得个人各安其位,并统合于宗族之中,从而实现个体之间的有机联结,避免了社会的原子化;另一方面也使个人虽不直面国家,却能经由宗族的中介而形成与公共世界的有机联结,从而避免个人与公共世界的疏离。

然而,中华人民共和国成立以来的诸多政治运动和舆论宣传,不仅使宗族的组织结构面临解体,而且使宗族制度及其文化观念成为政治不正确。宗族机构、宗族制度和宗族观念开始全面崩塌和瓦解。而中华人民共和国成立初期一些基层制度的实施,又进一步加速了这一瓦解过程。在农村,人民公社"三级所有,队为基础"的制度安排,将个人的生产和生活完全从家族中脱离出来,个人在行动和物质上全然以生产队为依托,家或家族作为一个行动单位所具有的社会组织功能、经济保障功能和意义生成功能等已基本丧失。而在城市,单位制的实施使个人由原来的家族成员身份转换成单位职工身份,其经济活动、政治活动乃至生活保障都在单位内进行。可以说,"单位制和人民公社,是社会主义时期'国家社会一体化'的主要制度依托,或者是'国家吞没社会的主要容器'"①。作为这两项制度运作的结果,原来扮演国家与个人之中介角色的宗族,逐渐退出了历史舞台。

尽管从功能的角度讲,人民公社和单位也能将分散的个体组织起来,但是,从组织性质上看,生产队也好,单位也罢,都只是官僚科层制度的组成部分,是"国家吞没社会的主要容器",而非自治的民间组织。中华人民共和国成立后,从制度属性上具有自治性质的组织,是城市的居民委员会和后来的农村村民委员会。然而,这两个组织的运作实践,却在很大程度上消解着它们的自治属性。

人民公社解体后,村民委员会以农村基层民众自治组织的姿态登上历史舞台,②并于1982年被写入《宪法》。1998年,专门用于规范村民委员会的《村民委员会组织法》出台。按照《宪法》及《村民委员会组织法》的规定,村民委员会的性质是基层群众性自治组织。然而,从实际运行情况看,村委会与其说是基层自治组织,不如说是半官方机构。因为从村委会组成人员的事实属性③来看,不仅村委会主任及村委委员以"官"的身份自居,而且,在村民以及普遍社会舆论那里,他们都毋庸置疑地被视为官,这一点从"村官"这一称呼便可见端倪。从村委会的实际功能来看,虽然其在促进村

---

① 陈映芳:《城市中国的逻辑》,三联书店2012年版,第252页。
② 人民公社解体后,广西宜山农民创立了村民委员会这样一个自治性组织,当时这个组织多建立在自然村一级,与自然村重叠(贺雪峰:《新乡土中国》,广西师范大学出版社2003年版,第27页)。
③ 所谓事实属性,是相对于法律属性而言,也即,从实际功能角度而不是法律定性来判断一种现象的属性。

庄经济、维护村庄秩序、调解村民纠纷等方面发挥着重要功能,但其同样重要,甚至更为重要的功能在于,以官方的立场而非民间的立场来贯彻国家意志,执行国家下达的命令和任务。同时,由于在村委会一级,存在基层党组织建制,因此,村委会实际上扮演着国家权力末梢的角色。从以上分析可以看出,制度规定中的村民自治组织,其实际运作却更像是执行国家权力的基层机构,因而,其属性虽说不上是纯官方的,但至少是半官方的,而不可能是纯民间组织。既然村委会属于半官方组织,因而也就无法承担起纯民间组织所具有的功能。也因此,在广大农村,村民并不能被有效地组织起来,村民原子化现象明显。

而在城市,1954年,为了加强城市基层群众自治,全国人大常委会通过了《城市居民委员会组织条例》,1989年又颁布了《城市居民委员会组织法》,并取代前者的规范地位。按照这两部法律的规定,居民委员会是城市的基层群众性自治组织。然而,一如村民委员会在农村的情形一样,居民委员会的制度属性与其实际功能之间也存在断裂。一方面,居委会主任及其委员依然不能脱离"官"的自我认同,民众也容易对其产生"官"的身份认同。另一方面,从居委会的职能来看,除维持社区公益事业、维护社区治安、调解社区纠纷等社区自治功能外,以官方立场而非居民立场来执行国家政策,仍是居委会极为重要的功能。此外,虽然居委会成员由居民选举产生,但其任命却来自政府,因此,其工作原则是对上负责的,这一点与其作为社区服务者的制度角色相背离。①

总体上看,宗族解体之后,具有自治功能的基层组织可以说还未真正建立。由于基层自治组织的缺失,民众之间不能形成有效的社会关联,人际关系出现疏离化,个体变得孤独。② 同时,个人与公共世界的联系非但没有因原有中介的消失而变得紧密,反而更疏远,个人与公共世界亦出现疏离化。人际关系疏离化使得个体容易陷入自我的小圈子,利己主义泛滥,每个人只关心自己的利益,而置他人利益于不顾,社会规范失灵,社会容易陷入失序状态。人与公共世界的疏离一方面使得国家的政策和意志

---

① 城市社会学研究者曾以实证研究表明,"虽然居委会在法律上具有'自治组织'的性质,但它同时在行政上具有街道下属机构的特性。作为国家权力系统与城市基层社会的结合点,目前居委会的资源和居委会干部的权力主要来自上级街道。也因此,在涉及政府的利益纠纷及市民的维权运动中,居委会干部一般都站在政府的立场上,动员居民搬迁、劝阻群体性行动。在市民维权的都市运动中,居委会实际上扮演着政府的斡旋人和站岗放哨人角色"(陈映芳:《城市中国的逻辑》,三联书店2012年版,第268页)。

② 有学者进一步指出,"传统的宗族联系解体了,血缘联系弱化了,地缘联系被破坏了,利益联系尚未建立且缺乏建立起来的社会基础,村民因此在村庄内部变成了马克思所说的'一袋马铃薯',村民已经原子化了"(贺雪峰:《新乡土中国》,广西师范大学出版社2003年版,第7页)。

难以下达社会，尤其是各种惠民政策失去了下传的渠道，政策容易被操控，政策失灵和政策扭曲的现象时有发生；另一方面，由于作为一个统一行动单位的组织的缺失，民众的利益需求难以被统合起来，利益表达渠道也不畅通，因而其利益诉求无法上传至国家，从而导致社会不满积聚，而社会不满积聚到一定程度，将直接威胁到社会的秩序与安定。①

二、无意义：后宗族时代的生命状态

由于中国传统文化缺乏普遍的超验性信仰，②人们无法通过对超验价值的享验来实现生命价值，因而只能在形而下的俗世中寻求安身立命。作为俗世伦理的儒学，因其能为个体生命提供意义和价值，而使人们据以安身立命。我们以为，儒学之为中国人安身立命，可以区分为两个不同的层次。第一层次是为普通大众安身立命。在这一层次上，儒学将个人的生命价值安顿于家族之中，在此，孝是其首要价值准则。第二层次是为知识阶层安身立命。这一层次主要体现为"修身、齐家、治国、平天下"的一系列推演过程，所谓"物格而后知至，知至而后意诚，意诚而后心正，心正而后身修，身修而后家齐，家齐而后国治，国治而后天下平"③。在这一层次上，儒家将个人的生命价值安顿于庙堂之上，也即治国平天下的政治抱负之中，④在此，忠成为其首要价值准则。我们此处主要讨论第一层次的安身立命，因为对于芸芸众生来讲，其安身立命通常只在第一层次，至于第二层次，一般人难以达到。

换一个角度说，儒学之所以能引领中国人的生命价值，并占据中国传统文化主流长达2000年之久，也正因为其建基于家族伦理，并借助家族这一组织形式。可以说，家族是儒学最重要的教化和实践场所，正是通过家族，儒家伦理才得以有效地进入到个体的生命当中。辜鸿铭曾指出："在中国，孔子国家宗教的真正教堂是家庭，学校只是它的附属之物。有着祖先

---

① 近年来媒体所报道的各种公共安全事件，其直接起因大多是源于民众维权之路的不顺畅。这充分说明，当民众利益诉求无法上传时，社会将面临极大的安全隐患。

② 尽管在中国历史上，佛教、基督教、伊斯兰教等外来宗教曾一度被部分中国人所信奉，形形色色的本土信仰也时有出现，但应当说，诸如基督教在西方社会、伊斯兰教在阿拉伯世界、佛教在印度社会那样产生广泛而深远影响的宗教，中国从来都没有存在过。从这一意义上讲，说中国传统文化缺乏普遍的超验性信仰是可以成立的。

③ 《礼记·大学》。

④ 也正是在这个意义上，韦伯的如下论断才能成立："儒教是受过传统经典教育的世俗理性主义的实俸禄阶层的等级伦理。不属于这个教育阶层的人都不算数。"（[德]马克斯·韦伯：《儒教与道教》，商务印书馆1995年版，第6页）但考虑到儒学为人安身立命的第一层次，韦伯的判断难免有失偏颇。

牌位的家庭，在每个村庄或城镇散布着的有祖先祠堂或庙宇的家庭，才是国教的真正教堂。"① 我们不必赞成辜氏将儒学视为宗教的判断，② 但必须予以肯定的是，他敏锐地指出了家族在维护和实践儒家伦理方面所起的重要作用。确实，在传统中国，宗族承担着类似教会之于基督教的功能，也扮演着类似教堂之于基督教的角色，而家长或族长则与基督教的教父相似。这也就是说，在传统中国，儒家伦理首先是借助宗族这一载体渗透于社会大众的，这种渗透不仅是一种国家意识形态的灌输，从个体角度来讲，它还意味着一种生命意义和价值的获得。

在所有儒家价值中，与普通个体生命联系最密切的，莫过于孝以及与之相关的传宗接代观念，所谓"不孝有三，无后为大"③。尤其重要的是，这些观念与宗族相结合，生成了一系列新的价值和观念，如光宗耀祖、家族脸面、害怕断子绝孙等。这些观念和价值不仅为传统国人提供安身立命之本，也对其行为构成最直接而有效的约束甚至激励。可以说，传宗接代为传统国人提供了最朴素而直接的生命价值。在这一观念之下，个体的生命被置于整个家族代代相传的生命连续过程，其生命的意义不仅在于当下，更在于上与祖先、下与后代相互融贯的生命连续体之中。因此，为了使家族的生命一直持续下去，家族中的个人必须约束自己的恣意和任性，避免做出有害他人或伤天害理的行为，因为按照中国人的报应观，作恶之人不仅会给自身带来灾祸，所谓"多行不义必自毙"，还会殃及后代，并可能导致"断子绝孙"。因此，保持家族香火的延续而不致中断，不仅是个体的生命价值所在，也成为抑制人们种种不良行为的重要机制。同时，为了使整个家族生辉，为了光宗耀祖，并福荫后代，人们往往会积极做出一些有益于社会、为他人所称道的行为。④ 在此意义上，光宗耀祖成为重要的行为激励机制。此外，为了使家族在社会中保持良好的声誉，家族中的个人也会顾及他人的种种社会评价，面子和舆论机制因而能发挥作用，进而成为人

---

① 辜鸿铭：《中国人的精神》，海南出版社1996年版，第72页。
② 辜鸿铭将儒学视为一种宗教，称之为孔教。这一点与韦伯的看法类似，韦伯称中国传统的儒学和道学为儒教与道教（[德]马克斯·韦伯：《儒教与道教》，商务印书馆1995年版）。需要说明的是，我们并不赞成将儒、道二学称为宗教，因为在我们看来，宗教的基本面向应是彼岸世界，而儒学和道学都只面向此岸世界，这一点从孔子的"敬鬼神而远之"（《论语·雍也》），以及庄子的"六合之外，圣人存而不论"（《庄子·齐物论》)便可以看出。
③ 《孟子·离娄章句上》。
④ 一般来说，宗族会对这些行为予以褒扬和鼓励。例如，有些宗族会将族人的德行写入"劝牌"，悬挂于宗祠，以昭示族众；还有些宗族会设置功过簿，将族人的利家、利族乃至利国事迹记入功簿，供奉在祖宗的神龛前，以告慰祖宗在天之灵（费成康：《中国的家法族规》，上海社会科学院出版社1998年版，第161页）。

们行为的有效约束。简言之，儒家伦理经由与宗族的结合，生成了一系列观念、价值和机制，这些观念、价值和机制，不仅让传统国人实现了安身立命，也让其行为变得有所敬畏和顾忌，因而避免了各种损人利己、目光短浅、投机和反社会行为的发生，也使得各种有助于增进社会合作和社会团结的行为不断涌现。而这些，对于传统社会的秩序维护来讲，都具有极其重要的意义。

然而，宗族解体之后，不仅宗族意识和宗族观念逐渐式微，以宗族为主要载体的儒家伦理也面临全面崩塌。对于普通大众来讲，随着传宗接代观念被宣布为落后和政治不正确，加之计划生育政策的实施，他们不再能从家族的血脉延续中寻求生命的意义和价值，前述第一层次的安身立命无法实现。对于社会精英来说，随着儒家伦理的式微，修齐治平的逻辑被打破，"修己安人，内圣外王"的价值理想也不再被他们所信奉，前述第二层次的安身立命亦无法实现。也就是说，此时的人们，无论是普通民众，还是社会精英，由于人生价值无以安顿，生命变得无意义。这一点从中国社会不断攀升的自杀率便可以看出。[①] 在传统文化中，不管出于什么原因，自杀都是不被允许的，轻易结束自己的生命，意味着对祖先的不敬和对家族荣誉的极大毁损。从这一意义上讲，越来越多的人敢于自杀，正是传统文化和传统价值失落的真实写照。

传统价值的解体，也使得原有用于控制个人行为的种种观念和机制变得不再重要和起作用，即个人不再顾及面子和他人的社会评价，人际关系趋于理性化。本来，面子和社会舆论对传统国人的行为能起到非常有效的约束作用。为了整个家族的面子和自我的良好社会形象，人们会努力克制自己的不良行为，以避免社会舆论的负面评价，也会积极做出一些好的行为，以博得社会舆论的正面评价。现在，不仅家族荣誉成为虚妄，修己安人也变得荒诞，所谓面子和舆论已全然不重要。人际关系的价值维度被剥离，剩下的只有人与人之间的理性算计，人际关系趋于理性化。人际关系理性化的结果是，理性算计成为个人唯一的行动逻辑，利益最大化成为个人唯一的行动选择，而社会利益、社会合作成了无须考虑甚至可以牺牲的东西。为了自我利益的最大化，人们会做出一些不利于社会团结，甚至反社会的行为。现今中国频繁出现的各种规避法律和搭便车[②]的现象便是明

---

① 根据贺雪峰的调查，在有些地区，老年人的自杀率极高，占到死亡人数的一半（贺雪峰：《乡村社会关键词——进入21世纪的中国乡村素描》，山东人民出版社2010年版，第135页）。

② 搭便车理论是经济学、管理学和社会学中的重要理论。搭便车的基本含义是，不付任何成本而坐享他人之利。

显例证。法律规避造成制度扭曲和制度失灵，这在很大程度上消解着我们的法治。搭便车行为则使得集体行动变得艰难——由于每个人都只愿坐享其成，而不愿承担参与集体行动所带来的风险和成本，集体的利益表达和维权行动很难展开。这些，都对我们的社会治理构成巨大的挑战。

三、后宗族时代社会治理的可能出路

在后宗族社会，我们应当采取怎样的治理逻辑，才能有效避免因社会原子化和生命无意义所带来的规范失灵、社会失序和人际关系理性化等诸多社会问题？

应当承认，在当下中国，无论学界还是官方，都在进行种种制度化努力，以期能有效应对和解决如上问题。早先的居民委员会和村民委员会，以及近年来的城市社区建设，都是一些有益的尝试。然而，就目前来看，这些制度的实际运作效果提醒我们，是时候对它们进行反思了。村委会和居委会的情形前文已述及，制度规定中的基层群众自治组织，实际扮演的却是国家权力末梢的角色，因而不能被恰切地称为民间自治组织。目前城市正在实践的社区组织①，虽然各地做法存在一定差异，但从国家层面来看，由于在区域定位上将社区定为居民委员会辖区，②因此，其运作效果仍难以突破前述居委会的局限。并且，作为一种外部性的制度安排，社区组织同样难以实现真正意义上的自治。当然，必须指出的是，由社区所举办的各种经常性文体活动，有助于居民形成对社区的家园认同。此种认同一旦形成，将一定程度地缓解由传统价值解体所带来的生命无意义状态。同时，由社区文体活动所带来的居民之间经常性的交流和接触，一定意义上可以达到重塑熟人社会的效果。而一旦社区具有熟人社会的属性，原有的用于规范熟人社会的种种机制如面子机制、社会舆论机制等便有了发挥作用的空间。从这一角度讲，社区组织对于当下中国社会的原子化趋势具有一定的缓和作用。

---

① 很多社区理论研究者认为，我国当下的社区实践，离德国社会学家滕尼斯所描述的社区特征相去甚远。因为滕尼斯笔下的社区是一种自然生长的、人们之间关系密切、相互扶助并具有浓厚人情味的共同体。必须指出的是，在我们看来，将滕尼斯所描绘的社区与当下中国的社区作比较，本身可能就是一种理论上的错误。因为滕尼斯并不是从自治与否的角度来探讨社区也即他所说的"共同体"，而只是在描述和解说人类由共同体走向社会的过程以及两种人类结合形式的不同。很大程度上可以说，滕尼斯所描绘的共同体已然成为过去式。关于滕尼斯的相关论点，可参见 [德] 斐迪南·滕尼斯：《共同体与社会》，林荣远译，北京大学出版社 2010 年版。

② 2000 年中共中央办公厅、国务院办公厅发布的《中共中央办公厅、国务院办公厅转发〈民政部关于在全国推进城市社区建设的意见〉的通知》中指出："目前城区社区的范围，一般是指经过社区体制改革后作了规模调整的居民委员会辖区。"

同样应当看到的是，虽然当下的社区具有一定的意义生产功能，但与传统的意义生产机制相比，此种意义生产方式有着诸多局限。与传统宗族组织生成的意义相比，社区为人们提供的意义是极其微弱的——宗族能成就人们的安身立命，社区却只能为人们提供有限的归属感。并且，由于参与社区活动的主要是老年人，城市上班族一般没时间参与——对于广大上班族来说，家可能仅仅意味着休息的场所，而主要不是生命价值的提供地——因此，社区所提供的"意义"并不能覆盖到他们。也因此，完全依靠社区来实现当下中国人的安身立命，很可能会是徒劳。

此外，国家赋予社区的过多功能也成为当下社区难以承受之重。在我国，"社区体制取代原有的街居体制的根本原因（或者说直接原因）在于新的时代下政府管理城市的需要"①。随着单位制的萎缩和单位功能的衰退，单位所具有的社会资源整合和社会控制功能基本丧失，而这些功能现在基本转由社区承担。典型的如政治支配功能、计划生育功能等，现在都由社区来承担。因此，如果说中华人民共和国成立初期我们实行的是政府办社会，后来变成了单位办社会，到现在则演变为社区办社会。对于一个本不具有发达市民社会的中国社会来说，所谓社区办社会无疑将使社区难堪重负。

此外，2006年《农民专业合作社法》的颁布，也可以视为国家在规范农村自治组织方面所作的制度化努力。不过，由于专业合作社主要是一个经济组织，因此，其功能也主要在于提升农民的经济利益，对于农民的社会利益及文化价值需求，该组织便难以实现。当然，农民专业合作组织的出现，却为其他专业性功能组织的产生提供了一些重要启示。

应当承认，在宗族解体之后，民众之间基于血缘的联系和认同已经相当微弱。并且，经济的市场化以及由此引发的大规模人口流动又对地缘联系形成巨大冲击。因此，在当下中国，纯粹以血缘或地缘为基础建构社会组织已不太可能。借用一句流行歌词，对于此种情形，"我们再也回不去了！"并且，考虑到功能分化是现代社会的普遍趋势——涂尔干甚至认为，在统一的价值体系瓦解之后，社会分工能以另一种形式实现社会团结②——因此，对于当下中国而言，确实有必要在社区之外探索和实验一

---

① 韦伯曾对自治与他治作出区分。他指出，"自治是指支配该组织的秩序是由它自己的成员按照它们自己的权威而确立的，不管它在其他方面是如何发生的。他治则是指组织的秩序是由外部机构所强加的。"（［德］马克斯·韦伯：《社会科学方法论》，杨富斌译，华夏出版社1999年版，第91页）显然，从前文对村委会和居委会的描述来看，它们不属于典型的自治组织。

② 王振海：《社区政治论——人们身边悄悄进行的社会变革》，山西人民出版社2003年版，第180页。

些新的具有专门功能的自治组织。

在我们看来,这些功能组织至少应包括经济合作组织、政治参与组织、利益诉求组织以及意义生产组织。应当说,当下正在实践的各种形式的合作社尤其是农村专业合作社作为一种经济合作组织已经运行得不错,也提供了不少有益经验。但专门的政治参与组织、利益诉求组织和意义生产组织却还有待进一步探索和实验。其中,政治参与组织在功能设定上应主要集中于扩大基层民主和加强国家与社会的对话。利益诉求组织则主要负责将民众的各种利益诉求上传至国家,从而缓解和避免各种因利益表达不顺畅而引发的恶性事件。此外,意义生产组织则应承担凝聚社会共识、宣扬和维护社会主流价值等功能,以解决宗族解体之后个人所面临的生命无意义状态。

可以想见,这些功能性自治组织的出现,可以一定程度地克服当下主要依靠"社区自治"所带来的诸多不足。一方面,如前所述,由于社区的区域定位为居民委员会辖区,因而其行政属性大于自治属性;而我们所设想的功能性自治组织,由于其设定是依据功能,而不是行政地域,因而相对于社区而言,其自治属性应当更强。另一方面,由于社区承担的功能过于繁多,因而很可能出现的情形是,其任何一方面的功能都发挥不好;而功能性自治组织则不同,其在功能设定上的单一性将使其功能更易于实现。

当然,必须承认,我们的主旨在于对后宗族时代中国社会控制所面临的问题予以揭示,并就如何解决这些问题提供一些基本的思路。至于我们所提出的功能性自治组织具体如何设立,我想,这并非是一个纯粹的理论问题,它更多的是一个实践问题,因而很大程度上可以说,它仰赖于全体社会研究者和社会行动者的共同努力。

第三章　行业组织及其习惯法与社会治理

本书第二章揭示出，宗族解体之后，不仅社会容易陷入原子化状态，家族习惯法对国家法的制度补充功能也趋于消失；更重要的是，个体很容易陷入一种生命价值虚空之境。因而，在那一章的最后，我们开出的药方是，发展一些新的功能性自治组织，以有效承接原来宗族在社会组织、制度生成、意义生产等方面所具有的功能。同时，在当下中国，由于利益表达渠道还不够顺畅，一些较为严重的社会问题时有发生；而民众政治参与意识的逐步提高，也客观地要求我们建立一些更为有效的利益表达及政治参与机制和组织形式。

在本章中，我们并不打算对所有这些组织展开讨论。一是由于篇幅所限，很难在短短的一章中对它们逐一探讨；二是正如上一章所提到的，对它们的全方位研究，明显超出了法学自身的学科界限，而广泛关联着政治学、社会学等诸多相关学科领域。因而，下文将择取行业组织及其习惯法这一更具法学相关性的话题展开分析。

第一节　行业组织及其习惯法的秩序功能

在讨论行业组织及其习惯法的秩序功能之前，我们有必要对行业组织这一概念作出基本界定。学界在定义行业组织时，有两种不同的观点：一种观点将行业组织仅仅限定为经济领域内的各类同业组织——这也是大部分研究者所持的定义。例如，"行业组织是指由法人、其他组织或者公民在自愿的基础上组成的，旨在维护和促进全体成员特定利益的一种非营利性社会组织。其形式多样、名目繁多，主要包括行业协会、商会、同业公会、企业联盟、组合、联合会等。行业组织是商品经济的产物，在西方经济的发展中扮演着重要的角色"[①]。又如，"行业组织是指行业协会、商会等市场中介组织，它主要协调行业内企业之间，行业之间和企业与政府之间的关系"[②]。再如，"所谓行业组织，是指经济组织或社会成员基于经济活动

[①] 谢晓尧:《西方行业组织的法律地位》，载《中山大学学报》1996年第6期。
[②] 胡萌:《发达国家行业组织比较研究》，载《管理现代化》2003年第3期。

的相似性或关联性、以增进其共同利益为宗旨而建立起来的组织,涵盖产品生产和服务领域、贸易流通领域。在本质上,行业组织是一个利益共同体"①。在上述定义中,尽管表述方式各异("商品经济的产物","市场中介组织",抑或"基于经济活动的相似性或关联性"),却透露出研究者的一个共同倾向:将行业组织仅仅局限于经济生活领域,对于那些并非直接从事经济生产或经营的行业,则当然排除在外。

另一种观点将行业组织界定为所有由同行业者所结成的组织形式,也即,认为行业组织应当涵括各个领域的同业组织形式,它可以是经济类的,也可以是非经济类的。有研究者指出,行业组织应当包括两大类:一类是经济领域内的行业协会,也即由在同一行业内从事生产或经营的企业所组成的团体;另一类是职业协会,也即由从事同一职业的人们组成的团体,如律师协会、会计师协会等。② 我们认为,这一定义更为可取。原因在于,首先,从语义和逻辑上看,所谓"行业组织",当然是指所有同行业者所结成的组织形式。如果仅仅将经济领域内的行业组织囊括其中,而将非经济领域内的行业组织排除在外,则显然不符合"行业组织"这一语词的内涵和外延,因而无疑犯了一种语义学和逻辑学上的错误。其次,从行业组织的对外功能上看,作为本行业的利益代表,行业组织能够也应当将本行业特殊的利益诉求向外传达;因此,如果将行业组织仅仅限定在经济领域,那么,一些不直接从事商品生产和经营的职业群体(诸如教师、医生、律师等)之利益诉求该如何被表达,以及如何对外表达?仅仅基于以上两点,便有足够的理由认为,在界定行业组织时,采取一种宽泛的定义不仅是可取的,也是必须的。

在简要界定了行业组织的概念后,接下来分析行业组织对于社会秩序的构建具有哪些重要功能。总体而言,行业组织的秩序功能可以区分为两大类:一是对内功能,它是指行业组织作为一种同业组织形式,对于规范、协调本行业内部秩序所具有的功能;二是对外功能,它是指行业组织作为本行业的利益代表,在整个社会秩序中所具有的利益表达、公共参与等功能。其中,对内功能主要包括组织功能、制度供给功能和纠纷解决功能;对外功能则主要包括利益表达功能和政策参与功能。由于组织功能非常显而易见,并且已有不少研究对此展开分析,因而此处主要就其他几项功能也即制度生成功能、纠纷解决功能、利益表达及政策参与功能展开讨论。

---

① 郭红霞:《行业组织之于阶层和谐功能的现实考量》,载《社团管理研究》2011年第10期。
② 黎军:《行业组织的行政法问题研究》,北京大学出版社2002年版,第11页。

一、制度生成功能

行业组织作为一种组织形式,从理论上讲,应该具有一定的制度生成功能。这是因为,任何组织,只要它不完全是他治的,都可以成为一个独特的制度场域。布尔迪厄的场域理论表明,任何场域都能内在地生成一套与之相适应的规则体系,用他的话来说,"每一个子场域都具有自身的逻辑、规则和常规"①;它们"在实践中获得,又持续不断地旨在发挥各种实践作用;不断地被结构形塑而成,又不断地处在结构生成过程之中"②。因而,可以认为,行业组织作为一个具有相对独立性的组织形式,其制度生成功能当是不言而喻的。所不同的仅仅在于,在不同国家,以及同一国家的不同领域,这一功能可能会存在差异。换句话说,行业组织的这一功能,与其所在国家对行业组织的政府管控程度密切相关,也与行业自身的历史发展息息相关。一般来说,行业组织受政府的管控越少,其制度生成功能则越强;同时,一个行业越是古老,自组织程度越高,其制度生成功也能越强。反之,行业组织受政府的管控越多,其制度生成功能则越弱;行业组织的自组织程度越低,其制度生成功能也越弱。

事实上,无论是古代行业组织,还是近现代行业组织;也无论是不太发达的中国行业组织,还是相对更发达的西方国家行业组织,都在内部制度生成方面发挥着各自的功能。即便是发展速度极为缓慢、发展程度极低的中国古代行业组织,其在内部制度生成方面也有着不可小觑的意义。例如,宋代,不少手工业行会都形成了一系列相关制度,主要用于规范招收学徒和帮工的数量,以及手工业产品的质量、价格等。③ 尽管这些制度要获得法律上的效力,必须经过官方的认可和颁布,但就制度之形成本身而言,却是源自于行业组织内部的,因而无疑属于一种内生制度。相比之下,西方国家的行业组织则有着更强的制度生成功能。例如,中世纪的商人行会,不仅规定未参加行会者不得营业,对于交易的时间、地点和交易价格等也都会作出具体规定,违反者将面临惩罚;手工业行会也对会员的生产条件、营业条件、招收学徒的数量、劳动时间、产品规格、数量、价格等作出详尽的规定。④ 尤其值得一提的是,当时的手工业行会对于产品质量的规定

---

① [法]布尔迪厄、[美]华康德:《实践与反思:反思社会学导引》,李猛、李康译,中央编译出版社 1998 年版,第 142 页。
② [法]布尔迪厄、[美]华康德:《实践与反思:反思社会学导引》,李猛、李康译,中央编译出版社 1998 年版,第 165 页。
③ 魏天安:《宋代行会的特点论析》,载《中国经济史研究》1993 年第 1 期。
④ 宝兴:《中世纪欧洲的行会道德》,载《道德与文明》1994 年第 4 期。

极为细致。例如,"硝皮匠、桶匠和鞋匠所制作的东西,必须是'公正'的;手艺工人用的木料、皮革和线,必须是'实在'的;烤的面包必须'公道',等等"①。中世纪丹麦一些行会章程中,甚至还规定了行会内部的互助制度:"如果一个会友的房子被烧掉了,或者他的船遭了难,以及他在朝香的旅途中遭遇了不幸,那么所有的会友都必须帮助他。如果一个会友患了重病,就必须有两个会友在床边看护他,直到他脱离危险;如果他死了,会友们必须把他送到教堂的墓地去埋葬——这在那些瘟疫流行的时代是一件大事。在他死后,如果需要的话,他们还必须抚养他的子女,他的寡妻则时常成为行会的一个姊妹。"②

可以看出,从行业组织内部所生发出来的这些制度,能够为其成员的行为提供较为完整的规范依据。其中,关于生产条件和产品规范等的规定,不仅能够保证本行业为社会提供合格的产品,从而维持本行业在社会中的声誉;也能有效预防行业内部不正当竞争行为的出现,从而有助于行业的持续健康发展。而关于行业内部互助的相关规定,能有效提升行业内部的凝聚和团结,从而在使成员对行业产生归属感的同时,也能让成员相互之间形成强烈的认同。而这种归属感和认同感,不仅有助于行业内部良好秩序的形成,还能够无形中激发其成员的活力与创造力。

二、纠纷解决功能

除制度生成功能外,行业组织的另一重要功能是纠纷解决,在公共司法并不发达的社会中,这一功能显得尤为重要。在中国传统行会中,当行业内部出现纠纷时,通常要先谋求在行业内解决,只有当无法解决时,方能诉诸官方。所谓"行中有事,必须告请当年会首。若事关重大,实系不公不法,值年会首出知单,传请通行到公评,勿得以强欺弱、恃富凌贫"③。倘若人们绕过行会,而直接将纠纷提交司法裁决,则"将受到公众的谴责,而且,其以后再求助于行会之事,将不再受理"④。欧洲中世纪的行会,对于内部纠纷也都可以自行裁决。它们同样规定,一个纠纷在行会内部作出裁决前,当事人不得向其他裁判组织提起诉讼。而当行会成员与行会外人员发生纠纷时,不管是别人诬告还是他真有侵害行为,行会都必须为他提供帮助,并使纠纷和平解决。如果受害人的亲属要实施报复,行会成员要帮助

---

① [俄]克鲁泡特金:《互助论》,李平沤译,商务印书馆2016年版,第182页。
② [俄]克鲁泡特金:《互助论》,李平沤译,商务印书馆2016年版,第164~165页。
③ 彭南生:《行会制度的近代命运》,人民出版社2003年版,第34页。
④ 彭泽益主编:《中国工商行会史料集》(上册),中华书局1995年版,第10页。

他及时逃跑；如果他不愿逃跑，会友则应在身边保护他，并为他安排和解的办法。如果他确实有罪并应当支付赔偿，倘若赔偿足以使他破产，其他会友应帮他支付赔款。①

可以看出，无论是中国古代的行会，还是欧洲中世纪的行会，都能在纠纷解决方面发挥重要的功能。行会所具有的这一功能，从内部视角来看，有助于行业内纠纷的及时、恰当解决，从而有效地维护行业秩序。尤其值得一提的是，行会中还有一些特殊规定，具有从根本上预防和化解纠纷的功能。例如，中世纪一些行会规定，会员之间应当相待如手足，他们在入会之时应当发誓要抛弃一切旧怨，即便此后发生争执，也不可将争执变成仇恨。这一规定，不仅可以一定程度地预防纠纷的出现——抛弃旧怨意味着人们在入会之前的纠纷，不应当带到行会内部来；即便发生了纠纷，也不会破坏行会内部秩序的良性循环——人们发誓不得将纠纷变成仇恨，意味着纠纷一旦解决，秩序便得以恢复。从外部视角来看，行会在纠纷解决中所承担的这些功能，可以很好地缓解和弥补国家正式司法之不足——这一点，在公共司法并不强大的前现代社会，显得尤为珍贵。不仅如此，相对于国家正式司法而言，行会的纠纷解决还具有很多优势和独特性。正如克鲁泡特金所言："在任何情况下它都导入了人情和友爱的因素而没有那种重形式的因素（国家干涉的那种特征）。即使一个会友在行会的裁判所受到审问时，问他的人也是十分了解他的，并且以前在日常工作中、在聚餐和履行会友义务时，都是同他在一起的；确实是和他平等的人，是他的会友，而不是法律学家，不是别人的利益的保护者。"②

三、利益表达功能

行业组织的利益表达功能，是指行业组织作为本行业的利益代表，对外表达本行业独特利益诉求的功能。行业组织的这一功能，在欧洲中世纪行会以及近现代行会中体现得最为明显。可以说，中世纪行会，其出现本身即源于商人和手工业者保护自身利益的需要。欧洲行会发展之初，是城市商人和手工业者共同的一种组织形式，它以居住地作为入会依据，因此，一般一个城市只存在一个行会。直到后来，行会组织才进一步细分为商人行会、手工业行会或其他同业公会等。例如，11世纪末的牛津市民，分为"公民""市民"和"城市公社和商人行会的市民"，直至13世纪前后，才进一步细化为"商人行会的市民""手工业行会的市民"或其他形

---

① ［俄］克鲁泡特金：《互助论》，李平沤译，商务印书馆2016年版，第165～166页。
② ［俄］克鲁泡特金：《互助论》，李平沤译，商务印书馆2016年版，第168～169页。

式的市民。① 据此,我们可以看出,欧洲行会的出现,本身即是为了使工商业从业者与其他市民相区别,并由此而凸显其独特的利益诉求;而随着经济的进一步发展,工商业者内部又出现了利益的进一步分化,因而需要对行业组织作更为细致的划分,继而出现了专门化的商人行会、手工业行会等等。

在近现代欧洲,各行业组织通过扮演"压力集团"的角色,来有效地表达着自身的利益诉求。在英国,存在几千个压力集团,它们代表着各个不同的行业和领域,从企业和劳工界,到农业从业人员,再到各个不同的职业如医疗协会、法律协会等,乃至文艺、宗教、科学等领域。这些组织都会适时地将本领域的利益诉求表达出来,例如,劳工界会不时地提出改善劳动条件和提高工资待遇等方面的要求——笔者2016年在英国访学期间,就亲历了英国大学联合会组织的一次罢工,它所表达的主要是高校教职员工要求改善工资待遇的利益诉求;农民组织如全国农场主联合会、土地所有者组织等,通常会在古建筑和乡村生态环境保护等方面表达自己的愿望,等等。法国从第五共和国开始,压力集团便获得了迅猛发展,到现在,这些代表不同领域、不同行业的压力集团,已然成为法国政治生活中一股举足轻重的力量。法国的压力集团同样涵括各类雇主协会、工会组织、农民组织以及其他专业团体,如全国学生联合会等。它们不仅在经济领域表达自己的利益诉求,在政治和社会生活领域同样施加着重要影响。而随着新兴行业和领域的不断出现,一些新的利益表达团体不断涌现,例如,在部分国家,近年来甚至出现了一些"科学压力集团",它们代表科学从业者这一独特的职业群体,立足于科学自身的逻辑和伦理,表达自己对于特定问题的立场和看法。

四、政策参与功能

一定程度上可以说,行业组织的政策参与功能是其利益表达功能的自然延伸。作为特定行业和领域的利益代表,行业组织所寻求的,绝不仅仅是将其利益诉求表达出来,欲使其利益诉求获得真正实现,它们还必须谋求对公共政策制定过程的有效参与,从而将自身意志融入公共政策之中。从国家角度看,对行业组织利益诉求予以应有的重视,必要时吸收其参与公共政策的制定,不仅可以防止社会不满的积聚,也可以提升政府决策的科学性。例如,法国1958年宪法就专设一章,成立一个新的组织,即经济与社会委员会;宪法还规定,该委员会必须吸收压力集团的代表

---

① Poole A L. *From Domesday Book to Magna Carta*, Oxford:Oxford University Press, 1964, p.72.

参加,以便更好地为政府的经济、社会政策提供咨询。此后,法国的经济和社会委员会便获得了"第三议会"的称号,它在有效协调和平衡各行业利益需求的同时,也为政府决策的科学性和社会的稳定繁荣贡献了力量。

不仅法国政府非常重视倾听利益集团的声音,在英国,一项公共政策出台前,一定要广泛吸收公共意见,尤其是行业代表的意见,"英国政府的重要特点在于,政府制定任何一项新政策,都必须与那些有实际经验的人进行充分协商"①。而所谓"有实际经验的人",当然包括来自各行业的代表。这些代表在新政策制定过程中,都会从自身立场和角度出发,来阐发对于公共政策的意见和看法,从而以一种潜移默化的方式将利益诉求融入公共政策中。此外,在一些国家,行业组织的政策参与不仅包括为政府决策提供咨询,还包括对政策的执行效果进行监督。可以说,这两个环节,都能够有效提升政府决策的科学性。政策出台前行业组织提供的咨询和建议,不仅可以使决策更符合行业和专业逻辑,也有助于政府合理地协调各方利益冲突;而对政策执行效果的监督,可以及时发现公共政策中存在的问题和纰漏,进而提出有效的解决方案和补救措施。

第二节　中国行业组织的发展状况
——基于比较的视角

必须承认,总体而言,行业组织在西方的发展,无论历史还是当下,都更为发达。因而,本节在讨论中国行业组织的发展状况时,都将不同程度地以西方作为参照。

一、中西行业组织的历史比较

(一)中国行业组织的历史

学界关于中国历史上行业组织的发展状况及其定位,存在不同的理论观点。一般认为,我国自唐朝始,一种名为"行"的行业组织便已出现,宋元乃至明初,行会又以"团行"的形式存在,明中叶至清代,又代之以"会馆""公所""公会"等名称,因而,肇始于唐,发展于宋明,壮大于清代的行业组织,在我国历史上呈现出一脉相承的态势。② 与此同时,也有研究

---

① Mackintosh J P. *The British Cabinet*, London: Weidenfeld & Nicolson, 1977, p.568.
② 全汉升:《中国行会制度史》,新生命书局1934年版,该书由百花文艺出版社2007年重印;彭泽益:《中国工商业行会史研究的几个问题》,载彭泽益主编:《中国工商行会史料集》(上册),中华书局1995年版。

者将我国传统行业组织与中世纪欧洲的行会进行类比。有人认为,宋明"团行"与欧洲"guild"在性质和功能上虽存在差异,但二者仍可进行类比。换句话说,"团行"与"guild"具有功能相似性。① 近年来,又出现了一些针对上述认识的反思和批判。例如,有研究者指出:"宋代的'团行',除了承担官府差役,似乎并无其他功能,不能称为'行会',硬要称之为'行会',除了造成概念的混淆外,并无实质意义。"② 在该研究者看来,宋代的"团行",虽有行业组织之形,却无行业组织之实。据此,他得出结论,具有自发性的行业组织在宋、明时期根本就不存在。更有研究者认为,中国历史上自始至终都不存在类似西方意义上的行业组织,其主要论据在于:中国城市与欧洲中世纪城市有着本质的不同,并且,城市中也不存在那种类似欧洲城市的排外性市民权,城市构造和制度环境的不同,使得在中国不可能出现类似欧洲的基尔特型行会组织。该研究者还特别从明清时代城市工商业者对技术秘密的垄断,同行从业人员经济地位的悬殊,以及同行间激烈的竞争等角度,论证了明清时代,乃至整个中国历史上都不可能存在类似欧洲的行会制度。③

此处我们无意介入这一争论,但通过对这些观点的简要介绍,却可以凸显出行业组织在中国发展的特殊性。中国独特的历史情境,决定了我们不能将中国古代行业组织与西方意义上的行业组织作简单类比——无论外在的政治背景或制度环境,还是行业组织自身的发育程度,中国与西方都不可同日而语。但必须指出的是,行业组织在中国历史上肯定存在着,只是与西方行业组织的高度自治不同,它们的发展受到来自各方面的诸多限制。我们不妨以唐代的"行"为例来进行说明。据学者考证,唐代的"行"不仅承担着一定的宗教职能,还议定一些共同的行规,例如关于入行的技术要求,保密义务,以及一定程度地限制外地人入行等;同时,同行内部还分享一套共同的语言,也即"行话";此外,"行"还可以代表本行业在税收等事务上与政府展开利益博弈。④ 唐代"行"所具有的这些功能,足以说明其已初具行业组织的主要特点,尽管其功能还有待进一步发展和完善。与此同时,唐代的"行"也受到来自政府的一些管控和约束。例如,政府会对

---

① 朱淑瑶:《略论唐代行会的形成——兼谈唐代行会与欧洲中世行会的区别》,载《广西师范大学学报(哲学社会科学版)》1983年第2期。
② 高寿仙:《"行业组织"抑或"服役名册"?——宋代"团行"和明代"铺行"的性质与功能》,载《北京大学学报(哲学社会科学版)》2011年第6期。
③ 傅筑夫:《中国经济史论丛》,三联书店1980年版,第407~483页。
④ 朱淑瑶:《略论唐代行会的形成——兼谈唐代行会与欧洲中世行会的区别》,载《广西师范大学学报(哲学社会科学版)》1983年第2期。

手工业行会的产品质量作出要求:"其造弓矢、长刀,官为立样,仍题工人姓名,然后听鬻之,诸器物亦如之"①;"诸造器用之物及绢布之属,有行滥短狭而卖者,各杖六十"②;等等。除产品质量外,政府还会对产品的价格等进行干预。③ 当然,诸如此类的规定,与其说是政府对行业组织的管控,不如说是对市场秩序的维护。因而,从这一意义上讲,就唐代而言,政府施加于行业组织之上的约束和限制并不十分明显。

然而,到了宋代,来自政府的约束却要细致和严格得多。这不仅体现为,政府要求所有城市工商业者,都必须"投行",否则将被禁止营业,所谓"市肆谓之行者,因官府科索而得此名。不以其物大小,但合充用者,皆置为行"④。这从一个角度说明,宋代行业组织的设立,并非完全基于行业内部的需要,而同时是出于官方管制的需要,是"政府为了对工商业者进行科索,为了便于征调工商业者的徭役,强制工商业者按照其所属行业组织起来"⑤。此外,政府对行业组织的管控还体现为,"团行"内部的成文法规较少,一般多由国家"外部性"地予以规定;并且,行会内部规则要取得法律地位,需获得官方的认可,始能发挥效力。⑥ 因而,种种证据表明,宋代行业组织的发展,受到诸多外在的限制。

总体而言,由于大的制度环境不同,中国古代行业组织的发展,并未展现出一种足够自治和独立的发展轨迹;相反,它自形成之初,便受到来自各方面的限制,这使得行业组织在中国的发展不仅有些先天不足,还表现出某种意义上的后天发育不良。相比之下,西方行业组织的发展,却是另一番面貌。

(二)西方行业组织的历史

一般认为,西方行业组织发端于中世纪的城市,并经历了由商人行会到手工业行会再到同业公会的发展历程。"商人行会和后来的手工业会、公会不同,每个城市只有一个,它们基本上由其所在城市从事工商业的市民组成。西欧早期中世纪城市首先是作为一个经济实体而存在的,大多数市民都必须务工、经商才能维持生活,同时也只有这样才能保持其市民

---

① 《唐六典》卷二十,京都诸市令。
② 《唐律疏义》卷二十六,杂律上,诸造器用之物。
③ 《唐六典》卷二十,京都诸市令。需要说明的是,在欧洲中世纪的行会制度中,产品的价格也不是由卖者或买者来确定的,而是由第三方确定的,通常是那些"老成持重的人"([俄]克鲁泡特金:《互助论》,李平沤译,商务印书馆 2016 年版,第 176 页)。
④ 耐得翁:《都城纪胜·诸行》。
⑤ 傅筑夫:《中国经济史论丛》(下),三联书店 1980 年版,第 417 页。
⑥ 魏天安:《宋代行会的特点论析》,载《中国经济史研究》1993 年第 1 期。

的身份,因此他们必然构成了商人行会的主体。在相当一部分城市中,最初的市民地位和商人行会成员的地位,即使不完全同一,也相差无几,在某种程度上甚至可以说他们是同一实体的两个方面。""随着小商品经济的进一步发展,各手工业行业从业人数的增加和势力的壮大,商人行会的控制力量日见削弱,进而名存实亡,手工业者纷纷按行业组建行会;与此同时各行业的商人亦同样行事,重新组织起来,但从总体上说没有手工业者参加的、纯粹由商人组织的行会数量很有限。原来掌握在商人行会手中的管理权,逐渐被若干个独立的和平等的手工业行会组织所瓜分。""从15世纪开始,公会逐渐成为西欧行会组织的主导形式。公会形成的途径,除少数由单个手工业行会直接演变而来外,大多数皆为多个手工业行会合并而成。"①从这一简要介绍可以看出,行业组织在西欧的发展,有着自身独立的发展轨迹和脉络,其每一步发展,都源于外在经济环境的改变和行会自身的发展逻辑。

中世纪城市发展之初,一方面,由于作为个体的市民还不够强大,仅仅一小部分人的联合,难以与强大的封建势力相抗衡,因此,需要所有城市工商业者作为一个整体团结起来,此时,所有居住在城市的商人和手工业者共同联合起来,组成一个笼统的商人行会。另一方面,就当时的具体经济形态而言,由于当时的商品经济并不十分发达,商品的生产与销售并未截然分离,大部分手工业者既是商品的生产者,亦是销售者,这一经济状态决定了此时难以细致区分手工业与商业,因而,客观经济环境使得当时只能形成一种笼统的商人行会——克鲁泡特金指出:"事实上,中世纪的行会像中世纪的教区、'街道'或'区'一样,不是被置于国家官吏管辖之下的公民团体;它是所有同一定行业有关的人员的联盟,其中包括原料的采购者、成品的销售者和手艺匠——师傅、'帮工'和学徒。"②然而,从13世纪后半期开始,随着手工业生产技术的不断提高,手工业产品市场的不断扩大,以及手工业从业人数的不断增加,产品的生产和销售开始逐渐分离;并且,原来由商人行会垄断商品流通的局面已难以为继,各不同的手工业生产者纷纷要求建立自己的行业组织,这样,逐渐壮大的手工业行会逐渐取代原来的商人行会而成为西欧行会的主体。到了14世纪,手工业行会因其内部刻板的制度规定(例如,统一的价格规定、会员内部利益分配的平均主义等)而不再能适应经济和社会的发展,因而开始面临普遍性衰落,其内

---

① 金志霖:《论西欧行会的组织形式和本质特征》,载《东北师大学报(哲学社会科学版)》2001年第5期。

② [俄]克鲁泡特金:《互助论》,李平沤译,商务印书馆2016年版,第186~187页。

部也逐渐出现分化，一些强大的行会不断吞并小行会，进而壮大自己的实力。此时，各种形式的同业公会应运而生。

欧洲行会除了遵循自身内在的发展逻辑外，还具有足够的自治性。此种自治性首先体现为，行会对业内事务具有根本的决定权，包括入会要求、产品规格、质量、学徒规模、劳动时间、劳动条件等方方面面；还体现为，行会有着自己独立的组织机构，"它有它自己的独立裁判权、武力、大会、斗争、光荣和独立的传统……一句话，它是一个充分的有机的生命"①。甚而至于，"当城市要进行战争的时候，行会是作为一个单独的连队参加战斗的，它有它自己的武装和它自己推举的指挥官"②。由此可以看出，欧洲中世纪的行会，真正算得上是一个独立、自治的组织。

二、中西行业组织的当下比较

（一）中国行业组织的发展状况

可以说，行业组织在当下中国的发展，受到来自制度环境的很多制约。这一方面体现为，到目前为止，我国尚未出台一部专门用于规范行业组织的全国性法律，而只有一部普遍适用于各类社会团体的行政法规，即《社会团体登记管理条例》。专门性法律的缺失，必然使我国行业组织因没有足够的制度支持而难以获得应有的发展空间。另一方面，我国对于行业组织的管理又比较严苛，在"二元管理"（即行政主管部门审批和民政部门登记）模式下，行业组织因面临过多的行政管制，其活力和自治性也大打折扣。有研究者指出："在这种模式下，与其说政府承担对行业组织的监督审查职责，不如说是对行业组织发展的行政性管制；……这造成了行业协会的转型之乏力、二级商会合法性困境、大量新兴行业因找不到主管部门而无法组建行业组织、行业组织的横向和纵向关系一直未能有效建立等行业组织发展中的很多无法回避的问题，进而造成了行业组织活力整体不足的现实。"③可以说，附加于行业组织之上的过多政府干预和行政管制，必然会对其发展产生很大的遏制——这是导致我国当前行业组织不发达的主要制度性因素。

从现实情况来看，我国行业组织的发展呈现出以下特点：第一，行业组织的自治性普遍不高。在二元管理模式下，行业组织除了要到民政机关登记外，还需接受相关机构的业务管理。而业务管理的通常做法是，将行

---

① ［俄］克鲁泡特金：《互助论》，李平沤译，商务印书馆2016年版，第187页。
② ［俄］克鲁泡特金：《互助论》，李平沤译，商务印书馆2016年版，第187页。
③ 卢勇、王军：《行业组织比较研究：基于江苏的调研分析》，载《前沿》2011年第24期。

业组织挂靠在相关政府部门,或本行业的某个大型企业,或相关的科研院所。可以说,这一制度设计的初衷本是好的,它能使行业组织因接受政府的业务指导而更好地贯彻国家法律和政策,也可以发挥大型企业对本行业的业务示范作用,还可以使科研院所产出的知识成果更便捷地服务于本行业。然而,就实际效果来看,这一制度的运作却逐渐偏离了其最初目的,进而使行业组织的自治性大大降低。为什么这么说?原因在于,"实践中,有的政府业务指导部门(挂靠单位)把行业组织作为其附属机构,是政府变相的派出机构"[①]。行业组织的这一现实属性,必然会对其运作方式与工作模式产生重大影响。而从大多数行业组织的实际运作来看,其工作方式实与政府机构并无二致,甚至有些行业协会的负责人直接由政府人员兼任。因而,本该基于行业自治而产生的行业协会,在实践中却变成了类似准政府部门的管理机构。

第二,行业组织的行业服务功能严重不足。作为同行从业者的一种共同组织形式,行业组织可以通过多种方式服务于本行业,从协调行业利益冲突,解决行业内部纠纷,到提升行业整体水平,为行业长远规划等,都可以发挥巨大的作用。然而,就目前来看,我国行业组织的这些服务功能还远没有实现。很多行业组织基本不能为本行业提供真正有效的服务,它们虽然每年从会员企业那里收取会费,却不能为行业的规范化和有序化作出应有的贡献,也不能为行业的当下困境及长远发展提供有效的应对策略。总体上,当下行业组织的工作内容及工作方式大多流于表面和形式,一般仅限于每年发一发企业名录,以及做几份行业简报等。

第三,行业组织的政策参与功能不明显。行业组织作为本行业的利益代表,应当从本行业的立场出发,将自身独特的利益需要表达出来;不仅如此,它还应当积极参与国家法律和政策的制定,从而一方面为国家相关政策的制定提供基于本行业视角的意见和参考,另一方面可以为本行业的发展谋求更有利的制度环境。(当然,从国家角度看,允许行业组织参与法律和政策的制定,也有助于提高公共决策的科学性。关于这一点,本章第三节再具体展开讨论)可以说,就目前来看,我国行业组织的这一功能尚没有很好地发挥出来。一般来说,行业组织政策参与功能的有效发挥,取决于三个条件:行业组织自身的参与意愿、参与能力,以及外部的制度环境。就参与意愿来说,除少数经济发达地区外,我国行业组织的政策参与意愿普遍较低。由于行业组织的政策参与意愿与其行业服务意识和服务

---

① 刘凤军:《我国行业组织发展的问题与对策》,载《中国软科学》2003年第9期。

功能密切相关，而如前所述，当下我国行业组织的服务意识和功能明显不足，此种情境之下，其政策参与意愿如何便可想而知。而行业组织的政策参与能力，通常情况下与其自治能力呈正相关关系：一个高度自治的行业组织，其政策参与能力一般会更强，反之，则更弱。这是因为，高度自治的行业组织，通常能吸引到优秀的工作人员，有着健全的工作机制和决策流程，以及完善的激励制度，所有这些，都可以内在地支持和提升行业组织的政策参与能力。而就我国目前而言，由于行业组织的自治性严重不足，因而难以吸收到优秀的工作人员，其工作制度也比较僵化，内部激励机制更是基本缺失，这些都将对我国行业组织的政策参与能力形成巨大的制约。就外部制度环境而言，由于我国行业组织政策参与的相关制度还基本缺失，政府部门也缺乏吸收行业代表参与公共决策的工作理念，因而，总体上说，我国行业组织参与公共决策的制度环境急需改善和提高。简言之，由于受政策参与意愿、参与能力及外部制度环境等的种种制约，我国行业组织的政策参与功能尚不能很好地发挥出来。

（二）西方行业组织的发展状况

西方的行业组织，不仅在中世纪获得了充分的发展，近现代以来，它们愈发以其独立性、自治性，以及对国家政治生活的广泛参与性，而很好地服务于本行业，有效地调控着行业内部秩序，并对国家公共决策施加着重要影响力。由于西方国家行业组织的发展，大多遵循着两种模式，即英美式和法德式（其中，英美属"多元主义"发展模式，而法德则是"法团主义"发展模式——关于这两种模式，本章第三节再详细介绍），因而，此处主要以这几个国家的行业组织为分析对象，简要提炼出其发展特点。总体而言，其发展特征表现为以下几点：

第一，行业组织的自治程度高。德国行业组织具有明显的层级化、体系化特点，不仅各地方有地方性行业协会，在全国范围内也存在各种不同的专业协会，还有一个统一的全国工业联合会。其中，地方性行业协会的功能主要是对会员单位的生产经营提供具体的业务指导和服务，而较高层级的行业协会则侧重于对本行业的未来发展提供总体性规划，并代表本行业参与政府的公共决策。与德国不同，英美的行业组织不具有明显的层级和体系，甚至一些行业组织都不具备正式的组织形式，诸如"晚餐俱乐部""政策形成协会"等，都是松散而灵活的行业组织形式。总体而言，德国和英美的行业组织，无论其内部是否具有层级和体系，都不妨碍其作为一种独立组织所具有的自治性。这些国家的行业组织，就性质而言，本质上都是民间机构，因而也具有民间组织本该具有的自治属性。这一点，我们不仅可以从这些国家的相关立法中窥见一斑，也可以从其行业组织的实际运作中找到根据。综观他们的立法，大多强调行业组织的民间属性，是会员的自由组合。而在具体的运作方式上，也体现出充分的自治性。例如，无论行业协会内部是否具有层级和体系，它们之间都不存在行政上的隶属关系；协会内部充分遵循自愿原则，会员可以自愿加入，也可以自愿退出；会员企业无论其财力、规模大小，都具有平等的发言权和表决权；等等。

第二，行业组织的对内服务功能完善。一位英国学者指出，"行业协会、专业协会和职业工会在本质上都是帮助自己成员的一种保护性组织"[1]。这一保护性组织的功能，集中体现为给会员提供服务。行业组织的对内服务功能，主要包括：提供公共产品、协调劳资关系、解决劳工纠纷、谋求行业发展等。其中，公共产品主要是指产品质量标准的制定、产品质量检验、人员培训、法律与技术咨询、防止不正当竞争、打击假冒伪劣、受理消费者投诉、产品市场信息采集等。同时，由于现代国家的劳动立法，大多对劳动者给予倾斜性保护，因而，在有些情况下，资方反而处于不利地位，一旦发生劳资冲突，单靠个别企业的力量不足以有效应对，此时，行业协会作为企业的联合及代表，可以在冲突协调中扮演重要角色。例如，德国的雇主协会就在处理劳工纠纷方面发挥着重要的作用。而在谋求行业发展方面，行业协会主要通过组织新产品和新技术的研发，推进本行业对外交流与合作，制定行业发展规划等方式来实现。

第三，行业组织的政策参与能力强。西方行业组织不仅可以对内为会员提供优质服务，还可以对外代表本行业，积极参与公共决策，将本行业的利益需要融入国家法律和政策中。西方行业组织的政策参与主要以三种方式进行：政策倡导、政策参与和私益政府。其中，政策倡导是指行业组织通过利益集团游说，或以其他方式向政府施压，间接地对公共政策的制定和执行施加影响。政策参与即在制度明示允许的范围内，直接参与政府公共决策的讨论和制定。私益政府则是指行业组织在政府授权及其监管之下，负责本行业相关政策的制定及执行，从而承担一种准公共职能。[2]这三种不同的政策参与方式，在不同国家会有不同的具体表现。在奉行多元主义发展路径的美国，行业组织内部不具有明显的层级性、体系性和等

---

[1] [英]斯坦利·海曼：《协会管理》，尉晓欧等译，中国经济出版社1985年版，第4页。
[2] Garrity M., L. A. Picard, Organized Interests, the State, and the Public Policy Process: An Assessment of Jamaican Business Associations, in *The Journal of Developing Areas*, 1991(25), pp.369-394.

级化特点，因而，其政策参与方式主要体现为政策倡导，也即以利益集团的形式对政府决策进行游说，必要时施以压力，从而谋求对公共决策的影响。而在奉行法团主义发展路径的欧洲大陆，行业组织具有明显的体系化和等级化特点："法团主义可以被界定为一种利益代表的体系，在这一体系中，成员被组织成一些数量有限的、责任明确的、非竞争的、层级有序的、功能分化的团体，这些团体由国家认可并被赋予其在同行中的垄断代表权。作为交换，在领导人选择、需求和支持方面会受到国家的一些控制。"[①] 因而，在这些国家，行业组织参与公共决策的方式更加多元，其对公共政策的影响力也更为深远。由于处于组织体系顶端的行业组织，具有对同行业的垄断代表权，并与政府存在某种利益交换，因此，它们在政策参与过程中，不仅可以更强烈地表达本行业的利益诉求，还可以直接参与政府相关决策的制定，甚至在有些情况下，可以凭借政府授权而制定与本行业相关的法律，并负责实施，从而扮演"私益政府"的角色。

第三节　行业组织与当下中国放权式法治建设

简政放权是近年来中央特别强调的基本治理思路，[②] 党的十八大报告提出，要"深化行政审批制度改革，继续简政放权，推动政府职能向创造良好发展环境、提供优质公共服务、维护社会公平正义转变"。与此同时，政府也多次重申要详细列举"政府权力清单"，以便"把权力关进笼子里"。可以说，简政放权不仅是当下的一种基本治国思路，也是政府的一项重要工作目标。

从语义上讲，简政放权包括"简政"与"放权"两个部分，且二者之间存在某种逻辑上的交叉关系。其中，简政主要是指厘清政府部门之间的职能分工，使权力在不同部门之间得到更好的配置，以及政府放弃对一部分事务的审批权，并简化行政审批程序。而放权，也内在地包含两个逻辑层面：一是中央向地方放权，这涉及权力在政府系统内部的重新配置；二是政府向社会放权，这是权力在国家与社会之间的重新配置——党的十九大

---

① Schmitter P. C., Still the Century of Corporatism? in *The Review of Politics*, 1974(36), pp.85-131.

② 有研究者甚至认为，中华人民共和国成立60多年的历史，就是一部简政放权的历史。也就是说，中华人民共和国成立以来我们经历了一个从中央高度集权（体现为经济领域的计划体制和社会结构上的单位制和人民公社制），到中央逐步向地方和社会放权（体现为逐步放开的市场体制，日趋弱化的单位制，以及不断完善的村民自治）的过程（徐勇：《内核—边层：可控的放权式改革——对中国改革的政治学解读》，载《开放时代》2003年第1期）。

报告指出,要坚持和完善基层群众自治制度,这一点,正是国家向社会放权的重要体现。可以看出,无论是简政,还是放权,都既涉及政府系统内部的关系问题,也涉及政府与社会的关系问题。下文主要从第二种关系,也即国家与社会关系这一角度,来讨论行业组织与当下中国放权式法治建设的关系。

国家向社会放权,其核心要义在于,国家将一部分本该由社会行使的权力,还原给社会。如何还原?主要包括两个方面:一是放宽乃至放弃对一部分社会事务的行政审批权;二是最大限度地允许社会自治。行业组织作为社会的有机组成部分,对它的放权也理应包括这两个方面。也就是说,要加快中国的放权式法治建设,就行业组织而言,我们要做的就是:首先,健全行业组织相关立法,放宽对行业组织成立的审批权;其次,充分尊重行业组织在行业内部的自治权,并允许行业组织代表本行业在国家和社会事务上发出自己的声音,表达自己的需要,并积极参与国家和社会事务的治理。而要达到这两个目标,我们具体应做好以下几方面工作:

一、制定关于行业组织的专门立法

我国目前尚没有出台关于行业组织的专门立法,用于规范行业组织的法律主要是《社会团体登记管理条例》。这一立法现状存在两个明显的弊端:其一,将行业组织与一般社会团体同等对待,缺乏特别的针对性。我国境内所有非营利性社会组织,无论其所涉及的领域是经济、文化、政治还是社会,都统一适用《社会团体登记管理条例》。调整领域如此之广,必然使它的很多规定过于含糊和笼统,而不具有特别的针对性。行业组织作为同行业的一种组织形式,与其他社会组织相比,最大的特点就在于,它是本行业利益的代表,有着本行业独特的利益诉求。而其他社会组织,虽然也有特定的利益诉求,但此种利益诉求与其说是组织自身的,不如说是组织成员与组织外社会成员所共有的。例如,环保组织所谋求的,绝不是,至少不仅仅是组织自身的利益,而同时是全社会的共同利益。又如,慈善组织所谋求的,也不是组织自身的利益,而是组织之外特定社会群体如贫困者的利益。由于行业组织分别代表不同行业的利益和诉求,因而,从维护社会秩序的角度看,我们必须对这些利益诉求予以认真对待和审慎处理,因为利益表达不顺畅或利益冲突得不到有效解决,很容易给社会秩序埋下隐患。而要对行业的利益诉求及不同行业间的利益冲突进行有效调节,我们首先要制定关于行业组织的专门立法。

其二,相关立法的法律位阶不高,进而法律调整的力度有限。目前用于规范社会组织的立法《社会团体登记管理条例》是由国务院颁发的,从规范性法律文件的性质上讲,它属于行政法规的范畴。虽然就适用范围来说,行政法规和法律一样,也是在全国范围内有效,但就法律位阶来说,它却是要低于法律的。尽管根据我国立法原则,下位法必须符合上位法所确定的原则和精神——因而可以肯定,《社会团体登记管理条例》这一行政法规就其内容来说,应当不存在什么问题;但就规范本身的效力层级来说,行政法规毕竟要低于法律,因而其规范调整力度自然也会相对不足。考虑到行业组织在国家、社会生活中的重要地位,以及它对于维护社会秩序所具有的重要意义,我们认为,很有必要以全国人大立法的方式来对其进行调整,而不是现有的行政法规。

二、改变行业组织的审批和管理机制

我国《社会团体登记管理条例》第 6 条规定:"国务院民政部门和县级以上各级地方人民政府民政部门是本级人民政府的社会团体登记管理机关(以下简称登记管理机关)。国务院有关部门和县级以上各级人民政府有关部门、国务院或者县级以上地方人民政府授权的组织,是有关行业、学科或者业务范围内社会团体的业务主管单位(以下简称业务主管单位)。"从这一规定可以看出,我国对社会组织实行双重管理体制,也即民政部门登记和业务主管部门指导。并且,该法第 9 条还规定:"申请成立社会团体,应当经其业务主管单位审查同意,由发起人向登记管理机关申请登记。"因而,业务主管机关不仅可以在社会组织成立后对其进行业务指导,还可以在登记之前,对其是否具备成立资格进行审查。可以说,这些规定,无疑赋予了业务主管单位过大的权力。

具体到行业组织,业务主管单位的权限不仅体现为它基本可以决定行业组织的成立与否,还体现为在后者成立后,对其日常工作的诸多影响和控制,尤其是当业务主管单位为政府部门时。有研究者指出,"实践中,有的政府业务指导部门(挂靠单位)把行业组织作为其附属机构,是政府变相的派出机构。政府部门常常用旧的观念、旧的方式去'管理'行业组织,对行业组织指手划脚,这必然限制行业组织正常业务的开展,进而阻碍了行业组织的成长"[①]。此外,一些行业组织的负责人通常由主管部门委派,甚至直接由主管部门中退居二线的人员担任。因而,业务主管部门对行业组织的控制极其深入,从人事安排,到具体的工作方式,都可以随意插手。

[①] 刘凤军:《我国行业组织发展的问题与对策》,载《中国软科学》2003 年第 9 期。

此种境况之下,行业组织自身的自主性和创造性必将受到影响。

因而,欲更好地发挥行业组织的自主性和创造性,我们必须改变业务主管单位过多控制行业组织的局面。具体说来,应从以下两个方面入手:第一,取消主管单位在行业组织登记前的审查权,而将审批权限完全交给登记机关。尽管《社会团体登记管理条例》中用的是"审查"二字,而不是"审批",但就实际情况来看,业务主管部门乃负责实质审查,而民政部门则通常进行形式审查。因而,行业组织最终能否获得登记,决定权完全掌握在业务主管部门手中,这无疑赋予了主管单位过大的权限。而将审批权统一由登记机关行使,不仅可以让审批程序更简单,也可以弱化主管单位对行业组织的控制权,从而有利于行业组织的自主成长。当然,考虑到对于行业组织的审批,可能需要特定的专业知识,因而,登记部门可以采取向专业人员咨询的方式,来解决这一问题,而不是将实质审查的权限完全由主管单位行使。

第二,应当明确业务主管单位的权限。从目前来看,业务主管部门对行业组织的影响,涉及方方面面。它不仅控制着行业组织的人事任免权——有研究者指出,"有相当一部分从部门管理转制为'行业管理'的行业协会主要目的是为了解决政府部门分流人员,部分行业协会人员素质偏低;在职能定位上,行业协会多偏重于为政府机构服务,有的行业协会甚至是所谓的'二政府'或'新婆婆',并不能真正反映企业的问题和要求"[①]。由于行业组织的工作人员多来自政府,因而其工作取向难免会有意无意地与政府保持一致,这与行业组织所具有的行业代表性相矛盾。除此之外,主管单位还对行业组织的日常运作指手画脚,这又与行业组织的自治性相冲突。因此,有必要对主管单位的指导事项予以明确,应仅限于对涉及行业知识的业务进行指导,而不是行业组织的任何日常事务。唯有如此,行业组织的自治性才能够逐步彰显。

三、充分尊重行业组织的自治权

行业组织作为本行业的一种组织形式,对内理应具有足够的自治性。对这种自治性予以充分尊重,是放权式法治的应有之意。行业组织自治权的充分发挥,不仅有助于规范行业内部秩序,从国家角度看,它还有助于增强国家治理的有效性。这是因为,从理论上讲,一种有效的社会控制,从逻辑上讲,内在地包涵两个方面:一是政治权威自上而下的治理,二是作为

---

① 刘凤军:《我国行业组织发展的问题与对策》,载《中国软科学》2003年第9期。

治理对象的社会对这种治理的有效承接。一般来说，这种承接需要中介，也即需要借助一定的中间组织——国家权力直接作用于个人而能达到有效治理的情形并不常见，且通常以较高的社会成本和社会风险为代价。可以说，行业组织正是这样一种中间组织，至少它应当成为也可以成为这样的组织。那么，如何让行业组织成为这样一种中间组织？最核心的一点，就是要使其具有足够的自治性。接下来的问题是，如何让行业组织具有足够的自治性？

首先，最直接的在于，应减少并最终消除对行业组织的事务性干预。行业组织成立后，只要其活动是在法律和政策允许的范围内，政府就不应进行干预。也就是说，如果行业组织的活动没有突破法律和政策的规定及其内部章程所确定的范围，登记机关和业务主管部门就不应插手行业组织的内部事务。当然，我们强调的仅仅是不干预，但不干预不等于不监督。事实上，登记机关和业务主管部门可以对行业组织展开各种形式的监督。根据我国《社会团体登记管理条例》（以下简称《条例》）的相关规定，登记机关可以对行业组织进行年度检查，对于违反《条例》规定的行为，可以进行行政处罚；同时，业务主管单位可以对行业组织的行为是否符合国家法律、政策及本行业组织章程进行监督，并负责年度检查的初审；一旦行业组织出现了违反法律、政策及章程的行为，将面临司法制裁。此外，考虑到当下新媒体的发达及社会舆论的强大力量，行业组织的活动还时刻面临着来自社会的监督。可以说，这些监督措施，足以有效地促使行业组织合法、恰当地安排其行为，因而，我们大可不必担心政府干预的减少会带来行业组织失控的局面。恰恰相反，目前登记机关和业务主管部门施加于行业组织身上的束缚有些过多，因而急需给它们松绑，从而使其活力、创造力及对社会秩序的辅助功能得以更好地发挥。

其次，强化行业组织的内部事务决定权和纠纷解决权。要实现行业自治，很重要的一点就是要增强行业组织本身的权威及对行业的影响力。行业组织作为本行业的一种组织形式，不能仅仅成为摆设，而要真正担负起维护行业内部秩序、推进行业更好地发展，以及提升社会整体治理状态的功能。而要实现这一目标，就必须强化行业组织的内部事务决定权和纠纷解决权。其中，内部事务决定权包括很多方面，直接与社会秩序相关的权力主要体现为：内部章程制定权，对行业内不正当竞争行为及破坏行业声誉行为的处罚权，以及行业内部纠纷的处理权。关于内部章程的制定，我国《社会团体登记管理条例》规定，社会团体在申请登记时，应当向登记管理机关提交章程草案。同时规定了章程应当包括以下事项：（1）名称、住所；（2）宗旨、业务范围和活动地域；（3）会员资格及其权利、义务；（4）民主的组织管理制度，执行机构的产生程序；（5）负责人的条件和产生、罢免的程序；（6）资产管理和使用的原则；（7）章程的修改程序；（8）终止程序和终止后资产的处理；（9）应当由章程规定的其他事项。从这些规定可以看出，法律只规定组织章程应当列明的事项，而对于这些事项如何作具体规定，在合法与合理的前提下，行业组织享有完全的自主权。因此，从行业组织自身角度看，应当充分运用法律所赋予的这些权利，真正履行自身对于行业的治理权。需要特别指出的是，根据《社会团体登记管理条例》，社会组织在取得登记后，可以修改章程，但这一修改必须经主管单位审查同意，并在其同意后的30日内报登记管理机关核准。可以说，这一规定原本用意当是好的，它考虑到了组织章程之实践属性，因而赋予社会组织在登记后基于现实需要而对章程予以修订的权利。但与此同时，它又规定章程的修改必须经主管单位的同意，这再一次回到前面提到的问题，它是否赋予了主管单位过大的权限？细究起来，组织章程主要包括两大块：一是关于组织的业务活动，二是组织的内部管理程序。在我们看来，业务主管单位最多只能涉足业务活动部分，而对于组织的内部管理程序，应当给予行业组织充分的自治权，只需到登记机关申请核准即可。

在行业内部秩序的维护上，包括维护行业竞争秩序和行业整体声誉，解决行业内部纠纷等，同样应当给予行业组织更大的自主权。就当下而言，各行业组织在内部秩序的维护方面显得力不从心，其原因主要在于，我们在制度层面并没有给予行业组织以充分的内部事务处理权。因而，急需从制度设计上为行业自治提供更多的制度保障。具体说来，主要包括：其一，对于一些发展比较成熟的行业组织，法律可以赋予其对于会员内部纠纷的解决权，甚至可以将其作为正式纠纷解决的先行程序——就如当下的劳动争议案件必须由劳动争议仲裁机构先行处理一样。之所以这样做，是因为由行业组织处理行业内纠纷，具有很多天然的优势：从处理结果角度看，较之于司法官，行业组织对于行业事务更为熟悉，因而在纠纷处理时能够更准确地把握争议的核心，也能更好地理解双方的立场和观点，进而提出更具针对性与合理性的解决方案，从而有助于实现个案正义。从司法资源角度看，由行业组织协助处理行业纠纷，也有助于节约国家司法资源和案件处理成本。从社会秩序角度看，行业组织的纠纷处理，相对于诉讼而言，程序可以更为简便，时限也可以更短，因而有助于社会秩序的尽快恢复。当然，尽管行业组织的纠纷解决具有如上诸多优势，但从制度设计角度看，我们仍应为其设定一定的监督机制，那就是，如果当事人对行业组织的纠纷处理结果不服,可以起诉到法院。其二,对于国家所制定的、与特定行业相关的法律和政策,可以将行业组织列为执行机构,并赋予其一定的处罚执行权;同时,对于法院所作的与行业相关的判决文书,亦可将行业组织列为协助执行者。前一种意义上的执行权,也即行政法意义上的执行权,实际上涉及行业组织政策参与的相关内容,因而将在下文中予以讨论。而第二种意义上的执行权,也即司法意义上的执行权,如果能让行业组织参与其中,则不仅有助于提升裁判执行的有效性,也能够以一种亲历的方式让行业组织更深入地领会国家的法律和政策,从而有利于其更好地管理和处理行业事务。

四、完善行业组织的政策参与功能

在讨论行业组织的政策参与功能之前,有必要先对国外行业组织的运作模式作简要介绍。综观各国的行业组织,主要存在两种发展模式:多元主义和法团主义。其中,多元主义一般盛行于英美法系国家,在这些国家,社会组织具有自愿参与、竞争性和非等级化的特点。法团主义则多为大陆法系国家所奉行,在这些国家,社会组织具有强制参与、非竞争性和等级化的特点。两大法系行业组织之所以会表现出如此明显的不同,是因为它们在基本的社会理念上存在差异。多元主义建基于公民社会与自由竞争理念之上,"'公民社会说'崇尚个体权利及其组织的地位,而不以层级作为社会秩序的基础,更重要的是,它不承认国家的管治地位,而是从根本上相信,社会秩序来源于公民社会的自我管治,即它自己的治理机构(法院)的权威,这就构成了平等的利益团体'多元竞争'的条件"[①]。基于此种社会理念,多元主义强调对权利进行多元配置,通过运用个体权利和社会权利去限制国家权力,从而防止后者对前者的侵扰。可以看出,这一理念与启蒙时代以来的主流观点如出一辙,因而从理论层面讲,本无可厚非。然而,就实际运作来看,利益团体的多元竞争格局,容易引发严重的社会问题。一方面,在利益团体完全自由竞争的格局下,社会利益本身的分殊性必然引发社会矛盾与社会冲突,严重时甚至会造成社会分裂。另一方面,利益团体对自我利益的过度关注与追逐,也容易导致它们对公共责任的漠视。"在多元主义制度下,社会团体的目标被假定为谋取本团体利益,它们需要依法行事,但不必承担整体的公共责任。这些社会团体在人员、资源和与政府关系方面彼此竞争,以便使公共政策走向有利于自己的方向。"[②]

---

① 张静:《法团主义》,东方出版社2015年版,第7页。
② 张静:《法团主义》,东方出版社2015年版,第22页。

与多元主义强调自由竞争的社会理念不同，法团主义的主要目标则在于社会协调与社会整合。在目睹了英美法系社团之间自由竞争所引发的冲突和困境之后，大陆法系国家的人们开始思考，在多元竞争之外，社会组织的发展是否有别的模式，既可以缓解不同社会利益的冲突，又可以在团体利益与公共责任之间实现某种协调？此种背景之下，法团主义应运而生。"在法团主义结构下，公民团体被吸纳到国家体制里，它们通过合法的、非竞争的、垄断性的渠道和国家制度发生关系。这些团体的代表性地位和联系渠道受到国家的承认和保护，同时，在有关领域的政策制定时，它们有责任向国家提供意见。"① 奉行法团主义的人们坚信，唯有这样的社会团体结合方式，才能有效化解社会集团之间的利益冲突；同时，也唯有通过此类强制性社会联合，团体利益与公共责任、社会与国家之间才能实现有效的均衡与黏合。

　　鉴于多元主义与法团主义利弊得失的比较，也考虑到现实的社会与政治结构，我们认为，我国行业组织的发展，宜采用法团主义的发展模式——事实上，我国社会团体的立法与实践，也更接近于法团主义而不是多元主义。例如，我国社团立法中的限制竞争原则（即通常所说的"一业一地一会"原则），便具有法团主义的非竞争性特点。又如，实践中我国行业组织的等级化管理体制（无论是行业协会，还是工商联合会等，都是如此），也与法团主义的等级化特点相吻合。因而，总体上可以说，无论是制度设计还是实际运作，我国行业组织的发展都更接近于法团主义。当然，法团主义内部，也存在一些差异，主要表现为，它还可以进一步区分为"国家法团主义"与"社会法团主义"：前者是一种自上而下的组织关系，在这种关系中，国家发挥着主导性作用；后者则是一种自下而上的组织关系，在这一关系中，社会具有主导性意义。② 因而，二者的核心区别在于，在组织秩序中，主导权被掌握在国家还是社会手中。③ 在我们看来，由于社会法团主义强调组织运行的动力源于社会，这一点与当下中国正追求的

---

① 张静：《法团主义》，东方出版社2015年版，第15页。
② 张静：《法团主义》，东方出版社2015年版，第28页。
③ 除这一核心差异外，根据施密特的研究，二者之间还存在一些具体的差别。主要体现为：参与合作的组织是众多的，还是数目有限定的；在一个领域内，有多个代表组织还是只有一个代表组织；选择进入合作体系是自由决定还是受到压力；团体间的竞争程度是较高还是较低；合作体系内的科层关系是否存在；功能团体的分工边界是否清楚；一个团体的代表地位是垄断性的还是与其他团体共同分享；是否得到国家的承认和保护；在功能团体的领袖选择和利益表达方面，国家的控制权是大还是小；等等。具体讨论，参见张静：《法团主义》，东方出版社2015年版，第28~30页。

放权式法治内在地吻合,因此,我国宜更多地向此种立法模式靠拢。①而欲使行业组织在放权式法治中真正发挥其应有的功能,除前文所述应强化行业组织的自治功能外,还应赋予行业组织对国家政治、经济和社会生活的充分参与权,也即通常所说的政策参与——赋予行业组织充分自治权,是国家对社会的直接放权;而允许行业组织政策参与,则是国家对社会的间接放权。

所谓行业组织的政策参与,即行业组织在国家公共决策过程中表达自身利益诉求、提供咨询和建议,在有些国家,还体现为协助公共政策的执行。赋予行业组织政策参与权,无论是对于行业发展,还是对于国家治理,都具有十分重要的意义和价值。这是因为,其一,政策参与有助于行业组织将自身的利益与需要更好地表达出来,而利益的及时、充分表达,不仅可以防止社会不满的积聚,也有助于国家在相互冲突的利益之间作出合理的权衡,从而防止社会矛盾的集中爆发。其二,行业组织从本行业角度所提供的咨询和建议,有助于提升政府决策的科学性,同时也可以增强政府执政行为的合法性——对不同意见的充分考虑与合理吸收是构建合法性的重要条件。其三,行业组织在特定领域协助公共政策的执行,也可以提高公共决策的运作效果与效率。

鉴于政策参与的上述积极意义,我们应努力探索在我国如何将行业组织的这一功能更好地发挥出来。在这里,有必要先对我国行业组织政策参与的现状作简要描述。总体上说,它还远未达到理想的状态和水平。具体表现为:其一,行业组织的政策参与意愿和参与程度普遍较低。实际上,不光是行业组织,其他类型的社会组织在政策参与方面也大多表现不佳。其二,政策参与的内容相对单一。目前而言,我国行业组织对一些经济类事务有一定的参与,而对于政治和社会类事务则较少参与或基本不参与。其三,政策参与的制度化途径基本缺乏。有研究者指出,在我国,"政策参与并没有一套制度化的程序保证其可操作性和有效性。目前我国社会组织的政策参与更多的是通过合法性集会或研讨会等非制度化方式,代表所在的组织或行业向决策部门反映问题、提出要求,以促使相关政府部门制定相应的政策或措施"②。而这,又导致其四,政策参与的效果不明显。由于当前的政策参与多以非制度化方式进行,因而难以产生稳定的预期效

---

① 实际上,我国在北京政府时期的社团立法就属于社会法团主义的立法模式,只是到了国民政府时期,又转而采用国家法团主义(樊卫国:《"共同体化"、"社会化"与"国家化":论近代中国行业组织变迁之阶段性特征——以近代上海为中心》,载《中国经济史研究》2012第2期)。

② 高红、朴贞子:《我国社会组织政策参与及其制度分析》,载《中国行政管理》2012年第1期。

果——实际成效如何往往取决于一些偶然性因素,诸如行业组织自身的影响力,相关领导人或政府部门的态度,等等。可以想见,此种纯粹依赖于偶然性的政策参与,是很难取得理想效果的。

而之所以会出现如上问题,主要是因为我国尚没有关于行业组织政策参与的专门制度设计。因而,当务之急在于,国家应为社会组织的政策参与开辟一条合理的制度化通道。如何开辟?综观各国政策参与的制度实践,主要存在以下三种典型的制度方案:一为政策倡导,即主要通过游说组织去影响公共决策的议程、内容及实施方式;二为直接参与公共决策,即以国家公开认可的方式参与到公共决策的制定过程;三为私益政府,即行业组织承担一种准公共职能,可以基于政府委任而制定与本行业相关的公共政策,并在政府的监管下负责这些政策的执行。[①] 一般而言,第一种方案大多存在于奉行多元主义发展模式的国家,在这些国家,利益团体一般通过游说组织对议会竞争施加影响,进而左右公共决策。第二、第三种方案则多为奉行法团主义的国家所采用。其中,第二种方案通常体现为,国家赋予行业组织在相关领域公共决策中的权威咨询地位,它们所提供的咨询意见,会受到国家体制的保护。[②] 而第三种方案中行业组织准公共职能的发挥,对其自身发展状况有着较高的要求,也即,唯有行业组织足够自治、发达和理性化,方能胜任这一职能。

那么,对于当下中国而言,什么样的政策参与制度才是适合我们的呢?很明显,首先,以院外集团游说为主要表现形式的政策倡导并可取。这不仅是因为,此种政策参与方式与我国关于社会组织的基本立法模式不符——政策倡导一般存在于多元主义国家,而我国更接近于法团主义。还因为,通过游说组织去影响公共决策,会带来很多问题,其中最明显的在于,行业组织的意见和利益,很容易被游说组织的私利所裹胁。其次,私益政府同样不适合当下中国。原因主要在于,以我国行业组织的发展现状,它还不足以承担私益政府之职能。因而,较为理性的选择或许是,允许行业组织的代表直接参与公共决策。必须承认,就目前而言,我国在这方面已存在一些类似做法,例如,各级人民代表大会都有来自不同行业的代表,这无疑是行业参与公共决策的一种重要方式。然而,仅有此种方式还不够,这是因为,尽管这些人大代表的确具有行业代表性,但由于人大会议所

[①] Garrity M., L. A. Picard, Organized Interests, the State, and the Public Policy Process: An Assessment of Jamaican Business Associations, in *The Journal of Developing Areas*, 1991,(25): pp. 369-394.

[②] 张静:《法团主义》,东方出版社 2015 年版,第 114~115 页。

决策的事项往往比较综合，因而代表们的行业性和专业性难以充分发挥出来；与此同时，考虑到人大会议召开的频率，这些代表参与公共决策的机会毕竟十分有限。因此，我们需要在人大会议之外，为行业组织的代表开辟更常规化、专门化的制度性政策参与渠道。

我们认为，这些制度性渠道应当重点从两方面着手：第一，那些与行业利益密切相关的公共决策的作出，必须有行业组织的代表参与。在英国，凡具有咨询性质的政府委员会，都必须吸收行业代表参与其中，这是衡量政府决策合法性的重要依据——如果行业代表拒绝参与，则该政府机构的工作信誉会受到严重损害。英国的这一做法值得我们借鉴。我国也可以出台类似规定，凡与行业相关的公共决策，必须有行业组织的代表参加，决策正式出台前，要给予行业代表充分发表意见的机会。与此同时，我们也可以将这一条件作为公共决策合法性审查的重要依据。第二，涉及行业专业知识的法律和政策的起草，可以在政府的监管下，交由行业组织负责。这是我国放权式法治的题中应有之义。所谓放权式法治，就国家与社会关系而言，是指国家将本该由社会行使的权利，归还于社会。由于行业领域内的专业知识，业内人员最为熟悉，也最有发言权，因而，涉及这些专业知识的法案之起草，交由行业组织来负责更为合适。当然，基于整体社会秩序和公平正义的考虑，这些法案起草之后，应当由国家部门向社会公开，予以广泛讨论并征求公众意见。可以想见，关于行业组织政策参与的这两个制度化渠道的开辟，无论是对于行业的发展，还是政府决策的科学性，以及整体社会秩序的和谐，都将产生重要的意义。

下篇

观念小传统的
法治面向

第四章 传统、制度信任与法治

第一节 社会信任、制度信任与法治

一、中西方信任理论的简要梳理

关于信任问题，近年来国内外学界尤其是社会学界多有探讨，相应的研究成果也非常丰富。然而，尽管关于信任的研究很多，但真正有见地的观点和真正有效的分析框架却并不多。就我们的阅读范围来看，波兰学者彼得·什托姆普卡、美国学者埃里克·尤斯拉纳，以及国内学者郑也夫的研究具有一定的代表性，他们提出了一些关于信任问题的较有建设性的分析概念和研究框架。

彼得·什托姆普卡将信任区分为三个维度，并由此而揭示出信任赖以建立的不同基础。第一个维度的信任是作为关系的信任，它是一种基于理性的信任，此种信任主要存在于人们的交换关系中。也即，交换关系中的信任行为，多是一种理性计算的结果：信任他人将给自己带来某种直接或间接的回报。此种信任的建立基础具有一种知识论属性，也就是说，信任者获得了关于被信任者的一定知识和信息，信任是建立在他人的可信性基础之上，因而，信任行为的做出实际上是对他人可信性的一种反应。第二个维度的信任是作为人格特质的信任，它建立在人们的某种"基本信任"（basic trust）或"信任冲动"（trusting impulse）基础之上。而人们之所以会具有此种"信任冲动"，是因为他们以往互惠而愉快的生活经历让他们形成了容易信任他人的人格。此种生活经历最初发生于家庭中——健康家庭中亲密、关爱的氛围是产生此种信任倾向的源头，此后则发生在更广阔的社会交往中——随着互惠而愉快生活经历的不断累积，人们的信任倾向也不断增强。因而，作为人格特质的信任之基础并不是知识论的，它与关于被信任者的知识毫无关联，而与个人信任的历史经验有关，此种经验深深地固化在行动者的人格中，使他产生一种愿意信任他人的人格倾向。第三个维度的信任即作为文化规则的信任，它是基于一个社会中文化规则的约束而产生的信任。什托姆普卡指出，一个社会的文化规则能够对人们的行为起到约束作用,从而使行动者的行为符合他人基本的信任期待。他举例说,给予病人好的照顾,保守忏悔人的秘密,这是一个社会的文化给予医生和牧师这两个职业最基本的约束。由于这些文化约束的存在,人们可以期待医生会好好照顾病人,牧师会保守忏悔人的秘密,因而他们是可以信任的;而一旦他们违背这种期待,也就背叛了人们对他们的信任,此时,人们将极度厌恶并严厉制裁他们。因此,作为文化规则的信任,实际上是基于文化规范的鼓励而去信任他人——由于文化规范给人们的行为提出了相应的要求,并在人们违反该要求时给予制裁,因而人们可以期待他人将会如此行为,并由此而选择信任他人。在分析了这三种形式的信任之后,什托姆普卡最后得出结论,信任赖以建立的基础有三个:反射的可信性(reflected trustworthiness)、行动者的信任倾向(agential trustfulness)以及信任文化(trust culture)。① 也即,让我们决定信任或不信任他人的因素主要包括三个方面:其一,我们所获得的关于他人的知识和信息是否足以让我们觉得他是可信赖的;其二,我们自己的生活经历能否让我们产生一种易于信任他人的人格倾向;其三,社会的文化约束是否足以促使他人的行为符合我们的信任期待。

美国学者埃里克·尤斯拉纳将信任区分为策略信任与道德主义信任。他认为,对自己了解之人的信任是策略信任,对陌生人的信任则属于道德主义信任;前者取决于经验,后者则不是。② 可以看出,尤斯拉纳所说的策略信任相当于什托姆普卡所讲的第一个维度的信任,也即作为关系的信任或基于理性的信任,因为二者建立的基础都是对于他人信息的了解,如果信息表明该人是可信的,则给予信任;相反,如果表明他是不可信的,则拒绝信任。而尤斯拉纳所说的道德主义信任则并非基于经验,即并不是基于对他人信息的掌握,而是基于人们所具有的某种普遍的信任感。因为道德主义信任是对陌生人的信任,它不涉及具体的人际关系。由于对陌生人的信任很难以知识和证据作为基础,因而必须有其他的基础,尤斯拉纳称其为道德基础。他指出,"我们不能把对陌生人信任的基础建立在他们的可信性上,因为我们无法知道他们是否诚实。我们只是在假定他们是诚实的";"信任他人是基于一种基础性的伦理假设,即他人与你共有一些基本价值。他们不一定与你在政治上和宗教上一致,但在某些基本的层面上,人们都接受这样的观点:人与人之间被普遍地联结着,这种联结使人与人

---

① [波兰]彼得·什托姆普卡:《信任:一种社会学理论》,程胜利译,中华书局2005年版,第79~95页。
② [美]埃里克·尤斯拉纳:《信任的道德基础》,张敦敏译,中国社会科学文献出版社2006年版,第5页。

之间必须有合作。而这种共同联结的基础是对人的本性的设定：世界是一个仁慈之地，组成这个世界的人们都有着良好的意愿（因此是值得信任的）"[1]。可见，在尤斯拉纳看来，与经验性的策略信任不同，道德主义信任是基于对社会和人性的基本伦理假设：人们之所以愿意相信那些我们无法掌握其信息的陌生人，是因为我们假定并相信世界的美好以及他人的诚实可靠。因而，道德主义信任是基于一种信仰，即相信他人与自己有着共同的道德价值。相比之下，策略信任则是基于一种预测，即根据所掌握的信息预测他人的行为将符合自己的期待。从这一角度看，道德主义信任具有相当的稳定性，而策略信任则是脆弱的，因为它会随着经验和信息的不同而不断地在信任与不信任之间进行切换和调整。

在策略信任和道德主义信任之外，尤斯拉纳还将信任区分为普遍信任与个别信任。普遍信任即相信大多数人是可信的，它可以指向陌生人；而个别信任则只相信与我们同类的人，也即我们所熟知的人。普遍信任者认为，大多数人都与自己有着共同的价值观，因而他们是值得信任的；而个别信任者则认为，只有那些与自己有着共同价值观的人，才值得信赖。两种信任者之间的区别主要在于，他们有着不同的世界观：普遍信任者持乐观主义世界观，并相信世界是可控的；个别信任者则持悲观主义世界观，认为外部世界充满着危险和不确定性，他们害怕局势对他们不利，因而在人际关系中只信任自己所熟知的人。[2]

接下来的问题是，尤斯拉纳为何要在策略信任和道德主义信任之外，再将信任区分为个别信任与普遍信任呢？应当说，这两种区分是从不同视角展开的。策略信任与道德主义信任的区分是从信任所赖以建立的基础来说的，而个别信任与普遍信任则是从信任者所信任之对象是否特定这一角度来说的。由于两种划分是从不同的角度展开，因此，两种分类之间存在联系与交叉。具体说来，普遍信任与道德主义信任的关系在于：普遍信任的基础之一便是道德主义信任，但除此之外，还包括集体经验；同时，用以支撑普遍信任的乐观主义不如用以支撑道德主义信任的价值观那么稳定，前者可能时好时坏，后者则是一种更为持久的价值。同样，个别信任与策略信任的关系在于：个别信任高度依赖于人们的经验，这一点与策略信任类似；不同的是，个别信任者对陌生人所持的态度是基本确定的，他们认定与自己不同类的人拥有与他们敌对的价值观，因而当然地将这些人排

---

[1] ［美］埃里克·尤斯拉纳：《信任的道德基础》，张敦敏译，中国社会科学文献出版社2006年版，第2、18页。

[2] ［美］埃里克·尤斯拉纳：《信任的道德基础》，张敦敏译，中国社会科学文献出版社2006年版，第33、36页。

斥出自己的信任范围，而策略信任者对陌生人的态度则是不确定的，是否给予信任取决于自己所掌握的关于对方的信息。① 换句话说，个别信任者一开始就假定那些与自己不同的人是不可信的，因而从根本上对他们关闭了信任之门；相比之下，策略信任者则未必不信任陌生人，信任与否取决于根据已掌握的信息而对他人行为所进行的预测，如果信息表明他是可信的，则给予信任，如果表明他是不可信任的，则拒绝信任。

　　国内学者郑也夫将信任区分为人格信任和系统信任。所谓人格信任，是指对某个具体人物的信任，亲族、领地、同乡会、行会中的信任都属于人格信任。所谓系统信任，则是指对匿名者所组成的制度系统的信任。他指出，信任产生于熟悉，在熟悉的基础上人们建立了人格信任；然而，随着人类社会从传统熟人社会向现代陌生人社会的转换，人类开始建立起对系统的信任，在这些系统中，最重要的是货币和专家系统。② 关于郑也夫系统信任的认识，我们可以从吉登斯关于脱域的理论中找到渊源。吉登斯曾指出，时—空分离是现代社会的重要特点，他将这一特点称为"脱域"。所谓脱域，即"社会关系从彼此互动的地域性关联中，从通过对不确定的时间的无限穿越而被重构的关联中'脱离出来'"。③ 在吉登斯看来，现代社会存在两种类型的脱域机制：一是象征标志，二是专家系统。在象征标志中，最重要的是货币符号，货币的存在使任何物品之间的非直接交往成为可能。专家系统则是另一种形式的脱域机制，因为它把社会关系从具体的情境中直接分离出来。他同时指出，所有的脱域机制都蕴含着一种信任态度，因为信任与在时间和空间中的缺场有关。"对于一个行动持续可见而且思维过程具有透明度的人，或者对于一个完全知晓怎样运行的系统，不存在对他或它是否信任的问题。……信任他人对信任者个人来说是心理上的骄傲自大：这是对自己命运的道德抵押。"④ 从吉登斯这一论述可以看出，人们对自己所熟悉之人或事物不发生信任与否的问题，因为信任只发生在时—空分离的场合——正因如此，他将信任称为"对自己命运的道德抵押"。这一点与郑也夫的观点有些相左，因为郑也夫所说的人格信任，实际上就是因熟悉而产生的信任，而熟悉情境中是不存在吉登斯所说的时—空分离的。因此，可以说，虽然郑也夫借用了吉登斯关于脱域的理论，但其关于信任的基本认识却与后者存在很大差异：在吉登斯那里，信任只发生

---

① ［美］埃里克·尤斯拉纳：《信任的道德基础》，张敦敏译，中国社会科学文献出版社2006年版，第31页。
② 郑也夫：《信任论》，中国广播电视出版社2001年版，第5、222页。
③ ［英］安东尼·吉登斯：《现代性的后果》，田禾译，译林出版社2011年版，第18页。
④ ［英］安东尼·吉登斯：《现代性的后果》，田禾译，译林出版社2011年版，第29页。

于不熟悉的情境中，也即他所谓的时—空分离的场合；而在郑也夫看来，信任既可以发生于熟悉的情境中，也可以发生于不熟悉的情境中，人格信任属于前一种情形，系统信任则属于后一种情形。

需要特别说明的是，吉登斯或郑也夫意义上的系统信任，内在地包含两个方面：一是对系统所涉知识的信任；二是对系统运作之人的信任。换句话说，系统信任意味着，人们既信任系统运行所依赖的知识之可靠性，也信任系统运作中的人，尤其是所谓的专家，会具有基本的社会良知，他们在系统中的表现会符合我们基本的信任期待。正如吉登斯所言，"我们在象征标志或专家系统内所谈论的信任，是建立在信赖（那些个人并不知晓的）原则的正确性基础之上。当然，对某个人的信任在一定程度上总是与对系统的信赖有关，但是所信赖的只是这些系统的有效运转，而非系统本身"①。吉登斯的这句话虽然读起来有些晦涩，但他所要表达的意思是明了的，那就是，对系统的信任包含着对系统本身的信任，以及对系统运作之人的信任。

二、制度信任的根源在于社会信任

上述关于信任理论的介绍和梳理，让我们清晰地看到，信任本质上是在人与人之间发生的。什托姆普卡所说的三个维度的信任，无论是基于理性，还是基于人格特质，抑或是基于文化规则，信任的对象都是他人。尤斯拉纳所讲的信任，不管是基于策略性选择而信任，还是基于普遍道德感而信任，也不管是个别信任，还是普遍信任，其所指向的对象也都是他人。郑也夫所说的人格信任，毫无疑问就是对人的信任。而他以及吉登斯意义上的系统信任，本质上也是对人的信任。为什么这么说？尽管如上文所说，对系统的信任包括对系统相关知识的信任，以及对系统运作之人的信任，但这里要指出的是，对于系统知识，实际上不发生信任与否的问题。换句话说，对于系统中的知识，尤其是当它们表现为技术性知识时，人们只能给予信任。这是因为，除专业人士外，一般人通常难以熟悉和通晓这些知识，因而他们除了信任这些知识的可靠性外，实际上别无选择，除非他愿意自外于系统的运作——很显然，在以分工为基础的现代社会，要做到这一点几乎是不可能的。② 因此，我们可以说，在系统信任中，真正核心的问题是对系统运作之人的信任，对于系统知识的信任，我们基本没有必要予以讨

---

① [英]安东尼·吉登斯：《现代性的后果》，田禾译，译林出版社2011年版，第30页。
② 这就正如吉登斯所说："仅仅坐在家中，我就已经被卷进了我所依赖的一种或一系列专家系统之中。我对登楼入宅并不特别担心，虽然我知道，原则上说房屋结构也可能倒塌。我几乎不了解建筑师和建筑工人设计和建造房屋时使用的知识法规，但无论怎样，我还是对他们所干的工作表示'信赖'。"（[英]安东尼·吉登斯：《现代性的后果》，田禾译，译林出版社2011年版，第24页）

论，因为在现代社会语境中，这已然是一个事实问题。从这一意义上讲，系统信任的问题可以化约成人际信任的问题。这意味着，要解决系统信任的问题，必须从根本上解决人际信任的问题，或者说，人际信任是通往系统信任的根本途径。

作为此处讨论之主题的制度信任，实际上也就是吉登斯所说的系统信任。因而，上述关于系统信任的相关结论，可以套用到制度信任中。首先，对制度知识的信任，是一个事实问题，除非人们都成为制度领域的专家，或者，除非人们自外于制度运作之外（常识和理性告诉我们，这两种情形都是不可能出现的），人们便只能选择信任相关的制度知识。因而，对于制度知识的信任，是一个无须讨论的话题。其次，对制度的信任，最核心的就是对制度运作之人的信任。什托姆普卡曾指出："我们直观地感觉到信任必须归属于人，而不是自然的物体或事件。即使我们表面上把信任赋予物体，就像说'我相信日本汽车'，或'我相信瑞士手表'，或'我相信法国快速列车'，我们实际上指的是人所创造的系统，因而我们间接相信的是设计者、生产者和操作者，他们的才智和劳动以某种方式赋予了这些物体。"[1] 什托姆普卡的这一判断同样适用于制度信任，顺着他的逻辑思路，可以说，当我们谈到制度信任时，表面看来信任的对象是制度，但实际上，我们所信任的，是创造和运作制度之人——具体到法律制度而言，包括立法者、执法者、司法者、守法者和法律监督者。因此，我们对法律制度的信任，实际上就是对立法者、执法者、司法者、守法者和法律监督者的信任。也因此，要培育人们对法律制度的信任，必须先培育人们对人的信任。[2]

三、普遍信任缺失：我国法治遭遇诸多难题的重要症结

可以说，中国在推进法治过程中所遭遇的诸多难题，都与我们的社会信任度偏低有着内在关联。德国学者马克斯·韦伯和美籍日裔学者弗兰西斯·福山都将中国社会视为低信任度的社会，[3] 尽管两位学者的判断有给中国社会贴标签之嫌，但如果我们冷静反思我们的文化传统，便会发现，

---

[1] ［波兰］彼得·什托姆普卡：《信任：一种社会学理论》，程胜利译，中华书局2005年版，第25页。

[2] 尤斯拉纳也曾指出："信任法律制度与信任他人之间有一种联系，其因果关系的走向是从信任他人到信任法律制度。"（［美］埃里克·尤斯拉纳：《信任的道德基础》，张敦敏译，中国社会科学文献出版社2006年版，第53页）

[3] 韦伯和福山都认为，传统中国的家族在人们之间筑起了一道道壁垒，使人们之间的普遍信任难以建立（［德］马克斯·韦伯：《儒教与道教》，王容芬译，商务印书馆1995年版，第284页；［美］弗兰西斯·福山：《信任——社会道德与繁荣的创造》，李宛榕译，远东出版社1998年版，第104页）。

他们的观察是基本准确的。应当承认，对他人普遍缺乏信任这一点，深深蕴含在我们的传统文化基因中。对此，我们可以从传统文化中的一些格言和谚语中窥见一斑。所谓"画龙画虎难画骨，知人知面不知心"，"逢人且说三分话，未可全抛一片心"，①"害人之心不可有，防人之心不可无"②，等等，诸如此类的说法，其暗含的文化心理和行为逻辑就是，他人是不可信的，因而，在与他人打交道时，我们必须有所保留。

中国人对他人普遍缺乏信任这一点，很大程度上决定了中国的法治在民众中难以真正推进。正如前文所述，对制度的信任根本上源于对人的信任，而法律制度从产生到运行的任何一个环节都离不开人——制度首先是由人制定的，其次它还需要一个个具体的人来负责实施。由于中国人对他人缺乏普遍的信任，也就是缺乏一种尤斯拉纳意义上的普遍的对他人的道德主义信任，这必然导致人们难以对立法者和法律实施者产生基本的信任：他们难以确信立法者会从公共利益的角度而不是他们自身利益角度出发去进行立法，他们也难以确信法官们会是公正的裁决者，他们更难以确信每一个行政管理者都会为公众的福祉而努力。这样一种心理倾向使他们在法律生活中，必然秉持一种悲观主义的态度，此种态度会严重影响他们的行为选择。既然立法者所制定出来的法律未必符合大众的利益，我们为什么一定要遵守它？也因此，当人们面对法律时，首先想到的不是如何去严格守法，而是如何规避法律以实现自身利益的最大化。同样地，既然法官和行政执法人员未必会秉公办事，那么，在与他们打交道时，人们首先想到的是如何设法与他们攀上关系，以使他们作出对自己最有利的决策。而在攀关系的过程中，种种违法和不正当行为便会屡屡出现。所有这些，都与我们所追求的法治严重背离。因此，从法治的立场出发，我们必须对造成民众普遍不信任的原因进行深度挖掘，进而在此基础上，寻求具有针对性和建设性的解决之道，以更好地服务于法治。

第二节　从传统看我国法律信任缺失的原因

人们对法律制度的信任，内在地包含两个方面：一是对制度本身的信

---

① 这两句都是《增广贤文》中的原话，参见《增广贤文》（上集）。《增广贤文》是明代编著的儿童启蒙书，该书不仅收录了中国历代的一些格言、谚语，对于儒释道等各家经典也直接或间接地有所反映，其主要功能在于教人如何为人处世。该书在民间的影响极大，几乎句句都被人们奉为金玉良言，这种影响本身便足以说明它契合了民众的相应理念和行为实践。

② 该句出自明代洪应明的《菜根谭》。与《增广贤文》类似，《菜根谭》也是一部关于为人处世的经典，内容上也都糅合了儒释道的相关思想，在传统社会有着广泛的影响。

任，二是对制度运作之人的信任。考虑到制度通常是由人来制定的（演进型制度例外），因而对制度本身的信任亦离不开对人的信任——从这一意义上讲，对法律的信任与对人的信任密切相关。信任理论研究者埃里克·尤斯拉纳曾指出，在信任他人与信任法律制度之间存在一种因果关系；① 吉登斯也强调，对人的信任有助于增进对系统的信任，② 他的这一判断同样适用于作为制度系统的法律。可以说，在一个普遍信任他人的文化中，人们对法律的信任也更容易建立；相反，如果一个社会中的人们相互猜忌和不信任，要他们信任法律则几乎是不可能的。中国文化就是一种普遍信任缺失的文化，在这样的文化中，人们不信任法律制度是自然而然的。当然，中国人对法律的不信任，除整体上受社会信任氛围影响外，还与传统制度本身的特点以及传统社会中的社会结构紧密相关。

一、性恶论：一种引发普遍不信任的人性预设

中国思想史上关于人性的讨论，大体可以分为四大阵营：一是性善论，二是性恶论，三是性无善恶论（或可善可恶论），四是性三品论。性善论为孟子所倡导，性恶论为荀子、韩非等所宣扬，性无善恶论则为告子所主张，性三品论则为董仲舒等所强调。由于性善论与性恶论已广为人们所熟悉，此处不再赘述。这里简要提及告子的性无善恶论以及董仲舒的性三品论。作为孟子学生的告子，在人性问题上却与他的老师持不同见解。针对孟子的性善说，他提出"性无善恶说"（或可善可恶说）。所谓"性，犹湍水（急流的水）也，决诸东方则东流，决诸西方则西流。人性之无分于善不善也，犹水之无分于东西也"③。在他看来，不存在一种先在的、抽象的人的本性，人所表现出来的善或恶的一面完全取决于外在环境。在先秦人性理论之后，汉儒董仲舒提出著名的性三品论。④ 所谓性三品，即"圣人之性""中民之性"和"斗筲之性"。⑤ 对于"圣人之性"和"斗筲之性"，董仲舒并未展开具体讨论；⑥ 而关于"中民之性"则有较详细的论述，所谓"中民之性，如

---

① ［美］埃里克·尤斯拉纳：《信任的道德基础》，张敦敏译，中国社会科学文献出版社 2006 年版，第 309 页。
② ［英］安东尼·吉登斯：《现代性的后果》，田禾译，译林出版社 2011 年版，第 30 页。
③ 《孟子·告子上》。
④ 唐代韩愈也将人性分为上、中、下三品，所谓"性之品有上、中、下三。上焉者，善焉而已矣；中焉者，可导而上下也；下焉者，恶焉而已矣"（韩愈：《原性》）。应当说，韩愈的人性理论，相对于董仲舒并无实质性发展，因而此处不作单独介绍。
⑤ 《春秋繁露·实性》。
⑥ 董仲舒只是隐约提到所谓"圣人过善"（《春秋繁露·深察名号》）。

茧如卵","有善质,而未能为善也"。① 在董仲舒看来,讨论人性的问题,应当着重针对"中民之性"(所谓"名性者,中民之性"②)。因而可以认为,在董仲舒的理论体系中,"中民之性"便可以代表一般意义上的民性。为什么这么说呢?有研究者指出,董仲舒所谓"中民",实际上就是指"民",之所以加上"中"字,只是为了与"圣人"和"斗筲"形成文法上的排比。③ 应当说,考虑到只有"中民"才有教化的必要和可能("圣人之性,不待教化,生来就是人道之善;斗筲之性,不能教化,生来就几无善质可言"④),因而此种认识不无道理。既然在董仲舒那里,"中民之性"便可代表一般意义上的民性,而"中民之性"又具有善的潜质(通过教化便可以达致善),我们可以认为,董仲舒的人性理论,并没有脱离孟子性善论的大体框架。因而,上述四种人性理论,最终可以归结为三种。

在以上几种人性理论中,如果以现代人的眼光来看,告子对人性的看法更切合现实,因而也是一种更符合唯物主义的解释。然而,纵观整个中国思想史,告子的人性主张却未能对中国社会产生广泛影响,真正影响深远的是另外两种互相对立的人性理论,即性善论与性恶论。可以说,这两种人性理论之间存在持久的交锋,从表面观之,性善论似乎处于上风。这是因为,作为支撑整个儒家伦理的人性理论,性善论获得了官方的认可与支持,因而成为主流意识形态,并占据着正统地位。然而,地位的主流与正统并不意味着实际影响的深远。秦晖指出,"历史进程中真正关键性的还是'社会思想'而不是'典籍思想'"⑤。虽然我们未必赞成"社会思想"这一称谓(或许称之为"社会观念"更为妥当,因为所谓思想,一定是系统化和体系化的认识),但秦晖的说法却足以提醒我们,社会精英的思想与普罗大众的观念之间,并不总是一致的。换句话说,社会精英的思想,即便一度被奉为主流或经典,也并不意味着社会就必然会接受这种思想,更不意味着人们在行为实践中就一定会践行这种思想;社会观念与典籍思想之间不能简单等同,它们之间往往会出现断裂甚至截然对立;并且,就功能来说,真正对历史产生重大影响的,往往是社会观念而未必是典籍思想。因此,尽管儒家的性善论2000年来一直占据着正统,但它未必是为社会大众广泛接受

---

① 《春秋繁露·实性》。
② 董仲舒的完整表述是:"圣人之性,不可以名性;斗筲之性,又不可名性。名性者,中民之性。"(《春秋繁露·实性》)
③ 陈玉森:《董仲舒"性三品"说质疑》,载《哲学研究》1980年第2期。
④ 朱贻庭:《中国传统伦理思想史》(增订本),华东师范大学出版社2003年版,第215页。
⑤ 秦晖:《传统十论——本土社会的制度、文化及其变革》,复旦大学出版社2004年版,第168页。

的人性理论。事实恰恰相反,性恶论在社会中大行其道,不仅为人们所津津乐道,更成为他们社会行动的重要基础和依据。关于这一点,我们可以从传统文化中的一些格言和谚语中窥见一斑。所谓"画龙画虎难画骨,知人知面不知心""逢人且说三分话,未可全抛一片心""害人之心不可有,防人之心不可无"等,诸如此类的说法,都是性恶论的不同形式的翻版。而这些格言和谚语,都被收录于中国古代儿童启蒙读物或关于为人处世的书籍当中而广为流传。由此可以想见,在中国传统社会中,真正为民众广为接受的,并不是作为正统的儒家性善论,而是法家式的性恶论。上述这些格言和谚语,不管以什么样的方式来表达,它们所要传达的意义都是,人性是恶的,他人是不可信的,我们在与他人打交道时,必须有所保留。可以说,这样一种思想和观念,为中国人的普遍不信任埋下了深深的伏笔。

性恶论与中国文化普遍不信任之间的内在关联,特别经由法家的理论宣扬和制度化努力而不断被强化。韩非曾言,"人为婴儿也,父母养之简,子长而怨。子盛壮成人,其供养薄,父母怒而诮之。子、父,至亲也,而或谯或怨者,皆挟相为而不周于为己也。……有父子之泽矣,而心调于用者,皆挟自为心也"①;"夫以妻之近及子之亲而犹不可信,则其余无可信者矣"②。韩非的意思是,亲密如父子、夫妻都会相互不满、怨恨和不信任,其他人之间就更别奢谈信任了。韩非的这一席话很清楚地表明法家对于人际信任的基本立场,那就是,人们之间的相互信任是不可能存在的。那么,法家为什么要特别强调他人的不可信呢? 可以说,这与法家的理论使命有着直接关联。法家的使命之一,便是要通过强化人们之间的不信任,来煽动父子反目、夫妻成仇,以造成一种反宗法、抑族权、消解小共同体的局面,并最终使皇权能够直接延伸到民众个人而不受自治团体的阻隔。③ 这一点,正是秦代以中央集权的官僚体制取代周朝贵族政治的必然前提。需要特别指出的是,法家不仅在思想层面煽动人们互不信任,还将此种不信任贯彻到制度层面。我们从秦律中鼓励"告亲"、禁止"容隐"的相关规定便可以看出。秦律规定,如果丈夫违法,妻子告发,则妻子的财产可以免于被没收;如果妻子违法,丈夫告发,则妻子的财产可以用于奖励丈夫。④ 这

---

① 《韩非子·外储说左上》。
② 《韩非子·备内》。
③ 秦晖:《传统十论——本土社会的制度、文化及其变革》,复旦大学出版社 2004 年版,第 79~85 页。
④ 湖北云梦秦墓出土的《法律答问》中记载:"夫有罪,妻先告,不收;妻媵臣妾衣器当收不当? 不当收。""妻有罪以收,妻媵臣妾衣器当收,且畀夫? 畀夫。"转引自秦晖:《传统十论——本土社会的制度、文化及其变革》,复旦大学出版社 2004 年版,第 80 页。

些规定显示出,作为法家思想制度化表达的秦律,以要求甚至鼓励人们相互告发的方式,进一步强化和促成人们之间的不信任。

可以说,性恶论的人性理论,是造成中国文化普遍不信任的重要观念基础。这一人性理论在社会大众中的广泛流传,特别加上法家的理论宣扬及制度化努力,最终使一种普遍不信任的文化氛围在中国社会逐渐形成。普遍信任的缺失,会引发诸多的社会问题。从人际关系的角度看,普遍的不信任会给人际关系蒙上一层灰暗的色彩,并造成人们之间的相互猜疑与对抗,从而使人际关系表现出冷漠、无情,甚至是残酷的一面。从社会交往的角度看,普遍的不信任会使人们之间的交往成本格外高昂,人们需要支付较大的代价去获取交往对象的信息,以确保交易的安全。从社会制度的角度看,对人的不信任还将引发人们对制度的不信任。由于制度从产生到运行,都离不开人——它首先是人制定的,其次还需要人来负责实施,因此,对他人的普遍不信任,还将引发人们对制度的不信任。简言之,性恶论不仅造成了中国人对他人的不信任,也导致了人们对制度的不信任。信任理论研究者埃里克·尤斯拉纳曾指出:"具有信任感的社会培育出的不只是对法律的信任,而且还会培育出守法的行为。"[1] 对于这句话,我们可以作否定性推导:不具有信任感的社会无法培育出人们对法律的信任,也培育不出守法的行为。

需要指出的是,在西方文化中,同样存在"性恶论",然而,何以西方社会中的人们却能够形成对法律制度的基本信任?对于这一问题的回答,可以从两个方面展开。首先,西方意义上的"性恶"与中国传统文化中的"性恶"不能严格等同。西方意义上的性恶,最初体现为基督教中原罪意义上的恶,后来在霍布斯那里,原罪之恶被"自我保存"式的恶所取代,而在近现代政治经济学中,人性之恶更多地意味着"理性算计"。原罪意义上的恶,本是源于一种宗教预设,具体地说,是源于基督教中人类始祖亚当和夏娃在伊甸园所犯下的过错,而并非从经验中得出的结论。霍布斯意义上的"自我保存"[2],说到底只是表明人们在自然状态中可能会为了获得生存资源而与他人展开争夺。而所谓"理性算计",其主要意蕴是预设人们会懂得计算自身行为的利弊得失或善于分析成本收益比。因而,西方思想史上的

---

[1] [美]埃里克·尤斯拉纳:《信任的道德基础》,张敦敏译,中国社会科学文献出版社 2006 年版,第 309 页。

[2] 霍布斯指出,由于在原初状态中人类的能力大体平等,因而便产生了达到目的的希望的平等。"因此,任何个人如果想取得同一东西而不能同时享用时,彼此就会成为仇敌。他们的主要目的是自我保全,有时则是为了自己的欢乐;在达到这一目的的过程中,彼此都力图摧毁或征服对方。"([英]霍布斯:《利维坦》,黎思复等译,商务印书馆 1985 年版,第 93 页)

"性恶"论，具有非经验性与道德相关性低的特点。之所以说它是非经验的，是因为所有关于"性恶"的论说，都只是基于某种先在的预设（要么是宗教预设，要么是理论预设），而不是经验评价。而之所以说它的道德相关性低，是因为除原罪之外，自我保存和理性算计本身，并不包含明显的道德判断，毋宁说，这两点正是人之所以为人的重要属性。相比之下，中国思想史中关于人性恶的讨论，采用的却是一种经验式论证，也包含着道德评价。无论是荀子的"今人之性，生而有好利焉，顺是，故争夺生而辞让亡焉。生而有疾恶焉，顺是，故残贼生而忠信亡焉。生而有耳目之欲，有好声色焉，顺是，故淫乱生而礼义文理亡焉。……人之性恶明矣，其善者伪也"[①]，还是韩非的"医善吮人之伤，含人之血，非骨肉之亲也，利所加也。故舆人成舆，则欲人之富贵；匠人成棺，则欲人之夭死也。非舆人仁而匠人贼也，人不贵则舆不售，人不死则棺不买。情非憎人也，利在人之死也"[②]，都采取了一种经验式论证思路。同时，所谓"害人之心不可有，防人之心不可无"，早已隐藏着对人性的一种道德判断，因为"防"的逻辑前提便是他人可能会欺骗甚至坑害自己。

其次，即便西方文化承认人性之恶，也并不是为了突出这种恶，而是为了克服它，克服的方式便是通过信仰——在基督教那里，信仰基督便可以免除原罪；而后来的"自我保全"或"理性算计"，则被当成人性的重要组成部分，并且，现代西方法律制度的设计，正是以这样的人性作为基础，也是以实现这样的人性为目的。就后一点来说，西方人的"性恶"非但不会造成人们对法律制度的不信任，相反，它还可以助推和强化人们对法律的信任。原因在于，既然法律制度是以理性算计为基础，并以自我的实现为目的，因而，这样的法律制度便符合人的利益需求，因而也容易获得人们的认可与亲近，人们对它产生信任也就自然而然了。相对而言，中国传统制度，尤其是法家的制度，却是在突出和放大人性之恶，而不是引领人们去克服这种恶。法家之所以要这样做，是想要借此形成一种人们之间相互猜忌的格局，进而使皇权更好地控制个人。可以说，法家的目的获得了部分实现，尽管皇权最终未能很好地控制个人，但人们之间相互猜忌的格局却得以形成。而正如前文所述，此种猜忌不仅会直接造成人们之间的互不信任，还会间接引发人们对制度的不信任。考虑到中国传统思想及制度之"外儒内法"或"阳儒阴法"属性，可以想见，法家的性恶论及其制度化，对中国社会普遍不信任格局的影响是持久而深远的。

---

① 《荀子·性恶》。
② 《韩非子·备内》。

二、关系主义：法律信任形成的观念障碍

有学者将信任模式区分为普遍信任与特殊信任。这两种信任模式的核心区别在于信任对象的不同：如果人们愿意将信任投向不特定的他人，特别是陌生人，便属于普遍信任模式；相应地，如果人们只愿意相信特定的人，而拒绝信任一般意义上的他人，则属于特殊信任模式。① 中国文化中的信任模式是典型的特殊信任。总体而言，中国人只信任所谓"知根知底的人"，也即亲人和特定的熟人。其中，对于亲人的信任最为牢固，它基本上是无条件的，血缘联系这一先天事实便足以在他们之间架起互信的桥梁；而对于熟人的信任则是有条件——除非与该熟人有过多次博弈，且结果表明该人是值得信赖的，或者自己掌握了有关对方人格和声誉的正面信息，才会给予信任。而对于陌生人，人们一般会拒绝信任。这样一种信任格局，与传统社会差序格局之"爱有等差"相映照，在等差之爱下，人们对亲人的信任可以达到盲信的程度，对熟人的信任则视情况而定，对陌生人则根本不信任——关于这一点，我们从民间的一些俗语便可窥见一斑。中国人在生活中遇到困难，总是倾向于"求亲告友"，而不指望"非亲非故"的陌生人——之所以选择"求亲告友"，一方面固然是因为人们与"亲"和"友"之间有着常规性的人情往来；另一方面，更重要的则在于，"亲"与"友"在他们看来值得信任，而"非亲非故"之人基本上属于中国人要"防"的对象，信任无从谈起。② 波兰学者彼得·什托姆普卡曾建构出一个关于信任的理论模型，叫作"信任的同心圆"。在这一同心圆中，最小的半径由家庭成员所覆盖，这是信任感最强的区域；其次是熟悉并有直接接触的人；再次为认识却只以间接方式接触的人，包括社区成员、同村居民、同单位职员等；最外围则是不在场的他者，也即我们通常不会接触到的陌生人。③ 什托姆普卡提出这一理论模型，主要是为了说明，在西方社会中，尽管信任感在不同社会成员之间会存在程度上的差异，但当人们面对陌生人时，也愿意给予信任。这与中国社会的信任文化形成明显的对比，尽管信任感也存在差异，但中国人却不愿意将信任投给陌生人。这从另一个角度说明了中西方信任文化的核心区别，前者是特殊信任，后者则是普遍信任。

---

① 关于普遍信任与特殊信任的区分，可参见[美]埃里克·尤斯拉纳：《信任的道德基础》，张敦敏译，中国社会科学文献出版社 2006 年版，第 31～38 页。
② 关于"求亲告友"及"非亲非故"等语词的心理分析，可参见霍存福：《汉语言的法文化透视》，法律出版社 2015 年版，第 51～53 页。
③ [波兰]彼得·什托姆普卡：《信任：一种社会学理论》，程胜利译，中华书局 2005 年版，第 56、57 页。

由于信任是人际交往的前提,既然中国人除了自己的亲人之外,很难信任他人,那么,这是否意味着我们很少与外人,尤其是陌生人打交道?尽管传统社会的家族比较发达,人们仍需要不时地与家族之外的人进行交往;同时,尽管传统社会是一个如费孝通所说的"生于斯,长于斯"的熟人社会,但即便在这样的社会中,人们也不可能完全杜绝与陌生人的往来。如此,问题便出现了,既然我们只信任自己的亲人,又如何与他人展开交往?总体而言,在中国文化中,人们通常会采用两种策略来保证与他人交往的安全与顺畅。一是"防"的策略。也就是"防人之心不可无"中所蕴含的交往策略。这一策略要求人们在与他人进行交往时,要懂得"察其言,观其行",并且,在没有足够了解对方之前,要做到"未可全抛一片心"——这是从心理层面讲。从行动层面看,中国人往往会采取多种手段以实现"防"的目的,如委托他人进行监控或找第三人作担保等。[1] 可以看出,"防"的策略之交往成本相对较高,它往往需要第三方的介入;并且,这一策略的交往效率也比较低下。这两个不足使得人们在"防"的策略之外,自然去寻求其他更节约也更高效的交往策略,其中,最重要的就是关系策略。关系策略的基本逻辑在于,既然不能保证他人是否可信,便选择值得信任的人给予信任,至于什么样的人值得信任,在中国人看来,那便是与自己有关系之人。美籍华人文化学者许烺光曾指出,中国人持一种情境中心主义的世界观,这种世界观的特点在于,人们在人际交往中会寻求一种相互依赖的制约。[2] 可以说,关系策略正是基于这样一种相互依赖的制约。在中国文化中,关系本身就是信誉的保障,处于各种关系中的人们,唯有诚实守信,才能使特定的社会关系得以维系,一旦作出了失信的行为,将面临关系中断的处罚。此种结局是中国人最不愿意看到的,因为"中国的个体几乎没有独立性,他同许多重要他人相互依赖,构成一种难分彼此的网络"[3]。由于与特定他人维持长久的关系网络,是中国人最核心的利益所在,因而,在与关系人展开社会交往时,人们往往会十分注重信誉,从这一角度讲,关系可以保证信誉。也正因如此,中国人在社会交往中,总是倾向于和关系人进行交往,即便双方之间事先并不存在特定关系,也会以"拉关系"的方式与对方临时搭建某种关系,以确保交往的安全与便捷。[4]

---

[1] 薛天山:《中国人的信任逻辑》,载《伦理学研究》2008年第4期。
[2] 许烺光:《宗族、种姓与社团》,台湾南天书局2002年版,第2页。
[3] 翟学伟:《关系与中国社会》,中国社会科学出版社2012年版,第120页。
[4] 黄光国曾指出,中国人总是习惯于在萍水相逢的短暂性人际交往中,以"攀关系""拉交情"的方式设法将对方套系在自己的角色关系网内,如认同乡(黄光国、胡先缙:《人情与面子:中国人的权力游戏》,中国人民大学出版社2010年版,第24页)。

关系策略本身并没有什么问题，但一旦关系策略演变为关系主义，则会给制度运作带来许多消极影响，并最终阻碍人们对制度的信任。在适用关系策略的社会交往中，由于保证彼此互信的并不是交往双方的人格，而是关系，因而，此种语境中的信任与其说是对人的信任，不如说是对关系的信任。关系策略的本意或初衷是为了确保交往对方的诚实守信，以实现交往的安全，但这一策略在运行过程中，由于人们过分强调关系的重要性，或者说，过于信任或依赖关系，从而使这一策略的本意和初衷被逐步剥离，最终只剩下关系运作这一形式化的空壳。可以说，在此时，关系策略已经演变成了关系主义。关系主义的盛行一方面使人们在社会事务中不按照制度的逻辑来办事，遇到事情首先想到的是找关系；另一方面导致人们对关系的钻营，总是设法与他人攀上关系或维持某种关系，以便使制度运作朝着有利于自己的方向发展。可以说，这两个方面都会阻碍人们对制度的信任。遇事找关系的行为倾向，将不可避免地架空制度，从而使制度规定流于形式。此一行为倾向一旦发展成一种趋同化的社会行为习惯，必将在民众中造成这样一种观念或印象，制度是如何规定的并不重要，重要的是要有关系——这样一种观念和印象，将使制度的权威性和严肃性大打折扣，从而根本上不利于制度信任的形成。同时，关系主义所带来的关系钻营，必然滋生各种腐败和社会不公现象，这些现象的存在，将使人们对制度的信心大大降低，甚至完全丧失信心。所有这些，都成为我们通往制度信任之路的巨大绊脚石。

三、法律的强工具性：法律信任缺失的制度原因

法律作为一项社会控制工程，不可避免地会具有技术或功利的属性。这一点，西方一些主要法学流派也都予以承认。在功利主义法学看来，法律是促进人类幸福的手段，它应当符合最大多数人的最大利益。[①] 法律实证主义更是非常强调法律的技术与手段性，凯尔森就曾指出："法是一种强制秩序的特种社会技术。……法是一个手段，一个特种的社会手段。"[②] 然而，必须指出的是，在西方法律思想史上，侧重于强调法律工具性的法学思想只是诸多思想传统之一种，在这一传统之外，还存在另一种注重法律价值性的思想传统；并且，相对于功利主义和法律实证主义，强调价值的法

[①] [英]边沁:《道德与立法原理导论》,时殷弘译,商务印书馆2000年版;[英]约翰·穆勒:《功利主义》,徐大建译,上海世纪出版集团2008年版。
[②] [奥]凯尔森:《法与国家的一般理论》,沈宗灵译,中国大百科全书出版社1996年版,第20页。

学思想和法律实践,一直以来都占据着西方法律传统的主流。例如,在自然法学派尤其是古典自然法学派那里,法律中的价值被高度弘扬,公平、正义、自由、人权等道德价值被当成法律的灵魂,它们是成就法律正当性的核心理由。这一强调价值的法学传统最早可以溯源至古希腊,智者吕哥弗隆曾说,法律是"人们互不侵害对方权利的保证"①。可见,在古希腊,法律就已然被赋予权利保护的价值。可以说,源自于古希腊的这一法学传统如此之主流与重要,以至于在相关法律术语的表达中,法律与公平、正义、权利等都用同一个语词"jus"来表述。需要特别说明的是,即便是突出法律工具性的功利主义和实证主义法学,也并非完全无视法律的价值。在功利主义那里,所谓"最大多数人的最大幸福"本身就是一项价值准则。同样,在社会实证主义看来,检验法律好坏的核心标准是社会效果,也即,具有良好社会效果的法律才配称为好的法律,而良好的社会效果本身便蕴含着一定的价值尺度。此外,在分析实证主义者那里,无论是哈特的"最低限度自然法"②,还是凯尔森的"基础规范"③,都包含着某种应然的伦理预设。由此,基本可以得出结论,在西方法学传统中,法律的价值属性一直都被高度看重,价值通常被视为法律的灵魂;即便偶尔出现强调法律工具性的法学思想,这些思想的倡导者也不会用法律的工具性去全然否定法律的价值性,他们或多或少都会为价值在法律中的存在预留一定的空间——因而,总体上可以说,在西方法学思想中,法律价值始终占据着重要的地位。也正因为价值在西方法律思想和制度传统中的这种地位(纳粹时期是个例外,然战后自然法学的复兴很大程度上纠正了这一"跑偏"),西方社会的法律才更容易赢得人们的信任。无论这些价值以什么样的形式来表现(不同时代可能会有不同的法律价值表达方式),蕴含价值本身便足以让法律更容易获得人们心理上的认同与亲近,进而产生信任。

与西方思想侧重法律的价值属性不同,我们的思想传统一直以来都强调法律的工具性,甚至将工具性视为法律最重要的属性。中国传统社会的主流思想,无论是法家,还是儒家,都将法律主要视为工具。作为法家思想集大成者的韩非,便将法与术、势并称为君主的三大治国之具。所谓"术者,因任而授官、循名而责实。操生杀之柄,课群臣之能者也。此人主之所

---

① 梁治平:《法辨:中国法的过去、现在与未来》,中国政法大学出版社2002年版,第32页。
② 关于哈特的"最低限度自然法"理论,可参见[英]哈特:《法律的概念》,张文显等译,中国大百科全书出版社1996年版,第189~195页。
③ 凯尔森关于"基础规范"的讨论,可参见[奥]凯尔森:《法与国家的一般理论》,沈宗灵译,中国大百科全书出版社1996年版,第124~140页。

以执也。法者，宪令著于官府、刑罚必于民心，赏存乎慎法，而罚加乎奸令者也。此臣之所师也。君无术则弊于上，臣无法则乱于下，此不可一无，皆帝王之具也。"① 同样，在儒家那里，法律也不过是一项统治策略或工具而已。从孔子的"道之以政，齐之以刑，民免而无耻；道之以德，齐之以礼，有耻且格"②，到董仲舒的"天道之大者在阴阳。阳为德，阴为刑；刑主杀而德主生"③，以及朱熹的"圣人之治……德礼政刑……相为始终"④，都传达出儒家对于法律的基本态度，它不过是礼或德之辅助工具，或者更进一步地说，它只是用以维护礼和德的工具而已。可以说，在传统中国，突出强调法律的工具性这一点，不只停留于思想层面，还被融贯于制度之中。例如，《唐律疏议》中明确表明："德礼为政教之本，刑罚为政教之用，犹昏晓阳秋相须而成者也。"⑤ 需特别说明的是，在中国传统社会中，也偶有治理者强调法律的宽简，如汉文帝提出"约法省刑"，隋文帝强调法律"务在宽简"等，然而，这与传统法律总体上的工具性并不冲突。这是因为，一方面，所谓"约法"和"宽简"，与其说是法律的实体性价值，不如说是法律在产生或适用中的程序性价值；另一方面，即便强调"约法"和"宽简"，也并不妨碍这些治理者将法律主要作为工具来使用。可以说，法律的强工具性这一传统，不仅深深蕴藏在中国古典的思想和制度中，在中华人民共和国成立后的很长一段时间，仍高度活跃于我们的思想界与实践领域。中华人民共和国成立初期学界就有观点认为，法律是实现阶级意志和阶级统治的工具，是无产阶级和资产阶级进行阶级斗争的"刀把子"。⑥ 而那一历史时期频繁出现的以政策代替法律的做法，也表明在当时的社会情境中，法律的极度虚无，而法律虚无的一个重要逻辑前提，便是预设了法律的强工具性。

　　法律的强工具性，会给法律观念、法律制度和法律实践造成诸多消极影响，这些影响都会或直接或间接地引发人们对法律的不信任。首先，法律的强工具性在传统法制中造就了法即刑的民众观念。诸如"刑，法也"⑦、"杀戮禁诛谓之法"⑧ 等说法，都清晰地表达出法就是刑这一观念。宋人杨万里更是直接宣称"法不用则为法，法用之则为刑；民不犯则为法，民犯之

---

① 《韩非子·定法》。
② 《论语·为政》。
③ 《汉书·董仲舒传》。
④ 朱熹：《论语集注·为政》。
⑤ （唐）长孙无忌等撰：《唐律疏议》，刘俊文点校，法律出版社1998年版，第3页。
⑥ 谢晖：《法律工具主义评析》，载《中国法学》1994年第1期。
⑦ 《尔雅·释诂》。
⑧ 《管子·心术上》。

则为刑"①,这一说法鲜明地表达出传统国人对法与刑关系的直观印象。可以说,法即刑的民众观念或印象,必然导致人们对法律的敌视、排斥和不信任,因为这样的法律是人们避之而唯恐不及的。其次,法律的强工具性将引发法律价值乃至法律本身的虚无。既然法律主要是一种治国的工具或策略,那么,它便应当以服务于治理者的方便与实用为最高宗旨,至于公平、正义、权利保护等法律价值,则是被当然忽略,有时候甚至是全然排斥的,因为从治理者的角度看,对这些价值的维护往往会给他们带来很多麻烦和不便利。因而,法律的强工具性很容易带来法律价值的虚无。同时,由于法律主要被当成工具,因而,当这一工具对治理者有用时,便会当然地获得重视,而一旦治理者认为它无用时,则可以完全弃之不用。这就正如伽达默尔所指出的:"工具的本性就在于我们能掌握对它的使用,这就是说,当我们要用它时可以把它拿出来,一旦完成它的使命又可以把它放在一边。"② 因此,法律的强工具性还容易造成法律本身的虚无。无论是法律价值的虚无,还是法律本身的虚无,都不利于法律信任的养成。如果法律只是驭民之具,而不能为他们营造公平、自由的生存境况,亦不能充当他们权利的保护神,则民众无论如何不能建立起对它的基本情感,更别说信任了。同样,如果法律只是可有可无,或者,可以时有而时无,那么,它也难以获得民众的尊重,更难以赢得他们的信任。再次,法律的强工具性还将导致法律程序被忽略。由于法律主要是工具,因而,工具的持有者便可以不拘一格地使用它,而无须受制于严苛的程序或步骤。在中国法律发展史上,不顾及程序,为了所谓实质正义而牺牲程序正义的例子不胜枚举。可以想见,一个忽略和漠视程序的制度体系是很难获得民众的认可与信任的。最后,法律的强工具性会造成社会的严重分化。有学者曾指出,传统中国的法律工具主义在实际运作中会造成一种主客体二元对立的社会治理格局,它体现为作为主体之人(治者)对作为客体之人(被治者)的统治。③ 也就是说,法律的强工具性,在中国传统社会中表现为治理者通过法律对被治理者的单向统治——作为主体的治理者,可以不受法律的约束,他们享有超越法律的特权,而作为客体的被治理者,则必须忠实地服从法律。这样一种二元对立的社会治理格局,不仅容易引发剧烈的社会冲突,还会导致人们对法律的不信任。由于一部分人必须充当法律的奴仆,而另一部分人却可以逍遥于法律之外,这样一种严重分化和区别对待的法

---

① 《诚斋集·刑法论》。
② [德] 伽达默尔:《哲学解释学》,夏镇平、宋建平译,上海译文出版社1994年版,第62页。
③ 周永坤:《法律工具主义及其对司法的影响》,载《学习论坛》2006年第7期。

律适用境况，无论如何难以培养起人们对法律的信任。综上所述，传统中国法律的强工具性是造成人们对法律不信任的制度性因素。

四、社会中间组织匮乏：法律信任缺失的社会结构因素

我国法律信任的缺失，除以上三方面原因外，还与中国社会中间组织的匮乏有关。关于信任的实证研究表明，高信任度的社会，通常也是中间社团非常多元化的社会；日本、德国、美国等国家，都由民间自发形成了一些具有强大向心力的中间组织，而恰恰是在这些国家，人们之间有着很高的信任度，他们对法律也具有较强的信任感。① 信任理论研究者也指出，"信任产生于社会中间组织……这些与领地或准领地相系结的组织，有着清晰的边界，边界保护了成员间的识别性和频繁的博弈，避免了混乱型冲突，边界内有着相互依赖的双向关系和赖此建立的相互间的义务"；"消除了社会中间组织后……信任几成无本之木"。② 确实，多元性社会中间组织的存在，对于普遍信任的形成，具有重要的意义，它是信任得以产生的社会结构因素。原因主要在于，一方面，社会中间组织是培育信任的重要场域。中间组织的存在，为人们划出了特定的边界，在边界以内，他们不仅容易形成情感上的认同，还能构成一种事实上的利益共生关系，无论是情感认同，还是利益共生关系，都有助于推动人们之间的相互信任。另一方面，一个社会中这样的中间组织越多，人们之间的普遍信任越容易建立。不同中间组织的存在，为人们提供了众多建立互信的子场域，这样的场域越是多元，越有利于形成一种普遍信任的格局。并且，在这些子场域中建立起来的信任，可以丰富人们的信任经验，亦能让他们养成信任的习惯，这些经验和习惯，久而久之，都能以一种潜移默化的方式推进普遍信任人格的塑造，并最终有助于实现人们对法律的信任。

然而，在中国传统社会中，除宗族以外，基本不存在其他类型的中间组织，唯一的例外便是城市中的商会或行会。即便是这两类组织，其发展也受到诸多限制。那么，是什么因素导致我们社会中间组织的不发达呢？

首先，这根本上是由农耕经济所决定的，换句话说，农耕社会不可能产生发达的中间组织。为什么？一方面，由于农耕经济是一种自给自足的经济，在这样的经济形态中，人们基本上是"各自为政"的，他们单纯依靠自己的产出，便可以满足生活的基本需要，因而，人们与外界的资源与信息交

---

① ［美］弗兰西斯·福山：《信任——社会道德与繁荣的创造》，李宛榕译，远东出版社1998年版，第172页。

② 郑也夫：《信任论》，中国广播电视出版社2001年版，第121、122页。

换并不常见,尤其是跨地域交流的情形十分有限,这一点,使社会中间组织的产生失去了根本性动力。另一方面,由于农耕经济的生产周期长,并需要投入大量的人力和时间,尤其在传统中国,农业生产效率的低下与人口高度繁衍之间的长期紧张关系,使得人们必须投入大量的时间和精力去精耕细作,才能基本解决自身的温饱问题,在这样的生存境况之下,农业生产已占据人们生活的全部,因而,他们无暇也无力去组建社会中间组织。

其次,按照美国学者昂格尔的理论,中国社会中间组织的缺乏与商人明显的依附地位密切相关。昂格尔指出,在古代中国,存在两个基本的社会范畴,即贵族和平民。前者包括皇亲国戚与大庄园主,以及社会中的"士",后者则指普通社会大众,尤以无地农奴为主。在这样的社会中,商人并没有被作为一个独立的群体来看待,他们既不属于平民,更不在贵族之列。① 因而,可以想见,由这样一个本就不具有独立地位的社会群体所组建的中间组织,其独立性和社会地位便不言自明。相比之下,欧洲社会的情形与我们截然不同,在其封建社会的后期,商人和职业集团成为独立的"第三等级",他们以其财产或知识、技能的影响力,不断与君主及贵族展开斗争,最终为自身赢得了独立的社会地位。② 可以说,第三等级独立地位的形成,与欧洲封建后期及资本主义初期商会和行会的大规模发展互为因果、相辅相成。

最后,中国社会中间组织的不发达,与我们长期以来高度集权的政治传统不无关联。自秦朝建立帝制以来,中央集权的政治体制便一直延续下来,所谓"百代都行秦政制"(毛泽东语)。可以说,整个中国传统社会,都是一个秦晖所谓的"大共同体本位"社会,都体现为帝制国家(通过宗族)对编户齐民的有效管理和控制。这样的社会,绝不可能允许中间组织过于发达,宗族的存在只是个例外,它之所以能存在并不断发展,很大程度上当归因于其具有的独特政治功能——在传统中国,宗族不仅是一种社会自治组织,它同时是一个基本的社会控制单元,是国家权力通往个人的中介;国家之所以允许它存在并发展壮大,主要不是因为它是社会中间组织,而是因为它有助于更好地实现社会控制。

也许有人会问,既然宗族也具有社会中间组织的属性,为什么中国社会却未能形成一种普遍信任的格局?对于这一可能的疑问,我们可以从两个角度来进行说明。首先,宗族虽然是一个社会组织,但这一组织并不具

---

① [美]昂格尔:《现代社会中的法律》,吴玉章、周汉华,译林出版社2001年版,第85~86页。
② [美]昂格尔:《现代社会中的法律》,吴玉章、周汉华译,译林出版社2001年版,第67页。

有完全的自治性。在宗族的运作过程中，很多时候都体现和贯彻着国家权力意志。以家法族规来说，作为调整宗族内部秩序的社会规范，它本该具有"内生规范"的应然属性(自生性和自治性)，然而事实上，大多数家法族规并不明显具有此种属性，因为它们在制定时便被要求参照国法，或与国法保持一致；并且，自宋代起，很多地方的族规在制定出来之后，都要呈送地方官府审批，并由官府予以颁布。① 由此可以看出，宗族作为一个社会组织，其本应具有的自治属性在国家权力的介入和影响之下已然大打折扣。其次，宗族组织也许能够培育出宗族内部的互信，却无法培育出社会成员之间的普遍信任。福山曾指出，"在中国传统社会里，信任家族以外的人或赋予其责任无异是一种弱点"②。为什么会这样？这在很大程度上与儒家伦理有关。可以说，儒家伦理是以家族伦理为核心和根基的。正如冯友兰所言，在儒家那里，"所有一切人与人底关系，都须套在家底关系中。在旧日所谓五伦中，君臣、父子、夫妇、兄弟、朋友，关于家底伦已占其三。其余二伦，虽不是关于家者，而其内容亦以关于家底伦类推之。如拟君于父，拟朋友于兄弟"③。至于儒家为何要以家族为核心来建构其伦理体系，这是一个极为宏大的理论话题，这里不予展开讨论。我们要强调的是，儒家对于家族伦理的看重，无形中强化了人们对于家族成员的认同与信任，并间接地造成了他们对家族外成员的不信任。

总体而言，社会中间组织的匮乏，是我们难以建立起普遍信任的社会结构因素。前文已述，多元性社会中间组织是培育互信的重要场域，因而，这些场域的存在，对于普遍信任的构建具有极为重要的意义和价值。可以说，每一个中间组织，都能在人们之间建立起某种联结，此种联结不仅有助于人们交往关系的建立，更重要的还在于，经由这些交往，人与人之间某些根深蒂固的成见(诸如"防人之心不可无")可以不断被削弱甚至消除，从而使人们愿意向他人敞开信任之门。同时，在每一个中间组织内部，长期的亲密共处和利益共生关系，能够不断强化人们之间的信任关系，并丰富他们的信任经验。可以说，在一个社会中，这样的中间组织数量越多，种类越多元，人们的信任经验就越丰富，信任他人的倾向也会越明显。考虑到在信任他人与信任法律制度之间，存在直接的因果联系(用埃里克·尤斯拉纳的话来说，"信任他人的人们，对支持法律的价值会有更深的责任

---

① 费成康：《中国的家法族规》，上海社会科学院出版社1998年版，第30、45、46页。
② [美]弗兰西斯·福山：《信任——社会道德与繁荣的创造》，李宛蓉译，远东出版社1998年版，第104页。
③ 冯友兰：《新事论》，北京大学出版社2014年版，第64~65页。

感"①），因而可以说，社会中间组织的大量存在，对于培育人们的法律信任同样具有重要意义。反观中国传统社会，人们之间之所以不能相互信任，以及进一步地，人们之所以不信任法律，很大程度上是因为缺乏这样一些培育信任的中间组织。尽管宗族也能培育其成员之间的相互信任，但由于除宗族而外鲜有其他中间组织存在，因而人们之间缺乏多元化的社会联结和建立互信的场域；不仅如此，宗族的一头独大，还在人们之间造成了某种固化的区隔，此种区隔，对于本就脆弱的社会信任关系，无疑是雪上加霜。

五、结语：唯有找准原因，方能对症下药

"信任的产生既依赖于空间、领地和边界，也依赖于时间和历史。"② 人们对法律是否信任，密切关联着一个国家的历史和文化传统。法律信任不可能在短期内形成，它需要历史的浸润；法律信任也不可能在真空中产生，它需要文化的烘托。同样，对法律的不信任也并非空穴来风，它一定可以从历史和文化传统中找到根据。在中国，性恶论的人性预设，通过影响人们的处世哲学，并以制度化的方式而在社会中营造了一种普遍不信任的文化氛围。宗族组织的强大及其功能的过于发达，使其他社会中间组织难以获得生存与发展的空间，而社会中间组织是培育信任的重要场域。关系主义的盛行使制度运作的效果大打折扣，不仅制度本身的逻辑被抛诸脑后，制度的公正性也受到消解与破坏，从而严重阻碍着人们对法律的信任。此外，传统思想和制度中将法律主要视为工具的倾向，也加剧着人们对法律的不信任——法律的强工具性造成了法即刑的民众印象、法律价值的虚无、法律程序的被忽视以及主客体二元对立的社会治理格局。以上这些因素，都以或明或暗，或直接或间接的方式铸成了中国人对法律的不信任。

唯有对我国法律信任缺失的原因进行全面阐释，才能为法律信任在我国的培育找到恰当的方法和路径。综观国内关于法律信任问题的讨论，大多将我国法律不被信任的原因归结为法律本身的因素，相应地，对于如何在我国培育法律信任，也多侧重于从体制框架内寻求解决之道。应当说，这样的研究容易陷入"头痛医头、脚痛医脚"式的泥淖，由于研究者对法律信任缺失的原因探讨得不够深入和全面，因而也难以提出真正富于建设性的解决方案。此处的研究，正是对这样一种研究倾向的修正，而尝试着从

---

① ［美］埃里克·尤斯拉纳：《信任的道德基础》，张敦敏译，中国社会科学文献出版社2006年版，第309页。

② 郑也夫：《信任论》，中国广播电视出版社2001年版，第122页。

历史、文化传统的视角去挖掘我国法律不被信任的原因，以期为这一研究提供一种更加全面和综合的视角，并为进一步探寻我国法律信任的培育路径作出一些有益的提示与铺垫。

第三节　我国法律信任培育的基本路径

本章第二节已从传统角度系统地分析了我国法律难以获得人们信任的原因，在本节中，我们将主要立基于上文所揭示的原因，来探讨如何在我国培育人们对法律的信任。①

一、主体心理进路：塑造信任人格

信任与人格特征相关。心理学研究表明，我们在生命的早期就决定了信任与不信任的人格倾向。② 这提示我们，早期信任人格的塑造，对于普遍信任之社会文化氛围的养成，具有重要的意义。这一点在我国显得尤为迫切和重要。前文已指出，在我国，法家关于性恶的观点和看法，长期以来极大地阻碍着我们信任人格的塑造，更准确地说，法家早已在我们的文化性格里注入了一种不信任他人的人格倾向。因此，对于中国社会而言，信任人格的塑造不仅显得尤为重要和迫切，而且注定会更加艰难。

那么，如何实现对人们信任人格的塑造呢？我们认为，对于中国社会而言，我们首先要做的，就是淡化法家性恶论的影响。至于如何淡化，最重

---

① 需要说明的是，关于如何在我国培育法律信任，学界已有不少人予以讨论，并提出了一些相应的解决方案。总体而言，这些解决方案包括：其一，保证法律本身的良善性，即立法机关所制定的法律必须符合公平正义的原则；其二，限制政府权力的滥用，以政府带头守法的方式增强政府信用；其三，完善司法体制，保证司法公正，并以此提升司法公信力；其四，加强法学教育与普法宣传，增强民众的权利意识与守法意识；等等。关于这些讨论，可参见郭哲、刘琛：《法律信任在中国——比较的视角》，载《学术论坛》2010年第1期；姜起民、解维升：《法律信仰命题质疑与法律信任生成的路径选择》，载《中国海洋大学学报》2012年第5期；赵泉民：《论转型社会中政府信任的重建——基于制度信任建立的视角》，载《社会科学》2013年第1期；刘国华、公丕潜：《论法律信任危机及其克服路径》，载《理论探讨》2015年第2期；等等。需要说明的是，以上这些解决方案，虽然都从某种程度上有助于提升人们对法律制度的信任，但它们所能发挥的作用却非常有限。这主要是因为，这些解决方案几乎都是从体制之内寻求解决法律信任问题的路径，经验和直觉告诉我们，头痛医头式的处理方式往往难以达到良好的效果，因而，仅仅以制度化的方式来解决法律信任的问题难免会力不从心。而本书此处的研究，却是建立在前文关于我国法律信任缺失之原因的较为系统而深入的挖掘基础之上，因此，提出的方案和建议也将更为全面而深入。

② Erikson, *Identity: Youth and Crisis*. New York: W. W. Norton. 1968, p.103.

要的或许是，在我们早期的家庭教育中，尽量避免将性恶论带入儿童的价值观中。我国古人云："三岁看大，七岁看老。"可见儿童早期性格的塑造对于人们一生的影响之大。因此，在儿童早期教育中，避免和杜绝性恶论的影响，应当成为我们塑造信任人格的重要一环。除此之外，根据西方的信任理论研究成果，我们还应当从以下几方面进行努力。

（一）营造温暖的家庭氛围

彼得·什托姆普卡指出："在家庭的早期社会化过程中，正是来自关爱的、帮助的、善解人意的父母的亲密的、温暖的和细心的基于信用的信任，才使信任冲动得以形成。"① 这意味着，一个人婴幼儿时期温暖的家庭氛围、与父母的亲密接触以及来自他们的充分关爱与理解，是信任人格养成的重要因素。相反，儿童期家庭的破碎、父母的较少陪伴或冷漠对待，以及他人的侵犯等，都会使信任人格的形成受到消极影响。"对信任冲动最大的破坏影响是由家庭的破裂带来的。从常见的缺乏家庭照顾的时间、成年期病理学的早期开始，因分居或离婚造成的创伤、在单亲家庭中对孩子的忽视，到受托的监护人对儿童的极端的性侵犯，创伤的程度不断升高，其结果是信任能力的缺失。"② 在当下中国，离婚率的逐年攀升，以及大量留守儿童或"事实孤儿"的存在，使很大一批数量的儿童难以拥有温暖幸福的家庭，也难以与父母形成长期、亲密的接触，他们来自父母的关爱少之又少，甚至完全没有。这样的生存境况，不仅会直接导致他们性格上的诸多问题，以及如媒体所报道的发生于他们身上的种种悲剧；更重要的还在于，在破裂家庭或父母缺失环境中长大的孩子，从小就缺少家庭的温暖和父母的关爱，因而很难具有安全感和对他人的信任感。可以说，社会中有这种童年经历的人越多，则普遍信任文化氛围的形成就越困难。因此，以弘扬积极婚姻价值观的方式降低离婚率，并以发展和完善就近就业、提高农民的社会保障水平等制度化方式来减少单亲家庭、留守儿童或事实孤儿的数量，以此来为儿童营造温馨的家庭环境，是我们培育信任人格进而实现制度信任的重要一环。

（二）开展良好的家庭教育

除家庭氛围外，儿童早期的家庭教育也会影响其信任人格的塑造。行为科学的研究表明，包括信任在内的价值是我们在早期的家庭生活中学来

---

① ［波兰］彼得·什托姆普卡：《信任：一种社会学理论》，程胜利译，中华书局2005年版，第130页。

② ［波兰］彼得·什托姆普卡：《信任：一种社会学理论》，程胜利译，中华书局2005年版，第131页。

的^①;"关于儿童的未来的每一件事情,其发展的进程很大程度上在最早几年就被确定了。人的人格很早就出现了;如果他要被塑造,必须被尽早地塑造"[2]。因此,儿童早期的家庭教育,是培养信任人格的重要时机。那么,如何培养呢? 首先,父母应当以温暖而充满爱的方式教育孩子。这样教导出来的孩子,不仅会形成对自我的良好感觉,对他人也会更富于同情心、更友善,也更容易信任他人。[3] 其次,父母还应当以身体力行的方式让孩子习得信任。信任是可以习得的,一个人对他人的信任一定程度上取决于父母信任他人的程度。如果父母在日常生活中保持对他人的宽容与信任,将会对孩子产生重要的示范和引导作用。[4]

（三）培养乐观主义的世界观

信任人格的塑造,还与乐观主义的世界观密不可分。要形成对他人和社会制度的普遍信任,我们必须在儿童早期人格塑造过程中融入一种乐观主义的世界观。乐观主义是西方积极心理学的核心概念,它是指人们对将来积极事件发生的一般期望。[5] 它既是一种对未来发生事件做正向预期的人格倾向,也是一种对人对事的态度。此种倾向和态度可以泛化到人们生活的每一个方面和每一种具体场合,并对其认知和行为产生影响。[6] 由于乐观主义者相信,他人甚至是陌生人都有良好的动机,因此,他们在社会交往中会对他人的行为做正面预测,在制度运作场域中也会对制度本身以及制度运作者做正向预期,进而形成对他人的普遍信任和对社会制度的信任。那么,如何才能让儿童形成乐观的世界观呢? 这在很大程度上取决于父母的引导。研究表明,乐观主义最初是从我们的父母那里学到的,因此,父母在儿童早期教育的过程中,不仅应当多向他们传达社会中积极、正面的信息,让他们相信世界的美好,还应当以情绪感染和行为示范的方式,引导他们形成对世界的乐观看法。此外,中国传统文化中蕴含着一些乐观主义的文化因素,诸如"乐天知命,故不忧"[7],"知其不可奈何而安之若命,德

---

① Newton, Kenneth. Social Capital and Democracy, in *American Behavior Scientist*, 1997, pp. 575-586.

② Wilson J. Q. Human Remedies for Social Disorder, in *The Public Interest*, 1998, pp.:25-35.

③ Parcel, Toby L. and Elizabeth G. Menaghan. Family Social Capital and Children's Behavior Problems, in S*ocial Psychology Quarterly*, 1993, pp. 120-135.

④ [美]埃里克·尤斯拉纳:《信任的道德基础》,张敦敏译,中国社会科学文献出版社 2006 年版,第 117 页。

⑤ Scheier M E, Carver C S. Optimism, Coping and Health: Assessment and Implications of Generalized Outcome Expectancy on Health, in *Health Psychology*, 1985, pp. 219-247.

⑥ 谢晓非:《乐观与冒险》,载《北京大学学报(自然科学版)》2001 年第 6 期。

⑦ 《周易·系辞》。

之至也"①,以及"塞翁失马,焉知非福"②等,都包含着乐观主义的精神,我们应当引领儿童从传统文化中汲取这些精神。

可以说,儿童早期信任人格的塑造,以及乐观主义世界观的养成,是培育法律信任的重要心理基础。我们很难想象,一个从根本上不信任他人的人,会对法律制度产生信任感;我们也很难想象,一个对世界抱悲观态度的人,会对法律具有亲近和认同感。从逻辑上讲,一个具有信任人格的人,才不会时时处处对他人心存芥蒂,因而也更容易形成对法律制度的信任;同样,一个具有乐观精神的人,才会对他人和社会事物做积极的正向预测,因而也更愿意信任他人和法律制度。经验也表明,一个社会中主体信任人格的塑造越成功,乐观主义的氛围越浓厚,人们就越容易信任他人,也越容易形成对法律制度的信任。因此,从心理学的视角强化信任人格的培育和乐观主义世界观的塑造,对于法律信任的实现,具有根本性的意义——它能在社会中营造出一种普遍信任的基调,从而引领人们信任他人,并最终信任法律制度。

二、社会文化进路:以人格信任取代关系信任

中国的人际信任,是一种典型的关系信任。在中国人信任的同心圆中,最核心的部分发生于亲人之间,它建基于血缘关系这一基本事实之上;外围部分则发生于熟人之间,它建立在多次博弈关系之上;对于陌生人,由于彼此并不存在直接接触的关系,因而一般难以发生信任,因而一般不被包含在信任同心圆中。由此可以看出,在中国人的信任格局中,关系是建立信任的先决条件,只有双方存在某种先在的关系(无论是血缘关系还是交往关系),信任才可能发生。而在这两种关系中,基于血缘的信任,是最为牢靠和稳固的,它可以不附加任何外在条件而持久维续;基于交往的信任,则必须仰赖一些外在的机制,才能得以维续。这些外在的机制,主要包括人情和礼尚往来。台湾地区学者黄光国指出,在中国社会,人情和礼尚往来是熟人之间最重要的交换法则。③在我们看来,这二者不仅是熟人

---

① 《庄子》。
② 《淮南子·人间训》。
③ 黄光国将中国社会的人际关系区分为三种,即情感性关系、工具性关系和混合性关系。前者是指亲人之间的关系,中者是指陌生人之间的关系,而后者则是熟人之间的关系。相应地,中国人在这三种关系中所采用的交往法则也不同,情感性关系适用"需求法则",工具性关系适用"公事公办"原则,混合性关系则适用人情和"礼尚往来"原则(黄光国、胡先缙等:《人情与面子:中国人的权力游戏》,中国人民大学出版社2010年版,第5~17页)。我们未必完全赞成黄光国的理论,但他关于人情和礼尚往来在熟人交往中重要性的判断,却是很有道理的。

之间的交换法则,也是维系熟人信任的重要机制。这就是说,在中国社会,熟人之间信任关系的建立,主要不取决于对方的诚信人格,而取决于双方在人情上的互惠关系,以及"礼尚往来"所包含的"施"与"报"之间的持久循环——此种互惠关系或施、报循环,乃是熟人之间建立互信的最坚实基础。只要双方还处于此种关系中,便可以合理地预期对方将符合自己的信任期待,而一旦有人违背这种期待,则意味着关系的结束。而关系的结束对于中国人来说,无论是从情感,还是功利角度,都是难以承受的。从情感上说,一个主动中断人情互惠或礼尚往来的人,将被贴上"不近人情",甚至"忘恩负义"的标签,显然,这是人们不愿意看到的。从功利角度看,传统社会中资源的短缺以及正式社会安全制度的不足,都使得维持与特定他人的常规往来成为一种基本的生存需要,因而,关系中断是不符合功利考量的。因此,熟人之间的信任,不是(至少不主要是)建立在对方的诚信人格之上,而是基于与他人维持稳定关系的情感和功利需要。简言之,在中国人的信任格局中,关系成为信任的核心基础和纽带。

关系信任的人际信任模式,将给法律制度的运作带来诸多消极影响。由于关系信任将不可避免地带来关系的钻营,而关系的钻营又容易造成权力的腐化与权力的滥用,这不仅将直接导致制度运作过程的不规范,还会间接导致制度运作结果的不公正,而无论哪一方面,都会降低人们对法律制度的信任。因此,要提升人们对法律制度的信任,首要的是遏制和瓦解关系主义的人际信任模式。如何做到这一点?直接的措施或许是,找到一种关系信任的替代机制。什么样的替代机制呢?那便是人格信任。与关系信任不同,人格信任所赖以建立的基础是信任对象的诚信人格,换句话说,在人格信任中,他人的人格特质而不是双方的关系,成为信任建立的重要依据。可以说,在决定是否信任他人时,人格特质优先还是关系优先,是中西方信任文化的重要差别。有学者曾指出:"在西方人的信任行为中,信任者的因素(期望、对人性的看法)与被信任者的因素(诚实、忠诚、动机等)先于关系因素或独立于关系因素而存在,如:是否忠诚是该个体人格特质的表现,而不是看与交往对方的关系如何。但是,在中国社会中,一个人决定是否忠诚于交往对象首先要看的是和对方的关系如何,在中国社会中,忠诚是对一个人的'私忠',是人际关系的产物。可见,在中国人的信任行为中,关系因素优先于个人因素。"[①] 应当说,这一判断准确地道出了中西方社会引发人们信任决策的不同优先因素:在西方人的信任决策中,

---

① 薛天山:《中国人的信任逻辑》,载《伦理学研究》2008年第4期。

信任双方的人格特质被优先考虑；而在中国人的信任决策中，双方的关系被优先考虑。

那么，为什么要用人格信任取代关系信任呢？主要原因在于，人格信任有助于我们实现人际普遍信任和制度信任。为什么这么说？首先，关系信任以双方关系的存在为前提，这意味着，不存在关系则不发生信任，而人们所处的社会关系毕竟是有限的，① 这一点本身便使得普遍信任成为不可能。相比之下，人格信任以信任对象的诚信人格为前提，可以想见，在一个社会中，诚实守信之人毕竟占多数，因此，人们之间的互信在绝大部分情形中都是可能的。其次，关系信任将不可避免地带来人们对关系的运作，其结果会对制度实施乃至制度本身的公正性造成严重消解，从而引发人们对制度的不信任。与此不同的是，人格信任强调对被信任者人格的道德考量，这意味着，只要信息表明他人是可信的，则人们很容易建立起对他人的信任。同时，信任理论研究表明，对某些在职者的信任可以转换成对他们所在的整个机构的信任。② 具体到制度运作领域，一旦我们能够获知制度设计者及制度运作者人格的可信性，则我们不仅容易建立起对他们的信任，还会将此种信任扩散至他们所在的机构，也即立法机构、执法机构和司法机构，对这些机构的信任会在很大程度上助推我们对法律制度的信任。

既然人格信任建立在他人的诚信人格之上，那么，我们如何才能较好地获得关于他人人格的信息呢？在人员较少流动的传统社会中，人们之间的博弈往往是多次反复的，而重复博弈本身便是了解他人的过程。同时，传统社会有着一套独特的声誉传播机制，张家长李家短式的闲言碎语可以起到很好的声誉传播功能，从而有效地节约了人们的信息搜索成本。然而，在高度流动的现代社会，博弈往往是一次性的，在我们还未来得及了解对方之前，交往可能就结束了；并且，大部分情形中，我们都与他人处于一种吉登斯所说的"脱域"③ 状态中，因而对他人声誉的了解变得困难重重。在这样的情境中，我们如何才能全面获得他人的信息？可以说，个人信用

---

① 有学者曾指出："当个体从家庭中走出来之后，社会网络就会形成三种格局，一种是自然的家庭支持网络，一种是过渡性的工具性较强的社会网络，一种是成功进入的享有特权的利益共同体。"（翟学伟：《关系与中国社会》，中国社会科学文献出版社2012年版，第106页）

② 什托姆普卡提出："如果信任隶属于某个社会角色（地位），那么它延伸到每一个在职者。但是给予在职者的个人信任对保护、增强或减少地位信任并不是无关的，甚至有可能把对在职者的信任转换成对整个机构的信任。"（[波兰]彼得·什托姆普卡：《信任：一种社会学理论》，程胜利译，中华书局2005年版，第64页）

③ 吉登斯指出，现代社会的一个重要特点便是"脱域"。所谓脱域，"指的是社会关系从彼此互动的地域性关联中，从通过对不确定的时间的无限穿越而被重构的关联中'脱离出来'"（[英]安东尼·吉登斯：《现代性的后果》，译林出版社2011年版，第18页）。

体系的建立与完善，是实现这一目标的重要方式。必须承认，西方国家已经发展出相对发达的个人信用体系，我们可以从他们那儿借鉴成功的制度经验和实践做法。这其中，信用记录的完备性、可查询性以及查询的便捷性等方面，应当成为我们着重借鉴之处。另外，当下社会网络媒体的发达，也为我们便捷地获取他人信息提供了新的渠道。当然，欲通过网络来准确获取关于他人人格与声誉的信息，必须有效推进网络实名制，因为"互联网的完全匿名性使对个人信息来源的信任成为大问题"①。

三、体制性进路：提升司法公信力

前文在分析我国法律信任缺失的原因时指出，长期以来，我国法律的强工具属性，是造成人们难以对法律产生信任的制度性因素。因此，改变法律的强工具属性，也即，将人类所追求的美好价值融入法律之中，便成为我们培育法律信任的重要环节。所幸的是，当下中国的法律制度，已经很好地解决了这一问题，也就是说，在我们现有的法律体系中，公平、正义、自由、人权等道德价值已得到很好的贯彻和落实。因此，就法律本身的良善性来说，我们当无须再予以过多的关注。当然，指出这一点，并不意味着我们在培育法律信任时就不应再从体制角度着力。可以说，在当下中国，我们虽然不必再着重从立法角度着力，但我们却需要更多地从司法角度着力。信任理论研究者尤斯拉纳曾指出："司法系统的公正性与信任的简单相关性高于法律制度本身与信任的相关性。"②可见，提升司法系统的公正性与公信力，对于培养人们对社会制度的信任具有重要的意义。套用西方法谚"看得见的正义才是真正的正义"，我们可以说，看得见的公正才真正有助于培养人们对法律制度的信任。也因此，探讨如何有效地提升司法机关的公信力，应当成为我们从体制角度着力的重点。

对于司法公信力，研究者曾从不同的角度进行定义。大体包括两大类：一是司法的单向角度。这一角度强调司法公信力是法院所具有的能够引起公众普遍认可、尊重和服从的能力。③二是司法与社会公众互动角度，此角度认为，司法公信力既是司法权在运行过程中因其程序和结果的公正

---

① ［波兰］彼得·什托姆普卡：《信任：一种社会学理论》，程胜利译，中华书局2005年版，第64页。
② ［美］埃里克·尤斯拉纳：《信任的道德基础》，张敦敏译，中国社会科学文献出版社2006年版，第309页。
③ 从司法角度认识司法公信力的学者相对较少，可参见郑成良、张英霞：《论司法公信力》，载《上海交通大学学报》2005年第5期；周赟：《当下中国司法公信力的经验维度——来自司法一线的调研报告》，载《苏州大学学报》2014年第3期。

性而赢得公众信任的能力,也是公众对司法的一种主观评价或价值判断,是民众对司法整体形象的认识、情感、期望和信念等。① 在我们看来,在这两种认识中,互动角度的认识更为可取,因为从最终意义上讲,司法公信力应落实为社会公众对司法权、司法过程及其结果的尊重与信任,而此种尊重与信任与司法本身向公众展示的公正性、透明性等密切相关。司法公信力所蕴含的内在逻辑是,由于司法具备了足够的公正、透明等良善品质,因而它能够赢得民众的信任,并因此而获得普遍的尊重与服从。这一逻辑可以继续推衍,由于司法为人们展现的是一种"看得见的正义",因此,如果一个社会的司法运行良好、得当,则不仅容易让人们产生对司法本身的信任,也有助于他们形成对整个法律制度的信任。

那么,司法的运行怎样才算得上是良好、得当呢?从提升公众信任的角度看,最核心的在于增强司法的公正性、透明性和公众参与性。就司法的公正性而言,我们以为,除了司法过程本身要贯彻落实一些保证司法公正的制度设计(如回避制、辩论制、无罪推定等)外,更重要的在于提升法官的德性。所谓法官的德性,包括两个方面:一是专业素养,二是道德品性。一位有德性的法官首先应当是能以专业的精神、按照法律的逻辑来办案的法官,其次他还应当具有良善的道德品格。可以说,德性是成就一位合格法官的根本性要素,也是司法公信力的重要保障。在有些学者看来,当下强调法官的道德品性甚至比强调专业素养更为迫切,因为目前司法和法官的道德伦理权威严重不足,一些腐败、枉法法官的曝光,在民众心中造成了极其不良的影响。因此,我们要在继续推进法官职业化、专业化的同时,着重加强法官的职业道德和职业伦理建设。② 如果一位法官能够严格按照法律的程序性规定、根据法律自身的逻辑来办案,并同时具有良好的道德品格,那么,他所作的判决一定会更加接近公平正义。这样的判决,以及这样的司法本身,毫无疑问更容易获得民众的信任。

就司法的透明性而言,最重要的是要保证司法过程的全面公开。根据最高人民法院《关于司法公开的六项规定》,司法公开应当涵括立案、庭审、执行、听证、文书、审务六个环节和方面,然而,在司法实践中,法院往往只是选择性公开。例如,有些只公开审判执行信息而不公开审务信息;有些未公布重大案件的裁判文书;有些法院对某些敏感案件往往以法庭容量有

---

① 从司法与公众互动角度认识司法公信力的研究则较为多见,可参见关玫:《司法公信力研究》,人民法院出版社 2008 年版,第 41 页;安恒捷:《论司法公信力的认知逻辑》,载《云南大学学报》2014 年第 5 期;等等。

② 苏力:《中国法官的形象塑造——关于"陈燕萍工作法"的思考》,载《清华法学》2010 年第 3 期。

限等理由限制旁听,等等。^①要充分实现司法的透明性,必须将司法过程全程公开。而对于一些民众关注度高的大案要案,更要通过网络直播庭审的方式向全社会公开。司法的公开与透明,不仅是落实宪法规定的公民知情权的必然要求,更是实现民众司法监督权的重要条件。因此,它不仅有助于提升人们对司法的信任,因为了解往往是信任的前提;还有助于提升人们对法律的信任,因为监督的存在会使腐败和暗箱操作等导致司法不公的行为得到遏制,而司法不公本身便是法律信任的巨大障碍(尤其对于案件当事人而言,一次不公的司法体验会使他们对法律的信任丧失殆尽)。

司法的参与性,既应当包括案件当事人及其代理人的直接参与,也应包括社会公众的间接参与。对于培养公众的法律信任而言,间接参与可谓意义重大。由于司法参与和司法公开密切相关,因此,保证司法公开是实现司法参与的必然前提。在网络技术高度发达、网络覆盖面极其广泛的当下,对重大案件及舆论高度关注案件的庭审进行网络直播,是实现民众参与的重要方式。此种直播不仅考验法官的素质,也有助于加强民众对法官、司法乃至法律的认知;同时,它也是民众监督司法的重要方式。此外,网络直播还有助于实现民众对司法的建议权,也即,在了解司法实际运作的基础上提出一些完善司法程序的具体建议。而这些对司法的认知、监督和建议,都可以从不同的角度提升民众对司法和法律的信任。

此外,要实现民众对法律的信任,还应当强化判决的说理部分。判决说理的充分与否,很大程度上决定了判决书的权威度与公众信任度。在我国的司法实践中,判决不说理或说理不充分,是我国司法权威与公信力不足的一个重要原因,也是我国法律信任缺失的重要因素。确实,如果判决本身不能够做到"以理服人",又如何能要求民众对判决形成认可与尊重,更别奢谈对法律的信任了。同时,判决的充分说理也有助于增强人们对司法决策的认知。司法过程远不是大陆法系主流观点曾宣扬的那样,只是一个"自动售货"的过程,也不是一个简单的大前提加小前提推出结论的三段论推理过程^②——果真是这样的话,说理便显得多余。事实上,司法决策是一个极为复杂的过程,法律发现、法律解释、法律论证,乃至法律推理都充盈着法官的主观能动性;法律解释学的研究也表明,司法判决不存在所谓"唯一正确答案",而只存在"更具可接受性的答案"。这意味着,充

---

① 汤媛媛:《司法参与:双层级结构下司法公信力之提振》,载《人民司法》2013年第17期。
② 梅利曼曾指出,在大陆法系,整个审判过程被框于学究式的三段论形式逻辑之中,成文法规是大前提,案件事实是小前提,案件的判决则是推论出的必然结果([美]约翰·亨利·梅利曼:《大陆法系》,顾培东、禄正平译,法律出版社2003年版,第36页)。

分的说理不仅有助于法官更好地塑造判决的可接受性，因而获得民众的认可；而且有助于深化民众对司法决策的认知，而这种认知对于提升人们对司法和法律的信任都具有重要意义，正如一位学者所说，"秘密会造成不信任和恐慌，公开与透明才能凝聚共识和认同"①。司法决策过程由秘而不宣转向公开透明，能有效提升人们对司法和法律本身的信任。此外，充分的说理还能让民众以个案切入的方式增进对相关立法的理解。在说理的过程中，法官首先要进行法律解释，对与案件相关的法律作出理解和说明；在此基础上，还要进行法律论证，对该法律与当下案件的关联性以及判决结论的合理性予以证成，告诉当事人为什么适用该法律而不是别的，为什么要作出此种判决而非其他。这些法律解释与法律论证，都在以个案的方式向当事人和社会公众释放法律的意蕴，包括其规范意旨和立法意图。而这，无疑有助于深化民众对法律的理解，并在此基础上形成信任。

四、社会结构进路：大力培育社会中间组织

多元性社会中间组织，是人们之间形成普遍信任的结构性要素。原因在于，一方面，中间组织是培育信任的重要场域。中间组织的存在，为人们画出了特定的边界，在边界以内，他们不仅容易形成情感上的认同，还构成一种事实上的利益共生关系，情感认同和利益关系的存在，无疑有助于实现人们之间的相互信任和相互依赖。另一方面，一个社会中这样的中间组织越多，人们之间的普遍信任越容易建立。不同中间组织的存在，为人际信任的建立提供了多重场域，这样的场域越是多元，越有利于形成一种普遍信任的格局。这是因为，从社会交往的角度看，个人并非固定于某个单一场域中，而是同时在各种经济的、社会的、文化的、政治的场域中与他人展开交往，而各个场域中的不同中间组织，为人们提供了众多建立互信的子场域，在这些子场域中建立起来的相互信任，不仅可以丰富人们的信任经验，还能让他们养成一种信任的习惯，这些经验和习惯，久而久之，能以一种潜移默化的方式推进普遍信任人格的塑造。

前文第二节已经指出，中国社会普遍信任的缺失，与社会中间组织的匮乏不无关联。确实，在中国传统社会，除宗族以外，基本不存在其他类型的中间组织，唯一的例外便是城市中的商会或行会。然而，传统中国人宗族观念的过于浓厚，以及宗族组织的过于发达，都使得商会和行会的发展受到很大限制。正如一位学者所指出的："城市的工商业者于宗族的纽带从未割断，

---

① 秦前红、黄明涛：《法院如何通过判决说理塑造法院的权威——以美国最高法院为例》，载《中国刑法杂志》2012年第3期。

而与其祖产、祠堂所在的故乡保持着千丝万缕的联系。宗族在满足他们的情感、沟通、人际等需要的同时，也制约了他们对新的中间组织的需要。"①实际情况也的确如此。一方面，浓厚的宗族观念使人们终其一生都无法割断与宗族的联系。进入城市的工商业者，一旦他们在商业中获得成功，一定会回乡购置田产，以便年老时落叶归根，并借此而光宗耀祖。可以说，这一点构成他们进行商业活动的原动力和最终目标。从这一意义上可以说，与传统社会中的其他人一样，宗族也是商人们最重要的精神依归，是他们据以安身立命，并实现自我认同的重要场所。相比之下，城市的商会与行会，对于他们来说只是功利性的结合，因而其发展必然受到限制。另一方面，宗族功能的强大也降低了人们对其他社会中间组织的需要。传统社会中的宗族，基本能满足人们在物质和精神方面的各种需要：它不仅能为族人提供物质保障，还是他们最重要的精神家园；不仅承担着人格教化的功能，还是一个制度生成与纠纷解决的场所。因此，对于人们来说，栖身于宗族之中，已然足够，进而并没有多大的愿望和动力去组建、参与其他社会中间组织。

  相比之下，一些信任度高的社会，通常具有发达而多元化的中间组织。根据福山的考察，在日本、美国等国家，都存在大量民间自发形成、具有强大向心力的中间组织。这些中间组织的存在，很大程度上成就了这些国家人们相互之间的普遍信任。福山指出："从封建时期之初，日本社会的本质就和中国大不相同：日本社会由相对小型而脆弱的家庭组成，但另一方面却发展出相对大量的非血缘基础社会组织。由于家庭外的团体比较强势，相形之下家庭内部的联系就比较薄弱，特别是从中国人的观点来看更是如此。"②因而，可以说，在日本社会，家族组织的不发达为其他非血缘中间组织的出现腾出了空间。事实上，日本存在大量的"家元团体"（意为"仿佛家一般的团体"）。这些团体由非亲非故的人组成，但他们之间的关系却如同亲人一般，彼此之间培育出高度的互信。可以说，这些团体的存在，助力了日本社会普遍信任文化氛围的养成。另外，在美国，尽管人们高度崇尚个人主义，但与此同时，美国的社群组织却相当发达。其原因在于，"事实上，美国薪火相传的文化遗产是双生的：一方面是崇尚独立个体的个人主义倾向，另一方面则是强势的社会联属倾向，人们都乐于参与团体活动"③。在看似对立的两种文化传统的共同作用下，崇尚个人主义的美国人，

---

① 周明田：《中国传统社会的中间组织及其功能》，载《江苏社会科学》2001年第3期。
② [美] 弗兰西斯·福山：《信任——社会道德与繁荣的创造》，李宛蓉译，远东出版社1998年版，第200页。
③ [美] 弗兰西斯·福山：《信任——社会道德与繁荣的创造》，李宛蓉译，远东出版社1998年版，第292页。

同样是团体活动的热爱者,他们积极创立并参与各种形式的社会组织。这些社会组织与社团活动,成为培养人们相互信任的重要场域。

因此,在当下中国,允许社会中间组织的存在,并为它们的发展创造充分的条件,是我们实现普遍信任,进而实现制度信任的重要方式。然而,由于中国特殊的社会、政治和文化传统,我们的中间组织一直以来都极不发达,因而,欲使中间组织在我国获得充分发展,不仅需要民众的积极参与,更仰赖政府的积极培育。可以说,当前是中国社会中间组织发展的良好时机,因为自中国开启社会现代化以来,宗族已大规模地崩塌和解体,此种情境之下,民众失去了原有的基本社会联结方式,他们需要寻找新的结合形式。当然,中间组织的发展,光有民众自愿结合的意愿还不够,政府也应为其提供足够的制度支持:不仅要允许中间组织的大量存在,更应当以制度化的方式增进它们的独立性与自主性。① 唯有允许组织的独立与自主,人们才会有自愿结合的较强意愿,因而也才能在社会中形成大量培养互信的子场域。

五、物质环境进路:促进经济平等

人们的信任感还取决于经济的平等。有实证研究表明,在美国社会,随着收入分配不公问题的出现,民众信任感也呈明显降低的趋势;收入分配因素也是非洲裔美国人比美国白人信任感偏低的重要原因——这也能够解释为什么美国民权运动能够提升社会信任,因为民权运动在很大意义上改善了非洲裔美国人的经济状况。② 这些观察结论告诉我们,社会信任度与经济的平等状况呈一种正相关关系,因此,要提升一个社会的信任度,进而实现人们对法律制度的信任,我们必须密切关注并努力实现人们在经济上的平等。可以说,讨论如何实现经济平等的问题,在当下中国显得尤为迫切和重要。这是因为,中国改革开放 40 年来,虽然我们的经济建设取得了举世瞩目的成就,但随之而来的收入差距问题却成为一个极为突出的社会问题。而收入差距的大规模存在,无疑已成为影响人们对社会制度产生信任的重要因素。因此,尽管前文第二节中并没有提到经济平等是影响我国法律信任的重要因素(这主要是因为,在传统社会中,人们之间经济

---

① 所谓组织的独立性,是指组织生存发展的基本条件(尤其是在合法性层面)主要依靠自身资源而获得。所谓组织的自主性,是指组织的目标设定及运作过程中的决策方式都可以自行决定(王诗宗、宋程成:《独立抑或自主:中国社会组织特征问题重思》,载《中国社会科学》2013 年第 5 期)。

② [美]埃里克·尤斯拉纳:《信任的道德基础》,张敦敏译,中国社会科学文献出版社 2006 年版,第 239~240 页。

地位的差距虽然也存在，但相对于当下中国社会而言，此种差距并没有这么明显），但考虑到当下中国的现实情况，以及经济平等对于培育信任的重要意义，此处特别从如何更好地落实经济平等的角度，去探讨我国法律信任的培育问题。

关于如何界定并认识经济平等，西方理论界一直是众说纷纭、见仁见智。自由主义者强调经济权利的平等，功利主义者强调经济效用或福利的平等，分析马克思主义者看重机会的平等，平均主义者则强调结果平等，等等。① 国内学者综合西方的经济平等理论，概括出经济平等的三个维度，即：权利平等、机会平等和结果平等。权利平等即在经济游戏规则面前，每个人享有相同的权利，不存在特权与歧视。机会平等要求国家通过基本的经济制度安排，使经济机会向所有人开放。结果平等既包括按比例原则的平等，即每个人的付出与回报比例均衡、合理；也包括基于人权的平等，即对于那些先天不足或后天不幸的人，由于他们不能有效地利用机会，因而社会应给予他们特别的保障。② 可以说，这三个维度的认识，很好地诠释出了经济平等的应有内涵，它们分别代表着起点的公平、过程的公平以及结果的正义。在我国，经济权利的平等已经获得了较好的实现，我国宪法将平等权作为公民的一项基本人权予以保护，各部门法也对这一权利予以了具体化，这其中就包括经济平等权。然而，经济权利的平等不意味着现实经济机会的平等，更不意味着经济结果的平等。因此，在当下中国，要实现经济平等，最重要的在于促进人们经济机会的平等，在此基础上提升经济结果的平等。

经济机会的平等是实现经济平等的重要环节。美国经济学家阿瑟·奥肯曾指出："源于机会不均等的经济不平等，比机会均等时出现的经济不平等，更加令人不能忍受。"③ 由此可见机会平等的重要性。那么，我们该如何实现经济领域中的机会平等呢？罗尔斯在阐释正义原则时强调，"各种地位不仅要在一种形式的意义上开放，而且应使所有人都有一平等的机会到达它们。……具体地说，假定有一种自然禀赋的分配，那些处在才干和能力的同一水平上、有着使用它们的同样愿望的人，应当有同样的成功前景，不管他们在社会体系中的最初地位是什么。"④ 也就是说，机会平等

---

① 关于不同经济平等观的介绍，可参见沈宏亮：《经济平等的历史演进与启示——经济平等主义述评》，载《生产力研究》2006 年第 9 期。
② 靳海山：《经济平等的三种维度》，载《伦理学研究》2005 年第 1 期。
③ [美] 阿瑟·奥肯：《平等与效率：重大的抉择》，王奔洲译，华夏出版社 1999 年版，第 73 页。
④ [美] 约翰·罗尔斯：《正义论》，何怀宏等译，中国社会科学出版社 1997 年版，第 73 页。

首先意味着机会应当向所有人开放,同时,它还意味着国家和社会应当创造条件让人们能够有效地利用这些机会。只有这两点同时做到,才能被称为真正意义上的机会平等。可以说,经济领域中机会的平等也应当内在地包含这两个方面:首先,人们应当具有平等的参与经济活动与市场竞争的机会,简称为参与机会平等;其次,人们还应当具有平等的发展自身能力的机会,以便更好地利用经济机会,简称为发展机会平等。经济参与机会主要包括就业机会和市场准入机会,发展机会则包括接受教育和培训的机会、健康医疗保障的机会,以及有效获取就业和市场相关信息的机会。因此,就参与机会而言,我国法律和政策应当强化对平等就业机会的保障,并为人们提供平等的市场准入和竞争机会。就发展机会而言,我国应当严格落实义务教育,逐步提高接受高等教育人口的比例,并为人们提供更加便捷而经济的终身教育与培训机会;健全健康医疗保障体系,尤其要以制度化的方式逐步缩小乃至消除城乡之间在健康医疗保障上的差异;建立就业与市场信息公开透明的有效机制,让人们能够及时有效地获得有关就业和市场的信息。可以说,以上这些措施如果能够实施到位,则人们经济机会的平等当能更好地实现,从而为经济结果的平等创造条件。

经济结果的平等首先是比例的平等,也即每个人的投入和付出与所获得的回报之比要均衡、合理。亚里士多德曾指出,"所谓平等有两类,一类为其数相等,另一类为比值相等。'数量相等'的意义是你所得的相同事物在数目和容量上与他人所得者相等;'比值相等'的意义是根据个人的真价值,按比例分配与之相衡称的事物"①;"合比例的才是适度的,而公正就是合比例的"②。这意味着,各取所值,也即按每个人的贡献大小来分配经济资源,是符合经济公平的。考虑到比例原则有利于激发经济的活力与创造力,并促进效率,因此,这一原则应当成为经济公平中首要的原则。然而,由于个人能力存在先天差异,人们对机会的掌握和运用也不尽相同,因而,一部分人可能获得极其丰厚的经济资源,另一部分人可能连基本生活都得不到保障,此时如果一味强调比例原则,将有悖于基本人权。因而,我们又需要引入矫正正义,要求国家通过种种制度机制来照顾和补偿弱者的利益,以避免利益的严重失衡。那么,如何实现这一目标?美国学者艾德勒提供的标准是:"无论是谁,占有的再少,也要够他生活的目的。不论是谁,占有的再多,也是够用而已。"③ 应当承认,就当下而言,我们离艾德勒

---

① [古希腊] 亚里士多德:《政治学》,吴寿彭译,商务印书馆 1965 年版,第 9 页。
② [古希腊] 亚里士多德:《尼各马可伦理学》,廖申白译,商务印书馆 2003 年版,第 136 页。
③ [美] 艾德勒:《六大观念》,郗庆华译,三联书店 1998 年版,第 213 页。

所设定的标准还相去甚远,因此,我们应进一步通过税收杠杆的作用和基本社会保障制度的完善,来保障、提升低收入者和社会弱势群体的生活水平,让人们都能普遍分享到经济发展的成果,体验经济分配的公正,并由此而提升生活的满意度和幸福感,并以此来促进社会信任。

需要特别强调的是,讨论我国的经济平等,必须特别关注农民的经济平等。长期以来,由于政策倾向以及农民在话语权方面所处的劣势,导致了在中国经济高速发展的同时,农民的利益一定程度地被忽略甚至牺牲了。广大农民虽然被赋予了与市民相同的经济权利,但现实条件的限制使他们不能拥有平等的经济机会,至少不能平等地掌握和运用这些机会,因而其经济结果的平等也难以实现。这种状况不仅带来了严重的社会不公,也使农民这一群体产生了巨大的心理落差,种种不平感甚至被剥夺感广泛存在,生活的满意度和幸福度也普遍偏低。经济上的不平等以及由此而引发的幸福感的降低,将会加剧他们对他人和社会制度的不信任。因此,要提升中国社会的整体信任度,并全面增进人们对法律制度的信任,改变农民的经济状况和生存境况刻不容缓。

总而言之,唯有不断提升社会的经济平等水平,民众的生活幸福感、主体意识以及对社会的认同感才能不断增强,此种幸福感、主体意识和认同感,能够成为培育人们法律信任的强劲动力。可以设想,在一个经济状况大体平等的社会中,人们将很难感受到物质状况和生活境遇的巨大反差,因而也难以产生心理上的不平和被剥夺感,相反,大致相同的处境却容易让他们因知足而幸福感倍增;同时,生活境遇的大致相当也容易让人们对自己作为国家和社会的主人有更明显的感知,因而形成强烈的主体意识和社会认同感。而一个社会中人们的主体意识和社会认同感越高,他们就越容易对法律制度产生亲近感,可以说,此种亲近感是法律信任形成的重要前奏,也是成就法律信任的重要精神力量。此外,由于经济的平等很大程度上是通过法律制度来实现的,因而,对于社会大众来说,享受经济平等的过程,本身就是对法律守护和促进自身利益的直观体验过程。此种切身体会,对于法律信任的形成具有不可低估的重要意义,就效果而言,它胜过任何空洞形式的理论说教或意识形态宣传——从这一角度可以说,以制度化的方式促进经济平等,可谓提升人们法律信任的一种极为直接而有效的方式。

六、结语:我们要走的路还很长

信任与主体心理、社会文化、体制因素、社会结构、物质环境等都密切相关，因此，欲有效提升社会的信任度进而实现人们对法律制度的信任，我们应当从所有这些方面全面入手。显然，这是一项极为系统而艰巨的工程。信任人格的塑造仰赖于全社会的合力，关系信任的瓦解需要经历漫长的时间，司法公信力的建构不可能一蹴而就，社会结构的改善也绝非一日之功，经济平等的实现牵涉到从制度到社会环境的方方面面。可以说，路径的综合性和复杂性决定了我们培育法律信任之路的漫长与艰辛，我们不仅要有足够的耐心和信心，还要脚踏实地地从每一步做起。然而，过程的漫长与艰辛，不应成为我们放弃努力的理由，我们所迈出的每一步、所做的每一点工作，都将使我们离人际普遍信任和制度信任的目标更进一步。

第五章　熟人逻辑与法治

第一节　偏正式文化心理与特殊主义对法治的消解及克服路径

一、"差序格局"：一个仍适用于当下中国社会的分析框架

关于中国人的社会行为结构，梁漱溟曾提出很有见地的看法。他指出，中国人以家庭关系为基础，就此推而广之，以伦理组织社会。他并将此种社会结构称为"伦理本位"的社会，在这样的社会中，一切社会关系皆与伦理相关。并且，这一伦理始于家庭，又不止于家庭：从家庭中的父子、夫妇、长幼，至乡邻、朋友，到社会上的师徒，乃至经济上的东伙，最后到政治中的君臣、官民等种种关系，兼由伦理统摄。① 必须承认，梁先生的"伦理本位"，道出了中国人社会结构的基本属性，因而是认识中国社会的一个很好的理论框架。

继梁漱溟的"伦理本位"之后，费孝通提出了"差序格局"理论。可以说，"差序格局"是对"伦理本位"的进一步阐释：如果说"伦理本位"点出了中国社会结构的基本属性，那么，"差序格局"则是对这一社会结构的具体构成方式的说明。在费孝通看来，中国人的社会行为结构就如同将一粒石子投入水中形成的波纹：每个人都是那颗被投入水中的石子，石子周围形成的波纹就是他的社会关系网络。由此而形成的社会关系，如同水中的波纹，一圈圈推出去，愈推愈远，也愈推愈薄。简单地说，在他看来，中国人的社会行为结构就是"从自己推出去的和其发生社会关系的那一群人里所发生的一轮轮波纹的差序"。② 费孝通还指出，差序格局具有伸缩的能力，也即，个人社会关系的范围会随着其势力的大小而发生变化：当个人影响力大时，会拥有广泛的社会关系网络；当其失势时，则社会圈子会迅速缩小。"中国传统结构中的差序格局具有这种伸缩能力。在乡下，家庭可以很小，而一到有钱的地主和官僚阶层，可以大到像个小国。中国人也特别

---

① 梁漱溟：《中国文化要义》，上海世纪出版集团 2005 年版，第 70~73 页。
② 费孝通：《乡土中国》，人民出版社 2008 年版，第 30 页。

对世态炎凉有感触,正因为这富于伸缩的社会圈子会因中心势力的变化而大小。"①

也许有人会说,梁漱溟和费孝通的这些分析,仅仅是针对中国传统社会而言,这些分析或许适用于100年前的中国社会,却不能用于解释已历经百年巨变的当下中国社会。必须承认,最近一个世纪的中国,社会各领域确实发生了翻天覆地的变化。然而,无论这些变化来得多么剧烈,中国人的社会行为结构却未发生根本性改变。费孝通所描述的差序格局仍然是中国人社会交往中最基本的前提性结构。

晚近有学者对当下中国人的社会行为结构进行了更为细致的分析。这其中,最有代表性的当属台湾地区学者黄光国的研究。该学者运用西方的社会交换理论②,将中国人的社会关系划分为三种类型:情感性关系、工具性关系和混合性关系。其中,情感性关系是指家庭成员和亲密朋友之间基于情感而形成的长久、稳定的社会关系。工具性关系,是人们与家庭成员以外的人之间形成的、以获得特定物质目标为导向的一种短暂而不稳定的社会关系。店员与顾客、医生与病人、公共汽车司机和乘客之间便属于此种关系。混合性关系则介于情感性关系和工具性关系之间,是一般熟人之间的关系,包括亲戚、邻居、师生、同学、同事、同乡等关系类型。③

按照黄光国的理论,在中国人的社会交往中,这三种社会关系共时性地存在;并且,这三种关系并不是封闭的,它们之间可以相互转化。首先,工具性关系可以向混合性关系转化。这种转化主要通过"拉关系"的方式来实现。中国人一般会通过动用某种资源(如关系资源)或建立与他人之间的某种认同(如认同乡)等方式,将工具性关系转化成混合性关系。其次,混合性关系也可以向情感性关系转化。"攀上关系只是双方建立混合性关系的第一步。如果请托者知道某人掌握有某种资源的支配权,他可以进一步地用拜访、送礼、宴客等方式,来加强彼此之间的情感关系。"④从这一角度看,行动者之间到底处于哪种关系,很大程度上取决于行动者的意

---

① 费孝通:《乡土中国》,人民出版社2008年版,第29页。
② 社会交换理论是20世纪五六十年代发端于美国并逐渐在全球具有重要影响的一种社会学理论,该理论认为,人类的一切活动都可以归结为一种交换行为,人们之间所结成的社会关系也可以被理解为一种交换关系。该理论的代表人物有霍曼斯(G. C. Homans)和布劳(P. Blau)等,相关典型作品有:Homans, *Social behavior: Its elementary forms*, London: Routledge & Paul, 1961;[美] 布劳:《不平等和异质性》,王春光等译,中国社会科学出版社1991年版;等等。
③ 黄光国、胡先缙:《人情与面子:中国人的权力游戏》,中国人民大学出版社2010年版,第7~11页。
④ 黄光国、胡先缙:《人情与面子:中国人的权力游戏》,中国人民大学出版社2010年版,第25页。

愿,只要他愿意,便可以对不同的社会关系进行转换。这也从另一个角度印证了费孝通先生关于差序格局具有伸缩能力的判断。按照费先生的观点,"这富于伸缩的社会圈子会因中心势力的变化而大小"①。也就是说,熟人圈子的大小,很大程度上取决于处于中心位置的人的社会影响力。当中心人物的影响力大时,本来没有关系的陌生人,会通过种种方式与其攀上关系,从而由工具性关系转化为混合性关系。当中心人物的影响力下降时,其社会圈子也会变小,也即混合性关系网络会不断萎缩。尤其当中心完全失势时,还可能面临众叛亲离的局面,此时,不仅混合性关系网络将迅速缩小,甚至连情感性关系网络都会受到影响,这也就是中国人经常感慨世态炎凉的原因所在。

综上,我们可以得出结论,到目前为止,中国人的社会行为结构仍然是差序和弹性的。社会结构的差序表明,人们之间的社会关系不是平行的,而是有等差的。社会结构的弹性则表明,中国人之间的社会关系不是固定的,而是多变的。这种弹性一方面体现为,个人社会关系网络的大小会随着其影响力的大小而发生变化。当其影响力大时,关系网络可以铺得很广;当其影响力变小时,关系网络也会相应缩小。另一方面体现为,当个人影响力不变时,关系网络以外的人可以被吸收到关系网之内。也即,在本不具有关系的陌生人之间,人们可以通过拉关系的方式将对方吸收到自己的关系网络内,从而使陌生人关系熟人化。再一方面还体现为,关系网络内的亲疏程度也可以发生转化。具体表现为,人们可以通过种种方式将一般的熟人关系变为相对亲密的关系。需要指出的是,在差序和弹性这两个特点中,差序更为根本。因为差序表明的是中国人社会关系网络的根本属性,弹性只是表明关系网络在规模上的可变性,以及关系网络内亲疏关系的可调整性。换句话说,差序才是国人社会行为结构的本质属性,弹性只是对差序的一种补充。这意味着,无论中国人的社会网络大小如何改变,其性质始终是差序的,也无论社会网络内的亲疏关系如何调整,其排列始终是差序的,而不可能是平行的。

二、"偏正结构"与特殊主义:消解法治的文化心理和行为取向

在差序格局之下,人们在社会交往中会表现出怎样的文化心理和行为取向呢?可以说,在传统社会中,"亲亲""尊尊"和"长长",是对差序格局下人们文化心理和行为取向的很好表达。也就是说,差序格局必然引发

---

① 费孝通:《乡土中国》,人民出版社2008年版,第29页。

人们心理上的各亲其亲，各尊其尊，各长其长，以及行动上的以血缘关系亲疏远近、地位尊卑和年龄长幼作为行为导向。那么，在当下语境中，"亲亲""尊尊"和"长长"所代表的文化心理和行为取向是否依然存在？可以说，自晚清修律以来，其间经过五四运动的彻底反叛，直至"文化大革命"的全面洗礼，"亲亲""尊尊"和"长长"这类表达方式已不仅从官方话语中消失，即便在民众日常话语中，此类表达方式也已难觅踪影。然而，一方面，语词表达的消逝并不意味着语词所代表的社会心理和行为取向的消逝。正如一位学者所说，"生活在历史上不同时空点上的中国人，只要他继续使用中国的语言文字，他便多多少少会受到儒家思想的影响。他们表现出来的社会行为，在'表面结构'上或许会有所差异，其'深层结构'却没有什么不同"①。语言学研究也表明，语言不仅一种沟通方式，同时还代表一种思维方式、世界观和价值观。②因此，尽管类似"亲亲""尊尊"等表达方式已被我们弃之不用，但只要我们依然在使用汉语，就意味着汉语所代表的思维方式和行为取向仍然在左右着我们。另一方面，特定的文化心理和行为取向总是与其所处的社会境况紧密关联。如前所述，当下中国的社会行为结构在基本属性上仍是差序的，这就决定了人们在观念和行为上必然对不同的人作不同的对待。

那么，由"亲亲""尊尊"和"长长"所代表的文化心理和行为取向，在当下语境中，可以用什么语词来表达呢？在我们看来，至少有两个语词可以表达这一意蕴。那就是"偏正结构"与特殊主义。

（一）偏正式文化心理及其对法治的消极影响

"偏正结构"一词是一位本土文化心理学研究者提出来的，他这样解释"偏正结构"的含义："偏正结构出自于汉语语法的一种构词方式。它的基本含义是修饰词与中心词所构成的特定关系。……将此语法结构用在社会结构上，也就是考察边位和中心位置的特定关系。我们知道，设定'中心'一直是中国人的一种非常重要的政治、文化和社会的意识与观念。'中国'之名本身也源于这样的认识。可以设想，确定中心的过程同时也是要

---

① 黄光国、胡先缙：《人情与面子：中国人的权力游戏》，中国人民大学出版社2010年版，第198页。

② 德国语言学学者威廉·冯·洪堡特指出："语言产生自人类的某种需要，而不仅仅是出自人类维持共同交往的外部需要，语言发生的真正原因在于人类的本性之中。对于人类精神力量的发展，语言是必不可缺的；对于世界观的形成，语言也是必不可缺的，因为，个人只有使自己的思维与他人的、集体的思维建立起清晰明确的联系，才能形成对世界的看法。"（[德]威廉·冯·洪堡特：《论人类语言结构的差异及其对人类精神发展的影响》，姚小平译，商务印书馆1999年版，第25页）

求偏位聚拢围绕的过程。如果没有偏位的修饰作用,中心地位就得不到突出,得不到强调或体现不出光彩。"①他还指出:"从角色互动上看,一旦偏正结构形成,就等于一个权威和非权威关系的建立。而中国社会的另一个假定是,权威总是(合法性地)同正确性画等号的:权威即是正确,正确即是权威。……这种肯定一旦形成,就意味着处在偏位上的人无论如何都不可能比权威者更正确,更不能试图质疑权威。"②

在我们看来,"偏正结构"这一语词,很好地表达出了中国人在社会互动中基本的心理倾向——中国人在社会交往中,总是倾向于先找准自己与他人的角色定位,然后根据这一定位去作出行为安排。说得具体些,中国人在社会交往中,总是具有一种寻求中心人物的意向,中心确定之后,各自的行为安排也相应确定:处于中心地位的人有着天然的影响力,对他人享有发号施令的权力;处于偏位的人则居于被支配地位,归顺与服从成为其义务。

需要指出的是,在偏正结构中,中心与偏位的位置并不是恒定的,一个人不可能永远处于中心,也不可能永远居于偏位。他是处于偏位还是中心,要看具体的情境,也即个人的位置要由"情境定义"。"任何人都不能做到自己在任何场合都处于中心位置,而只能根据特定情境的建构和界定,才能确定偏正结构如何构成。"③这也印证了梁漱溟先生对于中国人国民性的判断,"中国人原来个个都是顺民,同时亦个个都是皇帝"④。也就是说,中国人同时具有顺民和皇帝的双重特性,至于何时扮演顺民,何时扮演皇帝,要依具体情境而定。

可以说,偏正式的文化心理,体现于中国人社会生活的每个领域。在日常生活中,晚辈对长辈便抱有此种心理;在学术研究领域,普通研究者对学术权威也秉持此种态度;在权力运作场域,下级对上级更是如此。在这三个领域中,由于后者与法治有着最直接的关联,因而此处予以展开讨论。

具体说来,权力运作场域中的偏正关系,可以进一步开放出两类子关系。一是权力场域内部下级与上级之间的偏正关系。在此,上级居于中心,下级只能屈居偏位。也即,上级对下级具有绝对的权威,下级对上级则负有归顺、服从的义务。并且,上级的权威通常与正确画等号,也就是说,

---

① 翟学伟:《人情、面子与权力的再生产》,北京大学出版社2005年版,第172页。
② 翟学伟:《人情、面子与权力的再生产》,北京大学出版社2005年版,第172页。
③ 翟学伟:《人情、面子与权力的再生产》,北京大学出版社2005年版,第172页。
④ 梁漱溟:《中国文化要义》,上海世纪出版集团2005年版,第61页。

偏正关系假定了上级不会犯错,他永远正确,或者说,即便出错,也容不得半点质疑和批判——这也就是所谓的"官大一级压死人"。二是当权力场域与民众日常生活场域发生交集时,民众与官员之间的偏正关系。毫无疑问,此时民众居于偏位,官员居于中心。也就是说,当民与官打交道时,民必须扮演顺民,官却当然地成了皇帝。林语堂说:"当人民敢于不敬他们的官长……我们将大喊'反了反了'。这四个字的意思是天翻地覆,世界临到末日。"① 可见,在中国人的观念中,不服从权力的行为是难以想象的,如果这样,将会带来灾难性的后果。② 从这一意义上讲,王亚南当年的一个判断便显得有些倒果为因了。他说:"中国人的思想活动乃至他们的整个人生观,都拘囚锢蔽在官僚政治所设定的樊笼中。"③ 在我们看来,这句话反过来说更为贴切:"中国人的思想活动乃至他们的整个人生观,都铺垫与衬托出官僚政治。"或者至少可以说,官僚政治与民众甘于自居偏位的文化心理之间,构成一种互为因果的关系。

权力运行中人们心理上的偏正关系必然造成对法治的严重消解。我们先来看上级与下级之间的偏正关系。如前所述,这一偏正关系存在两个先在的预设:它首先预设了上级的中心和权威地位,其次还预设了上级不会犯错误,即便犯错也容不得质疑和批判。这两个预设旨在确立和强化上级的"皇帝"角色,也就是说,在上级面前,下级只能是无为的,即便有为,也只是服从和执行上级决定意义上的"为"。如此说来,法律如何规定并不重要,重要的是上级对法律作何种解释和适用。由于上级永远正确,因此,其对法律的解释和适用也无须质疑,或者说,不容置疑。这样,法律在某种程度上便成了上级手中可以随意把捏的"泥人"。

也许有人会说,所谓"上级"只是一个相对的概念,一个人相对于他的下级固然是上级,但相对于他的上级,便成了下级。应当承认,事实的确如此。然而,上级的相对性并不能削弱我们上述判断的真实性。根据韦伯的论述,官僚科层体制的特点之一,就是科层体制内每一层级的相对独立性,也即,每一层级都有自己独立的职务权限和工作目标,并且,每一层级都只对自己的工作负责。④ 这意味着,虽然一般说来,"上级"是一个相对的概念,但具体到科层体系内部,由于每一层级的相对独立,因而,在一个特定

---

① 林语堂:《吾国与吾民》,湖南文艺出版社 2012 年版,第 164~165 页。
② 尽管孟子也曾提出"暴君放伐",但这一提法仅仅表达了极少数士大夫的政治自觉,而不能代表普通民众的文化心理。
③ 王亚南:《中国官僚政治研究》,商务印书馆 2010 年版,第 29 页。
④ 关于科层制的特点,详见 [德] 马克斯·韦伯:《经济与社会》(上卷),林荣远译,商务印书馆 1997 年版,第 242~251 页。

的层级内,"上级"是恒定的,也即,上级的地位是稳定的。这一判断映照于中国的官僚体系,可以表述为,上级在偏正结构中的中心位置是比较固定的。

需要说明的是,官僚科层体系内部层级的相对独立性,并不意味着不同层级之间全然不存在监督与制约关系。可以说,各国的宪政体制都设定了上下级之间,至少是上级对下级的监督功能。具体到中国文化,如前所述,由于心理上偏正关系的存在,下级对上级的监督无法实现,那么,上级对下级的监督又如何呢?答案是,大部分时候都流于形式。其原因很大程度上在于"面子"文化逻辑的影响。长期以来,中国官场都有着强烈的共同体意识——可以说,中国的官场既是一个文化共同体,又是一个利益共同体。自科举取士以来,能进入官僚体制的人,都是孔孟之道熏陶和教化出来的人,这些人在文化观念上有着共同的价值认同,这一点成就了官场的文化共同体属性。同时,官员之间还存在一种"一损俱损,一荣俱荣"的关系,这又造就了官场的利益共同体属性。王亚南曾对这种利益共生关系作了生动描述:"官僚士大夫们假托圣人之言,创立朝仪、制作律令,帮同把大皇帝的绝对支配权力建树起来,他们就好像围绕在鲨鱼周围的小鱼,靠着鲨鱼的分泌物而生活一样。"[①] 官场既然是一个文化和利益共同体,大家就都是自己人,自己人又何必为难自己人呢?或者说,按照中国人的文化逻辑,既然是自己人,总该给点面子吧。上级纠正下级的错误,会被认为是一种不给面子的行为。并且,作为一个有着集体认同的群体,群体内一人或多人犯错,将给整个群体带来面子上的损失。因此,容忍错误,对错误秘而不宣,是保全共同体面子的必然要求。这些都使得在权力体系内部,上级对下级的监督难以真正实现,从而让我们的制度运作效果大打折扣。

以上展现的是权力运行中的第一类偏正关系,即上级与下级之间的偏正关系及其对制度运作的影响。接下来,我们看看该领域中的第二类偏正关系,即民与官之间的偏正关系及其如何对法治产生消极影响。可以说,这一偏正关系的存在,是中国文化难以孕育出民主精神的深层次原因;即便移植了西方的民主制度,也不容易在中国文化中生根。金耀基指出,中国传统政治文化是一种"臣属文化",也就是说,人们对政治没有"参与取向",也即,人们没有"政治之主体"的自觉。[②] 梁漱溟也曾断言:"假使西方文化不同我们接触,中国是完全闭关与外间不通风的,就是再走三百年、

---

① 王亚南:《中国官僚政治研究》,商务印书馆 2010 年版,第 55 页。
② 金耀基:《从传统到现代》,中国人民大学出版社 1999 年版,第 21 页。

五百年、一千年也断不会有……'德谟克拉西'精神产生出来。"① 应当说，这两位学者的话，都是对中国传统政治文化的精辟论断。然而，他们的论断仅仅呈现了事实，我们需要进一步挖掘其原因。

可以说，差序格局下偏正式的文化心理，是造成这些事实的根本原因。这一文化心理的存在，使得普通民众在公共权力面前，只甘于充当顺民的角色，归顺和服从是其心理和行为的常态。至于批判和挑战权威，在这些民众中是难以见到的。因为心理上的偏正关系首先假定了权力持有者的支配地位，普通民众对其负有归顺、服从的义务。这是一种中国式的命定观。这一命定观的形成，一定程度上可以归因于中国传统社会生活场域的分化。中国传统社会"分为上下两个生活场域，底边是民的生活空间（民间），上边是官的生活空间（官场或官僚机构），而将它们两者隔开的是文化（书写和文学）"②。也即，中国传统社会存在民间与官场两个世界的分化。虽然从内部看这两个世界的运行逻辑基本相似（关系、人情和面子在这两个场域中发挥着同样重要的功能），但从外部来看，这两个世界却截然有别。"一边是劳心者，一边是劳力者；一边是支配者，一边是服从者；一边是社会精英，一边是平头百姓；一边有荣华富贵，一边只解决温饱乃至朝不保夕；一边是享有政治、经济、法律、文化等方面的特权，一边是等待青天大老爷来为他们作主。"③ 此外，由于自科举取士以来，文化成为这两个世界划分的根本依据，或者说，掌握文化是民间世界通往官僚世界的主要依凭，这一点也无形中强化了官僚世界及其成员的优越性，这种强化是通过文化优越性向地位和话语优越性的现实转化来实现的。可以说，这两个世界的长期分化，以及文化作为沟通这两个世界的桥梁这一事实，不断地强化着官的优越和强势地位，以及民的卑微和弱势地位。久而久之，民与官之间这种强势与弱势、支配与被支配的关系在人们心理上便具有了某种命定的属性。在这种命定观的影响下，当民与官打交道时，民必然表现出诚惶诚恐、谨小慎微、单向服从而不敢于质疑和批判官，甚至都不敢于发出自己的声音、表达自己的需要之心理和行为特点，而官则表现出咄咄逼人、盛气凌人、不愿倾听民的声音、更容不得民的批评和质疑之特点。所有这一切，都使得民主精神在中国难以出现。因为从精神层面讲，民主的一个必要前提是主体心理地位的平等。只有民能够积极地发出自己的声音，也敢于表达不同意见，并且，官愿意倾听不同的声音，坦然接受民的质疑和

---

① 梁漱溟：《东西文化及其哲学》，商务印书馆1999年版，第72页。
② 翟学伟：《关系与中国社会》，中国社会科学出版社2012年版，第101页。
③ 翟学伟：《关系与中国社会》，中国社会科学出版社2012年版，第104页。

批判,民主在中国才有了生存的土壤。

民主精神的缺乏会带来很多问题,这一点无须赘述。此处需要特别强调的是,它将间接导致民众对法律的不服从。托克维尔在考察了美国的民主和法治实践后指出:"不管一项法律如何叫人恼火,美国的居民都容易服从,这不仅因为这项立法是大多数人的作品,而且因为这项立法也是本人的作品。他们把这项立法看成是一份契约,认为自己也是契约的参加者。"① "美国人民之所以服从法律,不仅因为法律是他们自己制定的,而且因为当法律偶尔损害他们时他们也可以修订。"② 托克维尔的观察提示我们,在一个民主精神发达,民众有着强烈主体意识和参政意识的国度,由于立法本身融入了人们的意志和需要,因而他们更易于信赖法律,进而也会更好地服从法律。这个论题可以反推:在一个民主精神欠缺、民众主体意识和参政意识很低的国度,民众必然对立法漠不关心,因而法律难以获得人们的信赖,进而也难以被真正服从。

(二)特殊主义行为取向及其对法治的消极影响

与"偏正结构"式的文化心理相对应,中国人在社会行动中倾向于秉持一种特殊主义的行为取向。特殊主义是帕森斯与西尔斯提出的一个概念,与普遍主义相对应。在他们看来,二者分别代表两种不同的社会行为取向。所谓特殊主义,即"凭借与行为之属性的特殊关系而认定对象身上的价值之至上性"。相应地,普遍主义则"独立于行为者与对象在身份上的特殊关系"③。简单地说,行为取向上的特殊主义与普遍主义,其区分的标准主要在于,人们与他人之间的特殊关系能否成为影响其社会行动的因素。如果能,便是特殊主义;如果不能,则是普遍主义。具体说来,倘若人们在社会交往中秉持一套统一的行为标准,而不考虑行为对象是谁,便属于普遍主义的行为取向;反之,倘若人们在社会交往中并不秉持一套统一的行为标准,而依具体的行为对象采用不同的行为标准,便属于特殊主义。

可以说,中国人的行为取向就是典型的特殊主义。台湾地区学者黄光国的理论可以很好地说明这一点。前文已述,黄光国将中国人的人际关系区分为三种类型:情感性关系、混合性关系和工具性关系。他指出,中国人在面对这三种不同的关系时,会采用三种截然不同的行为标准。在情感性关系中,人们会采用需求法则,即以满足对方的需要作为社会交往和资

---

① [法]托克维尔:《论美国的民主》(上卷),董果良译,商务印书馆1997年版,第275页。
② [法]托克维尔:《论美国的民主》(上卷),董果良译,商务印书馆1997年版,第276页。
③ Parsons and E. Shils, *Toward a General Theory of Action*, Cambridge: Harvard University Press, 1951, 82.

源分配的准则。在混合性关系中，人们会遵循人情法则，也就是通常所说的"礼尚往来"。而在工具性关系中，人们则奉行公平法则，也即所谓的"公事公办"。①

可以说，黄光国的以上论述，是对中国人特殊主义行为取向的详细阐释。根据他的理论，中国人在社会交往中第一步要做的，就是对彼此之间的关系进行判断，然后根据不同的判断结果采用不同的行为标准。如果双方属于情感性关系，则可以不顾及任何规则，或者说，唯一的规则就是无条件满足对方的需要。如果属于混合性关系，则根据"礼尚往来"的原则采取行动，在这一关系中，"人情"和"报"等文化逻辑将对中国人的行为方式产生决定性意义。如果是陌生人关系，则可以按照交易规则来办事，"人情"在此处基本不发生效力。

可以看出，特殊主义的行为取向，与法治所追求的普遍主义形成强烈反差，并对后者构成严重消解。特殊主义所奉行的对人不对事的行为方式，为规则的运行带来了诸多不确定性。因为规则是否适用，以及以怎样的方式适用，完全取决于适用主体之间的关系。如果双方关系陌生，则可能按照规则来行事。此时，"公事公办"原则成为人们首要的行为准则。如果双方是熟人，规则也可以适用，但要打些折扣。因为在此情形中，"关系"和"人情"具有很大的运作空间，其结果是一定程度地消解规则。此时如果人们仍按"公事公办"原则来行事，将被人讥笑为"不近人情"。而如果交往双方是至亲，规则将基本不发生效力。套用社会交换理论，此时人们适用的是需求法则，只要对方需要，便会无条件地予以满足——这意味着，在至亲之间，规则很可能被搁置。总之，在这样的社会中，"一切普遍的标准并不发生作用，一定要问清了，对象是谁，和自己是什么关系之后，才能决定拿出什么标准来"②。

按照这一理路，我们似乎可以得出结论，中国人在陌生人之间是讲规则的，但在亲人和熟人之间，规则运行的效果将大打折扣。在后两种关系中，规则要么不发生任何作用（亲人之间可以为满足彼此的需要而不顾及任何规则），要么只能部分起作用（熟人之间规则的运行受到"人情"的影响）。这似乎进一步意味着，随着中国社会由熟人社会向陌生人社会的转化，法治在中国将是大有可为的。然而，问题的关键在于，在中国，熟人和陌生人之间的界限并不是固化的，很多情况下，人们都可以通过特定方式

---

① 黄光国、胡先缙：《人情与面子：中国人的权力游戏》，中国人民大学出版社2010年版，第5～14页。

② 费孝通：《乡土中国》，人民出版社2008年版，第42页。

将陌生人熟人化。

首先,面对"公事公办"的陌生人关系,人们可以通过"拉关系"的方式,将陌生人转化成熟人,从而避开"公事公办"原则的适用,并使规则朝着有利于自己的方向运行。所谓拉关系,按照金耀基的解释,"是指在不存在前定的关系或前定的关系十分疏远的情况下建立或加强同他人的关系"。[①] 拉关系一般需要动用社会资源,包括财富资源、权力资源、关系资源甚至性别优势等。如果不具备这些资源,通常情况下,人们将采用与对方临时建立某种认同的方式,来拉近彼此的关系。如陌生人见面时,总习惯于询问对方是哪里人,如果了解到对方与自己来自同一个地方,则他们之间会很快形成一种关系认同,即家乡认同。此种临时搭建的认同关系可以以其他很多形式建立,如两个都曾有着军旅生涯的陌生人之间,便可以因他们共同的军人生活而实现认同,彼此的关系也将瞬间被拉近。从这一意义上讲,我们完全赞同以下判断,"中国人际关系网中的内群体并不排斥外群体,而且是以内群体向外扩张的。……当一个体在社会生活中遇有特别事情时,固守于他的常规网络,会使他的特别需要无法得到满足,因为关系的范围和资源无论如何都是有限的。于是他会根据特定事件的属性以常规网络为基础来临时构成他的其他关系网络"[②]。"请托者如果期望资源支配者依照人情法则将其掌握的资源作有利于自己的分配,他必须运用各种方法将对方套在和自己有关的角色关系中,以混合性的关系和对方保持住往来。所谓'攀关系''拉交情''认亲家',基本上都是透过角色套系的作用,和原本没有关系的人建立关系。"[③]

其次,拉上关系后,人们还会以特定的方式来加强关系,从而实现关系储备,以便未来某一不确定场合,可以运用这些关系来为自己谋取利益。"搭上关系后,双方若是预期彼此之间将来还会有进一步的交往,则还要设法加强关系。在中国社会里,加强关系的重要方法之一,是送礼。对方地位愈高,权力愈大,将来的回报愈丰厚,送的礼也愈大。"[④] 除送礼之外,加强关系的方式还包括不时地拜访和宴请等。于是,"吃人家的嘴短,拿人家的手短",按照中国人的"人情法则",一方接受了别人的礼物或宴请,算是欠了对方的人情,日后便有回报的义务。而回报的方式,通常是当送礼者

---

① 金耀基:《中国现代化的终极愿景》,上海人民出版社2013年版,第132页。
② 翟学伟:《人情、面子与权力的再生产》,北京大学出版社2005年版,第125页。
③ 黄光国、胡先缙:《人情与面子:中国人的权力游戏》,中国人民大学出版社2010年版,第24页。
④ 黄光国、胡先缙:《人情与面子:中国人的权力游戏》,中国人民大学出版社2010年版,第216页。

有求于自己时，应当尽可能地提供帮忙。这种帮忙，通常是受托者运用手中掌握的权力资源，在规则的弹性部分做手脚，极端情况下甚至完全无视规则，以满足对方的利益需要。除此之外，在有些情况下，双方关系的存在对一方来说本身就意味着一种优势，此时，关系变成了一种资源，无论其是否被动用，都将使一方在与他人的博弈中处于有利地位，从而使关系间接转化成一方的利益。

以上分析表明，特殊主义的行为取向，对规则的运行构成诸多挑战。人们不仅在各自固定的关系网络内依据交往对象的不同身份，对规则采取不同的适用方式，在固定关系网之外，人们还通过搭建临时关系网的方式，进一步削弱规则的适用。此外，人们还通过种种方式形成关系储备，以便在将来某个不确定的时间，使规则朝着有利于自己的方向运行。如上种种，都构成对我们孜孜以求的法治事业之严重消解。

总之，社会结构的差序与弹性，给中国人的社会心理和社会行为造成两方面的负面影响。首先，在社会心理上，人们之间很难形成真正的平等。偏正式的文化心理使得人们在社会交往中总是倾向寻求中心，并且，中心一旦确定，一种心理和事实上的支配与被支配关系即告形成。此种心理定式的存在，为权力的滥用、权力难以被监督、民主难以形成、法律难以被服从等反法治现象的广泛出现埋下了伏笔。其次，在社会行动中，一种普遍的行为准则难以被贯彻。法治所追求的普遍主义被人们实际行动中的特殊主义所消解。一方面，人们会根据彼此之间关系的不同类型采用不同的行为标准。另一方面，人们还会根据自身利益的需要灵活地调整与他人的关系，从而使规则的运行朝着有利于自己的方向发展。可以说，偏正结构式的文化心理，以及特殊主义的行为取向，是法治在中国难以有效推进的关键性因素。

三、走出偏正式文化心理与特殊主义行为取向的可能路径

上文已指出，差序格局所必然引发的偏正式文化心理和特殊主义行为取向，会对我们的法治构成诸多挑战和消解，因此，欲使法治获得真正实现，必须从根本上改变我们的社会行为结构。那么，一种什么样的社会行为结构才是法治所需要的呢？我们不妨将其表述为"平行结构"。

所谓平行结构，是指在制度运作场域中，人们以规则为中心，彼此之间构成一种地位平等、平行并列的结构性关系。这一结构与差序格局的不同之处在于，后者预设并导致了人们之间关系和地位的差异，并将此差异作为行为选择的最重要依据，无论是在私生活领域还是公共交往领域，都

是如此；平行结构则强调人们在公共交往也即制度运作场域中彼此平等以待，关系和地位的差异只能存在于个人私生活领域中。

之所以容许在私生活领域保留关系和地位的差异，是因为，首先，人们私生活中关系的亲疏远近是一种自然事实。这其中，血缘上的亲疏关系，对任何人来说都是一种先在的事实，这一事实是无法忽略和改变的。而友谊上的亲疏关系，是人类情感的需要和自然流露。如果将它们完全排斥出人们的私生活领域，将是对自然事实和人类情感的违背。其次，地位上的差异尤其是长辈与晚辈之间差异的存在对整个社会来讲有着诸多积极的意义。例如，长辈对晚辈的权威很大程度上是晚辈健康、全面成长的必要条件，父母对于未成年子女的权威尤其如此，这一点正是父爱主义理论的重要根基，也是法律设立监护制度的现实基础。

因此，平行结构并不意味着要完全否弃人们之间关系和地位的差异，而仅仅意味着要将这些差异严格限定在私人生活领域，并禁止将其援引至公共生活领域，进而影响人们的行为选择。也即，平行结构只要求人们在公共交往中去关系化与去地位化。可以想见，在这样的社会行为结构下，人们的社会心理和社会行为取向都可能发生根本性转变。

首先，在社会心理上，当人们面对不同交往对象时，都能秉持一种独立、自信的心理。此种心理之下，人们之间自然会平等以待，因而，以权势和地位压人的现象将变得难以接受。同时，社会大众也会因心理上的自信而表现出对公共生活的强烈参与意识，以及对公共权力运作的监督意识，进而有助于社会民主氛围的形成和民主机制的有效运转。在权力体系内部，上级和下级之间的监督关系也可以因彼此心理地位的平等而成为现实，法律所设定的权力体系内部的纠错功能也才能真正发挥出来。

其次，在社会行为取向上，一种普适性的行为标准有可能被真正贯彻。如前所述，关系和地位的差异必然引发特殊主义，而平行结构之下公共交往中的去关系化和去地位化，将使特殊主义失去生存的土壤和发展的空间，这无疑将有利于法治所追求的普遍主义理想之实现。此外，公共交往中的去关系化和去地位化，也有助于法律规则在运行中免于遭受各种法外因素的干扰，前述种种消解法治的因素和机制，诸如关系、人情、面子等，也将因失去发挥作用的场域而逐渐被淡化，法治的运行因而会变得简单而纯粹。总而言之，以去关系化和去地位化为特点的平行结构，才是符合法治需要的社会行为结构。

那么，如何才能在社会中形成一种符合法治需要的平行结构呢？解决方案或许是，用一种新的关于自我的观念取代传统的自我观。有学者将中国传统的自我观定义为"关系自我"。①所谓关系自我,即"依据个人与互动对象之间关系的不同,而对自我作不同的界定"。②这就是说,传统文化塑造出来的个体,并非独立的个体,而是关系中的个体,也即处于"君臣、父子、夫妇、兄弟、朋友"五种关系中的个体。可以说,这样一种自我观,很大程度上源于儒家的理论建构。接下来我们要问的是,为何儒家不像西方那样对个体作独立对待,而非要将人们圈定在不同的关系中?这与孔子的政治理想有关。孔子的理想治理模式是西周时期金字塔式的贵族政治,为此,他和他的门徒发展出一套宗法理论和制度,用以稳定和加强贵族的力量。③尽管自秦确立官僚政治后,孔子的贵族政治理想最终落空,但孔门发展出来的那一套宗法理论与实践却得以保留,其建构的以家为基本单元的社会图式也延续至今。由于宗法的基础在家,因而,儒家伦理中的"五伦"亦是以家庭伦理为根基的。正如冯友兰所言:"所有一切人与人底关系,都须套在家底关系中。在旧日所谓五伦中,君臣、父子、夫妇、兄弟、朋友,关于家底伦已占其三。其余二伦,虽不是关于家者,而其内容亦以关于家底伦类推之。如拟君于父,拟朋友于兄弟。"④简言之,儒家塑造出的个体,并非独立的个体,而是处于重重关系包围的个体。此种情境中,"所谓伦理者无他义,就是要人认清楚人生相关系之理"⑤。可以说,这些"人生相关系之理"将个人彻底遮蔽,其结果就是,在中国传统文化中,独立的自我是根本不存在的,自我永远只是被各种关系定义的自我。

关系自我必然导致差序格局以及随之而来的偏正式文化心理。因为关系自我意味着自我处于各种关系的包围中,并且,这些关系对个体而言具有不同程度的重要性,或者说差异性,因而,这些具有差异性的关系便形成差序格局。同时,在所有这些关系中,最核心的是父子关系,而父子关系的要义便是突出子女对父母的归顺与服从。所谓"天下无不是之父

---

① 需要说明的是,国内学者朱滢分别以"互依型自我"和"独立型自我"来命名中西方两种不同的自我观。根据他的解释,所谓互依型自我,即强调人与社会环境,甚至山川自然环境的一致性,强调人们相互之间的依赖关系,是一种与他人相联系的自我,自我与非自我的界限就是自家人与外人的区分。所谓独立型自我,就是强调自我只体现、已完成在个体身上,与社会、自然是分离的,自我与非自我的界限就是个人与他人(任何他人)的区分(朱滢:《文化与自我》,北京师范大学出版社2007年版,第49页)。

② 黄光国、胡先缙:《人情与面子:中国人的权力游戏》,中国人民大学出版社2010年版,第132页。

③ 陶希圣:《中国社会之史的分析》,岳麓书社2010年版,第122页。

④ 冯友兰:《新事论》,北京大学出版社2014年版,第64~65页。

⑤ 梁漱溟:《中国文化要义》,上海世纪出版集团2005年版,第81页。

母"——可以说，这是心理上偏正关系的最初形式。并且，父子之间此种心理上的偏正关系具有辐射的功能，它会使其他亲属关系如夫妇和兄弟关系也具有同样的偏正属性。正如张岱年等所揭示的："中国的家庭伦理道德所规定的家庭成员之间的关系，包括两个方面。一是互尽义务的关系，一是单向服从（子女对父母、妻对夫、家庭成员对家长）的关系。"[1] 而"拟君于父""拟朋友于兄弟"又使得君臣关系在结构上如同父子关系，朋友关系也成为兄弟关系的类推。从这一角度讲，中国人社会心理上的偏正结构，从表面上看源于差序格局，究其深层原因，则在于关系自我以及作为其核心的父子关系所隐含的观念逻辑。

关系自我除了会导致人们文化心理上的偏正结构外，还必然引发人们行为取向上的特殊主义。如前所述，关系自我意味着关系差异，而关系差异意味着区别对待。正是这种区别对待，使人们在社会交往中难以奉行一套统一的行为标准，而是根据不同的对象采用不同的标准。换句话说，普遍主义的行为取向在这里是不可能存在的，人们通常所遵循的，只能是特殊主义。

还有一点需要特别指出的是，传统文化教会我们的，更多的是如何与熟人相处，对于如何处理陌生人关系，则基本没有涉及，即便偶尔涉及，也只是一笔带过。有学者曾指出："儒家的社会理论未能为个人提供一个伦理导向，使其能够同与自己没有特殊关系的'陌生人'打交道。"[2] "在家族结构中，人与人之关系，五伦中有明确的角色定位，但在家族之外，儒家除对君臣、朋友二伦有规范外，对于'路人'应该持怎样的人我关系便没有特殊的设计了。"[3] 这意味着，当自我与陌生人交往时，将会变得无所适从，以至于可能完全丧失规范性。中国人常常在陌生人面前表现出背信弃义、损人利己等行为倾向，便可以证明这一点。也正是在此意义上，金耀基才说，"人不为己，天诛地灭"这一说法也许乍听起来让人感到尴尬，但若放在一种脱离社会关系的语境中，便不难理解了。[4] 从这一角度讲，本节第二部分所述黄光国的一个判断，即工具性关系（陌生人关系）适用公平法则，也未必全然正确。更为合理的表述应当是，中国人在与陌生人交往时，存在两种可能的行为倾向：一种是完全按规则办事，因为关系、人情等在此基本不发生作用；另一种则是完全不按规则，因为我们难以找到与陌生人交

---

[1] 张岱年、程宜山：《中国文化论争》，中国人民大学出版社2006年版，第61页。
[2] 金耀基：《中国现代化的终极愿景》，上海人民出版社2013年版，第106页。
[3] 焦国成：《中国古代人我关系论》，中国人民大学出版社1991年版，第81页。
[4] 金耀基：《中国现代化的终极愿景》，上海人民出版社2013年版，第106～107页。

往的具体行为尺度。虽然孔孟曾教于我们一套"己所不欲，勿施于人"，以及"老吾老以及人之老，幼吾幼以及人之幼"的推己及人式的交往准则，但这一准则显然有些过于原则和一般化。换句话说，它与其说是适用于陌生人的处世准则，不如说是一套适用于所有人际关系的准则。而这一原则在具体的社会行动中，即便是熟人之间，也并非总能获得很好的实现。熟人之间尚且如此，可以想见，它在陌生人之间的实现程度当会更低。这是因为，在熟人之间，存在一些独特的行为制约机制，诸如博弈的多次反复性，"低头不见抬头见"的社会观念等，都可以不同程度地促使人们将孔孟的那一套道德原则贯彻下去；然而，在陌生人之间，这些制约机制根本就不存在，博弈的单次性必然引发行为的投机性，因而这些道德原则被实施的可能性会大大降低。

总之，只有摒弃"关系自我"观，并在社会中形成一种"独立自我"观，差序格局及与之相伴随的偏正式文化心理和特殊主义行为取向才可能在中国社会中隐退，一种符合法治需要的平行结构才可能真正建立。也唯有如此，传统社会中一些不利于法治的文化逻辑，如关系逻辑等，才有可能因丧失发挥作用的场域而得到遏制，法治所追求的普遍主义理想也才能真正实现。更进一步地，只有形成一种去关系和去地位化的独立自我观，中国社会中的个人才能在熟人与陌生人之间从容应对，并在行为方式上一以贯之，而不是如传统做法那样，在不同的情境中展现出完全不同的两面性甚至多面性。

那么，如何才能突破"关系自我"而在社会中形成一种"独立自我"呢？从经验角度看，就西方文化而言，古希腊、罗马的宗教，以及后来的基督教文化和近代启蒙思想都在很大程度上实现了对西方独立自我观的理论建构。

可以说，古希腊、罗马独特的宗教和社会形式，是西方独立自我观形成的原始文化基因。据法国历史学家古朗士考察，古希腊罗马早期的宗教形式是家内宗教。这一宗教有些类似于中国古代的祖先崇拜，也即奉家中的死者为神灵。在这种宗教形式中，每个家庭都是一个独立的宗教单元，不仅信奉的神灵不同，就连祭祀的仪式也都各具特色。但与中国祖先崇拜不同的是，在古希腊和罗马，家内宗教可以不断向外扩张：几个家庭可以约定信奉同一神灵，组成一个胞族；几个胞族又可以约定信奉同一神灵，组成一个部落；几个部落还可以约定信奉同一神灵，组成一个城市。这样，胞族、部落和城市又成为新的宗教单元。值得注意的是，在家庭宗教向胞族、部落和城市宗教扩张的过程中，每一个原先的单元仍然保持其自身的独立性。① 必须承认，这种独特的宗教结合形式，从一开始就为西方文化注入了一种独立、平等的社会和文化基因。后来的基督教文化则进一步使个人从家庭中摆脱出来，以个体身份直接面对上帝。在圣经故事中，我们可以看到这样的记载：人们为了遵从上帝的意旨，可以完全牺牲亲情，甚至亲人的性命。② 这一点虽然在我们看来有些过于极端，却传达出基督教的一个基本教义，当直面上帝时，人们之间是彼此独立的。近代启蒙运动又使个人的理性被充分张扬，康德指出，古希腊名言"要有勇气运用你自己的理智"恰巧道出了启蒙运动的核心，③ 并成为启蒙运动的重要口号。这样，基督教中的个人主义，与启蒙运动所倡导的理性主义一经结合，加上古代希腊、罗马的文化基因，一种独立的自我观在西方文化中最终被塑造出来。

独立自我观与中国传统文化塑造出的关系自我观截然不同。前者不仅强调人们之间地位的平等与独立，而且，这些平等独立的个体在社会交往中，只需运用自己的理性，并严格按照既定的规则行事，便可以实现与他人的和谐往来。后者既不承认个人地位的独立，也不承认他们之间地位的平等；并且，它还要求人们在社会交往中不能仅凭自己的理性简单按规则行事，而应充分考虑其所处的地位和具体社会情境。简单地说，由基督教和启蒙思想建构出的个人是独立平等和自我定义的，由孔孟之道塑造出的个人则是依附于关系并由情境定义的。很显然，前一种个体观才是法治所需要的，或者说，源于西方的法治本身就是建基于这样的个体观之上的。

四、结语：我们需要一套新的理论建构

由于中国文化长期以来是以"我们"优先的，自我被隐藏在"我们"之中——这是"关系自我"的应有之义——其结果是，不仅自我不容易被发

---

① 古朗士说："不同的团体组成联盟后，每个团体并没有因此而失去其个性或各自的独立。虽然几个家庭组合成一个胞族，然每个家庭仍如独立前一样保持着它的结构。家内的祭祀、祭司职责、所有权和内部司法都没有因此而改变，可以说，家中的一切都没有因为联合而发生任何改变。联合后，每个胞族（库里亚）仍保留自己的祭祀方式、集会、节庆和首领。人类的社会组织从部落过渡到城市，但部落并没有因此而解散，每个部落仍是一个自主的团体，就好像城市并不存在一样。在宗教方面，除了一个共同的宗教外，还存在大量次一级的崇拜方式；在政治上，建立了一个共同的政府，而无数小政府也仍然存在。"（[法]菲斯泰尔·德·古朗士：《古代城市：希腊罗马宗教、法律及制度研究》，吴晓群译，上海世纪出版集团2006年版，第156页）

② 有这样一则圣经故事：亚伯拉罕为了表达自己对上帝的敬畏，甘愿听从上帝的指令而杀害自己的独生子以撒。当然，这只是一种试探，上帝最终阻止了亚伯拉罕的行为。关于这一故事，参见《旧约·创世纪》第二十二章第1~12节。对于这一故事的解读，可参[美]艾伦·德肖维茨：《法律创世纪：从圣经故事寻找法律的起源》，林为正译，法律出版社2011年版，第83~106页。

③ [德]康德：《答复这个问题："什么是启蒙运动？"》，载康德：《历史理性批判文集》，何兆武译，商务印书馆1990年版，第22页。

现,甚至连他者也不容易被发现。可以说,在中国文化中,"自我性"与"他性"都是被抑制的。"'自我性'就是指每个人的自由意志、独立自主性和独创性,这是每个人之为人的本质之所在,每个人的尊严之所在。……'他性'就是指他人的'自我性'。"①因此,突出"自我性"并不意味着否定或牺牲"他性"。恰恰相反,对"自我性"的强调同时蕴含着对"他性"的张扬,因为所谓"他性"也就是他人的"自我性"。也因此,我们所力图塑造的"独立自我",并不等于"利己自我",而是尊重他人"异己性"的自我。这样的自我观,才是有助于形成主体之间平行结构的自我观,也是法治赖以繁荣生长的自我观。

进一步地,要构建独立自我观,基本的路径应当是,将自我从"我们"中解脱出来。反观西方,虽然如前文所述,古希腊罗马独特的宗教和社会结合形式,为西方独立自我的出现注入了原始的文化基因,但在古希腊,人们的自我性是不明显的。正如一位学者所观察到的:"在古希腊思想文化中,独立的个体性自我,或湮没于宇宙整体的必然性之内,或湮没于社会群体之内,而没有凸显出来。"②后来基督教的兴起和启蒙运动的理论渲染才使个人从群体中解放出来。接下来的问题是,我们在构建"独立自我"的道路上,究竟该何去何从?

必须承认,理论一般具有建构社会的功能,"任何一种看似客观的社会构成在其历史长河中都已经被多次地建构过了"③。前文已揭示出,"关系自我"是由儒家理论建构出来的,而西方式的"独立自我"则源自古希腊、罗马的文化基因,其间经由基督教的文化建构,最终于启蒙时代塑造成型。考虑到理论具有如此强大的建构功能,因此,对于当下中国社会而言,也许我们也需要一套新的理论,来重新建构我们的自我观。至于是一种什么样的理论,可以肯定的是,我们不可能简单套用西方的理论。原因在于,一方面,任何理论的提出及其适用都密切关联着具体的语境,语境的不同不仅影响着理论的提出,更制约着理论的适用。另一方面,一种文化观念的塑造在不同社会中往往遵循不同的路径,这种路径对其他社会来讲通常是不可复制的。因此,很大程度上可以说,就独立自我观的塑造而言,西方的理论对我们来说未必能够适用。这进一步意味着,我们需要一套既不同于传统儒学,又不同于类似基督教信仰和启蒙理性的西方式理论建构。可以说,这一理论建构的完成,仰赖于本土社会科学工作者共同的理论探索和智识努力。

---

① 张世英:《中西文化与自我》,人民出版社 2011 年版,第 67 页。
② 张世英:《中西文化与自我》,人民出版社 2011 年版,第 58 页。
③ 翟学伟:《人情、面子与权力的再生产》,北京大学出版社 2005 年版,第 25 页。

第二节　面子、人情的功能变异及其对法治的消极影响

面子、人情在传统熟人社会中曾发挥出积极的秩序功能：面子不仅可以激励人们作出好的行为，也可以抑制其不良行为；人情在物资匮乏的年代承担着社会互助的功能，经由此种互助，人们之间还能形成一种紧密的社会团结。然而在当下，随着传统熟人社会的式微，这两种文化机制因生存土壤的改变而出现了一些功能上的变异，进而产生了一种反秩序的倾向。由于评价标准的日益物质化，面子成了种种不当逐利行为的诱因，人们为了片面追求物质利益，甚至不惜以违法、犯罪为代价；面子运作的虚假化，不仅给人们的日常生活造成诸多不良影响，也容易导致公共权力的腐化。随着"礼尚往来"的平衡被打破，人情不再是社会互助与团结的纽带，相反，它沦落为一种敛财或行贿的手段，甚至充当着社会分裂的助推器。那么，本具有积极秩序功能的面子与人情，何以会在当下反而成了秩序的破坏者？究其原因，主要在于当下社会结构的改变所带来的舆论结构的变化。

一、面子、人情：源自中国传统熟人社会的独特文化机制

一般而言，社会分工不发达、社会流动性低的前现代社会，都可能是一个熟人社会，这一点我们从滕尼斯关于共同体的判断便可窥见一斑。在滕尼斯的论述中，人类共同体最初体现为血缘共同体，后来发展并分离出地域共同体，再后来又由地域共同体发展出精神共同体；其中，血缘共同体表现为行为上的统一性，地域共同体表现为居住空间的共享性，精神共同体则表现为人们心灵和信仰上的相依相伴。[1] 滕尼斯的研究揭示出，传统社会中的人们，都生活于各种不同形式的共同体之中，而无论哪种形式，都能为他们提供一个稳定的共处空间或共享领域，通过这些共处与共享，人们之间自然而然可以达到十分熟识的程度。从这一意义上可以说，"传统社会是个熟人社会"这一判断，不仅适用于中国社会，也适用于西方社会乃至任何其他类型的社会。当然，我们需要进一步指出，中国传统熟人社会与其他类型的熟人社会有着本质的差异。

为什么这么说？原因在于，虽然传统社会大体都属于熟人社会，但它们在内部构造上却可能很不一样。这里不妨通过中西传统社会的对比来

---

[1] ［德］斐迪南·滕尼斯：《共同体与社会——纯粹社会学的基本概念》，林荣远译，北京大学出版社 2010 年版，第 53 页。

对这一判断进行说明。在西方传统社会，虽然同时存在血缘、地域和精神共同体，但这三者的重要性却截然不同；其中，精神共同体具有压倒性优势——滕尼斯强调，精神共同体才是"真正的人的和最高形式的共同体"。① 这意味着，在西方传统社会中，精神共同体的意义和价值被格外看重，尤其是在基督教作为大一统宗教的时代，以信仰为纽带的教会共同体才是人们最重要的结合形式。换句话说，在西方社会，血缘联系并不像在中国社会一样具有特别的重要性。关于这一点，我们甚至可以从古希腊、罗马的文化传统中找到根据。众所周知，在古希腊和古罗马，也存在家神崇拜，但此一崇拜却明显不同于中国的祖先崇拜。主要体现为，我们的祖先崇拜牢牢建基于血缘联系之上，并且，经由这一崇拜，人们对于血缘的认同被不断强化；而古希腊、罗马的家神崇拜，尽管起初的确与血缘密不可分，但其后续发展却一步步地淡化着人们之间的血缘联系。据法国历史学家古朗士的考察，古希腊、罗马的宗教形式经历了一个由家内宗教到部落宗教再到城市宗教的不断拓展过程，他指出，尽管古希腊、罗马的每个家庭都崇拜自己的家神，但与此同时，不同家庭又可以相互约定共同信奉某一神灵，进而组成胞族；不同胞族仍可以约定共同信奉某一神灵，进而形成部落；不同部落还可以约定共同信奉某一神灵，从而组成城市。② 从古朗士的描述不难看出，在古希腊、罗马，尽管起初的家内宗教与血缘有着内在关联，但当家内宗教向部落宗教和城市宗教扩展时，血缘的重要性被不断弱化，甚至完全忽略了。后来基督教在西方世界的大肆扩张，又再一次从观念上淡化了血缘的重要性——在基督教的教义里，个人与上帝的关系具有压倒性的优先地位，亲属关系相对于人神关系而言显得微不足道。通过上述分析，我们基本可以认为，在西方社会，血缘联系并不是最重要的，基督教的强势影响，反倒使人神关系具有优先性。反观中国社会，尽管偶尔或局部地域也存在信仰共同体，③ 但人们更重要的归属却是血缘和地域

---

① ［德］斐迪南·滕尼斯：《共同体与社会——纯粹社会学的基本概念》，林荣远译，北京大学出版社 2010 年版，第 53 页。
② ［法］菲斯泰尔·德·古朗士：《古代城市：希腊罗马宗教、法律及制度研究》，吴晓群译，上海世纪出版集团 2006 年版，第 156 页。
③ 这里的信仰共同体，是指以某种超验神灵为信仰对象的共同体。从这一角度来界定信仰共同体，则中国历史上只是偶尔或局部地域存在这样的共同体。但如果采用其他定义，将儒学也视为一种信仰对象——马克斯·韦伯就将儒学称为儒教（［德］马克斯·韦伯：《儒教与道教》，王容芬译，商务印书馆 1995 年版，第 6、7、8 章），民国学者辜鸿铭也认为，儒学在传统中国承担着类似宗教在西方社会的功能（辜鸿铭：《中国人的精神》，海南出版社 1996 年版，第 29～77 页）——则可以认为，在中国传统社会也存在一个强大的信仰共同体。但同时需要指出的是，即便承认儒学也可以造就一个普遍的信仰共同体，这一共同体在价值取向上也与西方的信仰共同体迥然不同：前者的核心价值是以家族伦理为核心的世俗（经验）伦理，后者则是具有更多超验属性的基督教伦理。

共同体；并且，在信仰、地域和血缘三种社会联系中，血缘一直占据着核心地位。无论是费孝通意义上的"差序格局"，还是瞿同祖所说的"同心圆式的社会结构"，都旨在表明，血缘是中国人一切社会联系的起点，也是最被看重的一种社会联系。一定意义上我们甚至可以说，血缘不仅是中国人社会联系的起点，也是其行为指向和人生意义的最终归宿。这一点，不仅深深蕴藏于民间观念中，也体现在作为官方正统的儒家思想中。冯友兰曾指出："在旧日所谓五伦中，君臣、父子、夫妇、兄弟、朋友，关于家底伦已占其三。其余二伦，虽不是关于家者，而其内容亦以关于家底伦类推之。如拟君于父，拟朋友于兄弟。"①这句话的意思是，在儒家那里，血缘几乎可以统合一切社会关系——这意味着，在中国传统社会，血缘被塑造为并且事实上也是人们之间最重要的联结纽带，以血缘为基础的社会关系是人们最核心，也是最重要的社会关系。

　　简言之，西方传统社会与中国传统社会的根本差异在于，一个强调信仰，一个看重血缘。换句话说，西方传统社会主要以信仰为纽带联结起来，而中国传统社会则主要以血缘为纽带联结起来。纽带的不同会造就不同的人际关系格局：以信仰为纽带的社会关系，人们之间容易形成一种平面格局，因为在宗教语境中，神灵之下，众生平等；而以血缘为纽带的社会关系，则人们之间会形成一种如费孝通所说的"差序格局"——这是因为，血缘的最大特点就在于，它会天然地形成人们之间关系的亲疏远近。同时，社会格局的不同会导致人们行为取向上的差异：在平面格局中，人们易于秉持普遍主义，也即在行为标准上对他人作同等对待；而在差序格局中，人们则容易信奉特殊主义，也即，行为标准会因人而异。关于后一点，帕森斯曾有过专门论述，他指出："儒家在道德上支持的是个人对于特定个人的私人关系——在道德上强调的只是这些个人关系。为儒教伦理所接受和支持的整个中国社会结构，是一个突出的'特殊主义'的关系结构。"②

　　那么，特殊主义的行为取向，会派生出哪些具体的文化机制呢？最主要的在于面子、关系和人情。如所知，特殊主义的核心要义是区别对待，而区别对待至少包含以下几个前提或意蕴：首先，它意味着所有人在地位上都不是对等的，而是存在差异的，此种差异要么源于由血缘而引发的辈分高低，要么源于由名望或成就所导致的社会地位的不同；其次，它也意味着，人们与他人的社会关联度存在差异，从强关系到弱关系再到无关系；

---

① 冯友兰：《新事论》，北京大学出版社2014年版，第64~65页。
② [美]塔尔科特·帕森斯：《社会行动的结构》，张明德等译，译林出版社2012年版，第616页。

最后，以上两点又给社会提出了一个问题，那便是，如何在保持社会关系参差不齐的同时，不至于使社会面临分裂的风险？可以说，这三个方面，分别对应着面子、关系和人情。首先，既然彼此地位不对等，那么，地位高的人就理应受到更多尊重——此种因辈分或社会地位而获得的额外尊重，便是面子的最初来源。其次，人们社会关联度的差异既要求他们根据不同关系类型采用不同的处事准则，也迫使他们在特定情形中，为了实现特定目的，必须对这些关系进行调适与改变，而这后一点，就必然引发关系的运作，进而产生所谓的"关系学"。再次，由地位的差异和关系的强弱所衍生出的区别对待，容易给社会带来离心力，因此，特殊主义在强调区别对待的同时，也强烈呼唤一种日常化的社会团结机制，而以"礼尚往来"为核心和基本规范的人情，恰恰能够承担这一功能。因而，特殊主义与面子、关系、人情这三种文化机制和文化逻辑相为始终，很大程度上可以说，它们互为条件，互成因果。也正是在此意义上，金耀基才特别强调，"关系、人情、面子是理解中国社会的关键性的社会—文化概念"。①

由于在这三种文化机制中，面子和人情的秩序功能较为明显，而关系虽具有一定的积极功能，但其消极意义却更为显著。关系的积极功能主要体现为，在传统社会中，关系的恰当使用，有助于人们克服交往障碍。这是因为，中国传统社会是一个普遍信任②缺失的社会，在这样的社会中，人们与陌生人打交道时难免会畏首畏尾，而在特定情形中，人们又必须将交往范围拓展至陌生人——正如翟学伟所说，"当一个体在社会生活中遇有特别事情时，固守于他的常规网络，会使他的特别需要无法得到满足，因为关系的范围和资源无论如何都是有限的。于是他会根据特定事件的属性以常规网络为基础来临时构成他的其他关系网络"；③ 正是凭借对关系的运用，人们生活中遇到的很多问题才可能顺利解决。然而，也恰恰是这一点，为关系的钻营和关系的滥用埋下了伏笔。④ 关系在中国社会运用之广，以及由此而形成的关系策略之微妙和复杂，使得在中国社会演化出了一套关

---

① 金耀基：《中国现代化的终极愿景》，上海人民出版社2013年版，第126页。
② 普遍信任是相对于特殊信任而言。前者是指人们愿意普遍地相信一般人，而不论其是熟人还是陌生人。后者则指人们只愿意将信任投给特定的人，通常为亲人、朋友或熟人。可以说，中国文化中的信任是一种典型的特殊信任，而非普遍信任。关于普遍信任与特殊信任的相关讨论，可参见[美]埃里克·尤斯拉纳：《信任的道德基础》，张敦敏译，中国社会科学文献出版社2006年版，第24、25页。
③ 翟学伟：《人情、面子与权力的再生产》，北京大学出版社2013年版，第125页。
④ 金耀基曾指出："中国人可以根据个体同其他特定个体或社会群体共有的'归属性特征'来与之发生'多元的'认同关系。个体拥有的归属性特征越多，他就越能拉关系。"（金耀基：《中国现代化的终极愿景》，上海人民出版社2013年版，第132页）

于关系的专门学问——关系学。① 关系学的发达及关系的广泛使用,会给社会秩序带来很多潜在的危害,最核心的在于,它不仅会带来社会资源分配的不公,还容易滋生公共权力的腐败。因而,总体上可以说,尽管从最初功能上看,关系这一熟人社会文化机制曾发挥出一定的积极功能,然而,其此后的发展却不可避免地会引发对关系的过度钻营,进而给社会秩序带来破坏性影响。也因此,在面子、人情、关系这三者中,下文将着重就前两者的积极秩序功能展开讨论。

二、面子、人情的秩序功能

由于在心理学界,尤其是本土心理学界,对面子、人情的概念及其运行机制,已有相当的讨论,因而,此处不打算对这些内容作重复介绍。在这里,笔者拟主要在既有研究的基础上,对面子、人情在传统社会中所发挥的积极秩序功能进行挖掘。

(一)面子的秩序功能

面子是中国文化中一种极为复杂的心理机制,它通常是指人们因他人对自身的积极评价或特别对待而产生的心理满足感。此种满足感所赖以建立的基础,主要通过三种方式获得:一是凭借先天所具有的某种身份或地位而自然取得;二是通过后天努力奋斗而赢得;三是依靠某种刻意经营而博得。② 以第一种方式获得的面子也就是翟学伟所说的"先赋性脸面",它依靠的是人们某些先天的优势或地位。以第二种方式获得的面子也即他所谓的"获致性脸面"或"成就性脸面",它通过人们后天的积极进取而获得,通常体现为某种人格、成就与名誉。③ 以第三种方式获得的面子,实际上是一种虚假的"面子",它是通过做"面子功夫"④ 而刻意营造出来的。在中国传统社会中,面子的获得主要通过前两种方式,其中第二种方式尤

---

① 关于中国人的关系学及其相应的运作原理,可参见翟学伟:《关系与中国社会》,中国社会科学出版社2012年版。

② 胡先缙指出,面子"代表在中国广受重视的一种声誉,这是在人生历程中步步高升,借由成功和夸耀而获得的名声,也是借着个人努力或刻意经营而累积起来的声誉"(胡先缙:《中国人的面子观》,载黄光国、胡先缙等:《人情与面子:中国人的权力游戏》,中国人民大学出版社2010年版,第45~46页)。

③ 在翟学伟看来,先赋性脸面的来源包括血缘、地缘、性别、辈分、外貌、年龄、种族;而获致性脸面的来源既包括个人的成就、人格、名望、知识和能力等,也包括家庭亲情、礼教门风、富裕程度、名望和社会关系等(翟学伟:《中国人的脸面观》,北京大学出版社2011年版,第145页)。

④ 所谓面子功夫,按照金耀基的解释,是指在人际关系中,尤其是面对面的关系中发展出来的用以维护面子的一套社会技术(金耀基:《中国现代化的终极愿景》,上海人民出版社2013年版,第150页)。

为人们所称道，至于靠"面子功夫"而赢得的面子，则容易为人们所不齿。这意味着，在传统社会中，面子的资源主要来自于"先赋性脸面"与"获致性脸面"，而虚假脸面尽管也能给人带来某种心理满足感，但此举却反而容易招来负面评价。翟学伟指出："当面具是用来说明外显行为和背后自我不一致时，它相当于中国人所说的厚脸，而不是脸本身。"①

就面子的功能来说，由于先赋性脸面是凭借一些先在的因素而获得，因而它对人们行为本身的影响并不十分明显；相反地，由于获致性脸面是通过人们后天的努力而获得，因而它将对人们的行为产生有效的引导和激励。由于完善的人格、卓越的社会成就和名望都能给人带来面子，这无形中会引领人们朝着这些方向努力，因而，面子所具有的正面激励功能由此显现。同时，中国传统社会非常看重血缘，这使得人们的家族观念和家族荣誉感极其浓烈，以至于在他们看来，自己所取得的成就与名望，不仅是他们个人的，更是他们所在家族的——这里的家族，不仅包括当下所有活着的家族成员，还包括已逝的祖先，以及未来的子孙后代——这一点进一步强化了"成就性脸面"对于人们行为的激励作用。为了自身的脸面，更为了整个家族的荣耀，人们会非常注重自身道德人格的提升，也会在社会上积极进取、努力打拼，以不断获得成就和荣誉来为自己和家族争光。此外，生活于传统社会的人们，在获得一定的成就或名望时，往往会做出一些义行或善举来造福乡邻（中国历史上此种事例可谓不胜枚举），有些还会积极地投身于乡土社会的治理——传统社会中的"绅权"很大一部分便是经由此种方式而形成，作为一种特殊的权力形态，绅权在传统社会秩序的缔造过程中发挥了很多积极的功能。②

除正面激励外，面子还能对人们的行为起到反面抑制作用。考虑到一个人的不良行为不仅会损害他自己的名声，还会波及他所在的家族，为了不使自己丢面子，不让家族蒙羞，人们通常会在社会行动中有所克制，从而有效地减少和抑制各种不利于他人和社会的行为出现。同时，一个人或一个家族的坏名声，往往会影响到该人或该家族在整个社会中的存在状态，甚至会使他们面临社会孤立。而在传统社会中，社会孤立是一种极为可怕的惩罚——它不仅意味着人们基本社会地位的丧失，还意味着他们参与社会交往机会的大大减少。总体而言，面子的减损在给人们带来不良心理感受的同时，还会使他们陷入一种不利的社会处境中。因而，无论是基于主

---

① 翟学伟：《中国人的脸面观》，北京大学出版社2011年版，第185页。
② 关于绅权及其功能的讨论，可参见吴晗：《论绅权》，载费孝通、吴晗等：《皇权与绅权》，岳麓书社2012年版。

观感受,还是功利考量,人们都需要积极地约束自己,以不至于做出违背基本社会规范和价值准则的行为,而这,凸显出面子对人们行为的反面约束作用。简言之,生活于传统社会中的人们,一方面要以自己的积极努力来为自己和家族增面子;另一方面还要有效地克制自己的不当甚至违法行为,以尽可能地不使自身和家族的面子有所减损——这前一方面是对人们行为的正面激励,后一方面则构成反面约束。正面激励也好,反面约束也罢,都表明面子能够充当人们行为的有效调节剂,进而促进社会的有序化及良性运转。

(二)人情的秩序功能

在中国文化语境中,人情有两种含义。首先,它意为"人之常情"。这一意义上的人情,既可以指人的基本需求——《礼记》云:"何谓人情?喜、怒、哀、惧、爱、恶、欲,七者弗学而能"[1];也可以指一种"己所不欲,勿施于人"的推己及人的对待他人和社会事务的态度——我们通常说做人要通情达理,做事要合乎常情,这其中的"情"就是此意义上的人情。其次,它是指一种社会合作与互助方式,一般通过"礼尚往来"进行维系,此种意义上的人情具有交换的属性。我们将在后一种意义上使用人情概念,也即,此处所讨论的人情,既不是人性需求意义上的,也不是为人处世意义上的,而是社会交换意义上的。金耀基曾将人类的交换行为区分为经济性交换与社会性交换;他并强调,在前一种交换中,人情因素是被冻结的,也即交换是"感情中性化的",而在后一种交换中,人情却具有重要地位,它是作为交换媒介而存在的。[2] 我们基本赞同他的观点,尤其是他关于人情在社会性交换中地位的判断。对于金耀基的观点,我们还可以作进一步阐释,在经济性交换中,交换的首要原则是等价性,所谓"亲兄弟,明算账",表达的就是此种交换的特点;而在社会性交换中,保持双方关系的持久性是交换的重要原则,在此,"把账算清"意味着交换关系的结束,因此,等价性与社会性交换是不相容的。

既然等价性不能作为社会性交换的原则,那么,这一交换形式靠什么来维续呢?简言之,就是礼尚往来。《礼记》云:"太上贵德,其次务施报。礼尚往来:往而不来,非礼也;来而不往,亦非礼也。"[3] 所谓礼尚往来,就是要保持一种施与报之间的微妙平衡,它意味着,人们在与他人进行社会

---

[1] 《礼记·礼运》。
[2] 金耀基:《中国现代化的终极愿景》,上海人民出版社2013年版,第118页。
[3] 《礼记·曲礼上》。

交往时,务必要做到"投我以桃,报之以李"①——而这,正是中国文化中人情逻辑的核心要义。也因此,在人情逻辑中,如果受人之恩,却不予回报,将被斥为"无情无义",其结果是,此后将很少有人愿意与之交往。需要特别指出的是,在人情逻辑中,对于如何回报,是有特别规定的,那就是,不能等价回报;如果这样做,就意味着双方两清了,这是关系中断的信号。俗语说:"人情像把锯,扯来又扯去。"这句话的意思是,人情就是靠着这施与报之间一来一往的循环往复,来实现关系的持久维续。而这循环往复所依凭的,乃是施与报之间的某种微妙平衡。如何平衡呢?那就是,回报者的回报不能简单等同于施予者的施予,而是要适当多出,以便产生一种新的人情负债关系——可以说,中国式的人情,就是在这债权人与债务人位置的轮番更替中得以维系的。

那么,人情在传统社会中具有怎样的功能呢?大体而言,可以归结为两种。首先,是互助功能。由于人情强调施与报之间的平衡——此种平衡一方面体现为行为要求上的有施必报,另一方面体现为数值要求上的报大于施;因此,对于一般社会主体而言,只要置身于人情循环中,他便可以合理地预期,自己的所施终将获得别人的所报,自己针对他人所施而给予的回报又会在他人那里转化为新的所施,他人终有一天会予以回报。此种一施一报、一报一施的往返更替,能够在人们之间形成一条物质上的互助链。处于此链条上的人们,在别人有需要时,会给予物质上的帮扶,同样,在自己面临困境时,别人也会施以援手,这些帮扶与支援,能够起到有效地防范与化解风险的作用。考虑到以"礼尚往来"为基本规范的人情循环,是传统社会中人们基本的社会交往方式,同时,也由于人情事实上所具有的互助功能,因而,可以想见,人情是传统社会中适用面极广、惠及面极大的一种社会互助形式。

其次,是团结功能。一个社会的团结,可以有很多不同的实现方式。它可以通过某种超验的共同信仰,也可以通过一套世俗的价值体系,还可以通过人们生活上的休戚与共和相互需要。②可以说,在宗教大一统的社会中,宗教本身便足以充当人们团结的纽带——这主要是因为,在宗教语境中,能够促进团结的,不仅是信仰,还包括教会所组织的各种宗教实

---

① 《诗经·大雅·抑》。
② 涂尔干曾指出,传统社会的团结主要依靠某些集体意识或共同情感,而现代社会的团结则建立在社会分工基础之上([法]埃米尔·涂尔干:《社会分工论》,渠东译,三联书店2000年版,第33~72页)。涂尔干的分析可谓精辟,基本上可以算是一种普适性判断。当然,这一判断在不同社会和文化中,也可能遭遇个殊性。可以说,中国文化中的社会团结,便不可避免地具有此种个殊性。

践；① 而在缺乏垄断性宗教的社会中，社会的团结则不仅需要依靠某种世俗的价值体系，还需要通过人们现实生活中的相互扶助来实现。中国传统社会恰恰是一个缺乏普遍超验性信仰的社会，② 在这样的社会中，一方面，固然需要一套普世的价值体系，以凝聚社会共识（孔孟之道无疑承担了这一功能）；另一方面，光有这样一套伦理体系还不够，人们需要以社会行动的方式来进一步推进和落实团结。这些方式可以有很多种，这其中，蕴含于"礼尚往来"中的人情循环，便是一种有效的团结方式。由于人情往来是依靠施与报之间的循环往复来实现的，因而，这一循环本身，便能将人们紧紧凝聚在一起。不仅如此，作为一种社会性交换的人情，明显区别于纯粹的经济性交换，因为它不是"感情中性化的"，而是充满温情的。此种温情，蕴含于人们为呵护彼此关系而表现出的相互理解和体谅之中，也蕴含于人们在他人面临困境时而给予的帮助与扶持之中。所有这些，都有助于人们之间形成一种紧密的连带关系，从而有效地实现社会团结。

三、面子、人情的功能变异

在当下中国，面子、人情本该具有的积极功能正日渐消退，不仅如此，它们的很多功能还发生了变异。主要体现为：面子不再能为人们提供有效的行为激励，相反，它正成为某些社会不正之风，甚至违法、犯罪行为的诱因；同时，人情非但无助于社会的团结与互助，反而充当着一些不法行为的外衣，甚至还加剧着基层社会的分化。

（一）面子的功能变异

首先，面子评价标准的物质化。在传统社会中，面子的评价标准十分多元，它可以是先天的血统与社会地位，也可以是后天的人格、成就与名望。而一个人所拥有的财富，只是其人生成就的一部分而已；并且，财富欲成就一个人的面子，还须加入某种道德考量。一方面，它要求财富本身以正当的方式获得。也即，财富是通过人们努力奋斗积累起来的，而不是以投机取巧或牺牲他人、危害社会的方式获得的。另一方面，财富拥有者肩负着回馈社会的道德使命。这意味着，越是富有的人，越需要担负更多的社会责任，无

---

① 涂尔干强调，真正意义上的宗教，不仅包括信仰和仪式，还包括能将这些信仰转化成共同实践的组织形式——教会，这后一因素，也是宗教区别于巫术的一个重要判断标准（[法] 埃米尔·涂尔干：《宗教生活的基本形式》，渠东等译，上海人民出版社1999年版，第50～54页）。

② 尽管在中国历史上，佛教、基督教、伊斯兰教等外来宗教曾一度为部分国人所信奉，形形色色的本土信仰也广泛存在，但应当说，诸如基督教在西方社会、伊斯兰教在阿拉伯世界、佛教在印度社会那样产生广泛而深远影响的宗教，中国基本没出现过（或许南北朝时期是个短暂的例外）。从这一意义上讲，说中国传统社会缺乏普遍的超验性信仰是可以成立的。

论是赈济穷人,或是以其他方式造福乡里,总之,从社会所获得的财富,得以特定形式反哺社会,不然,便会招来"为富不仁"的骂名。因而,总的来说,在传统社会中,财富只是造就面子的诸多资源之一种;并且,光有财富并不足以给人们带来面子,还必须融入一些外在的道德尺度。然而,在当下社会,面子的评价标准却日趋物质化,财富成为衡量面子的最重要甚至唯一标准。与传统社会中面子评价标准的多元化不同,当下的面子标准日趋单一,财富的重要性日益超越人格、地位和名望,成为首要的标准,在一部分人那里,它甚至成为垄断一切的标准——关于这一点,我们从当下涌现的各种炫富行为便可窥见一斑,它所折射出的是社会中的拜金主义和物欲横流。不仅如此,原本加诸财富之上的道德标准逐渐被剥离,以至于到现在,人们只看重财富本身,而不问它是否以恰当的方式获得,更不问财富拥有者是否具有回馈社会的意愿和行为。面子评价标准的单一化,以及道德因素的被抽离,无可避免地会引发各种形式的逐利行为,人们为了追求物质利益的最大化,往往会表现出短视和功利的一面,甚至不惜以违法、犯罪为代价。

其次,面子运作的虚假化。在传统社会中,通过做"面子功夫"而刻意营造出的面子通常为人们所不齿,它非但不会给人们增加面子,相反,还会带来面子的减损。因此,"面子功夫"式的虚假面子,并非面子运作的常态,而是一种病态。然而在当下,"面子功夫"却俨然成为面子运作之常态。它不仅存在于民众日常生活中,还广泛存在于公共权力领域。在当下一些农村,人们为了争得所谓的面子,往往会做出很多违背常理的行为,从而不仅给相关民众带来伤害,还挑战着人们固有的价值观。[①] 在民众日常生活之外,公权运作领域也充斥着形形色色的虚假面子行为。例如,各种形式的政绩工程,劳民伤财、耗费巨资所换来的仅仅是少数掌权者的"荣耀"或"政绩",却以牺牲相关民众更好地享受公共资源和公共供给的机会为代价,尤其是对于一些社会弱势群体而言,他们基本的社会保障都可能成为这些政绩工程的牺牲品。公共权力领域虚假面子的盛行,不仅会伤害到民众利益,还可能导致公共权力本身的腐化。当为政者心中所想的不再是"为生民立命"时,公共权力的运作便已偏离了正确的方向,方向的偏移必然带来权力的不当行使和权力的腐化。

(二)人情的功能变异

作为社会互助与团结手段的人情,其功能在当下被不断扭曲。首先,

[①] 例如,媒体频频报道的丧事跳脱衣舞现象,据说是为了营造所谓的"面子",然而实际上,此类行为不仅丝毫不会增加面子,反而会构成对传统价值观的严重挑战与破坏。

人情沦为一种敛财手段。在传统社会中，人情的直接功能是社会互助，然而在当下，人情的运行早已背离了其最初功能。本来，人情是依靠建立在礼尚往来基础上的施、报平衡来实现社会互助的，而现在，此种平衡早已被打破，人们急切地想要跳出此种平衡，而使人情的运作朝着有利于自身利益的方向发展。在当下很多地方，尤其是广大农村，花样百出的人情名目被源源不断地制造出来，人情俨然成为人们敛财的手段。由于人人都想通过人情来敛财，因而，只要有机会，他们便会制造出相应的人情名目，来据此收获人情费用。考虑到人情是一种循环，因此，除非人们自外于这一循环，否则，在参与人情角逐的过程中，没有人会是赢家。其结果便是，本来以互助为目的的良性循环，让位于以敛财为取向的恶性循环。如此运作的人情，非但背离了其本该具有的功能，还加重了一般民众的日常生活负担，巨额的人情支出，已成为普通民众难以承受之重。

其次，人情成为变相的行贿手段。在传统社会中，人情不仅强调相互性，而且注重数值上的微妙平衡。而现在很多情况下，人情成为单方面的，即便是相互的，人情的支付也极其悬殊，尤其当人情一方是权力的拥有者或支配者时。此种情境中，表面看起来是人情在运作，实际上却是一种变相行贿。此种行贿手段，相对于其他手段而言，更加隐蔽，更难以侦办，因而也具有更大的社会危害性。可以说，在中央出台相关规定之前，政府官员，尤其是基层政府官员以人情名义收受贿赂的现象广泛存在。每逢节日或一些特定的日子（如生日或子女升学），那些有求于政府官员的人们，便会抓住机会以问候、拜访的方式送礼。很显然，此处的"礼"，早已超出了其本来的功能与意义，而成为行贿的手段和权力寻租的对价。可以说，即便在中央明令禁止之后，此种意义上的人情，仍以某种隐蔽的方式存在于中国社会，从而不仅助推着权力的腐化，而且会造成严重的社会不公。

最后，人情加剧着基层社会的分化。由于人情在当下已沦为一些人敛财的工具，因此，部分民众不愿再参与到人情循环中。然而，自外于人情循环的结果却是，他们面临被边缘化的风险。据一些社会学学者的考察，在当下农村，一些经济困难的人和老年人由于收入微薄，便只能缩小人情范围，减少与他人的人情往来，进而节约人情支出，但这样做的结果却是，他们被一步步边缘化，在社会地位上逐渐处于弱势。相比之下，那些经济上富有的人，可以不断拓展自己的朋友圈，并强化与朋友间的人情往来，从而获得更高的社会地位和更多的话语权。[①]这一现象揭示出，人情在当下已

---

① 贺雪峰：《乡村社会关键词：进入21世纪的中国乡村素描》，山东人民出版社2010年版，第66~69页。

经成为一种新的社会分化手段,它在强化富人地位和话语权的同时,也使穷人的地位愈发弱化和边缘化——而这,与人情在传统社会中所承担的团结功能形成鲜明对比。社会成员间分化的加剧,无疑会给中国社会带来诸多新的不稳定因素。

四、引发变异的原因分析

自清末开启法制现代化以来,到现在100多年的时间里,中国的社会结构正经历一场深刻的变革,传统的熟人社会正与我们渐行渐远。这场变革最终会把我们引往何处?根据典型的现代化理论,熟人社会终将为陌生人社会所取代——这几乎已成为社会科学界毋庸置疑的理论前提而广为人们所接受。然而,就中国社会而言,这一判断不仅显得有些为时过早,而且容易陷入西方中心主义和单线进化论的泥淖。或许,德国学者滕尼斯关于"共同体"与"社会"的分析框架,代表了一种更谨慎和谦虚的理论姿态。根据滕尼斯的理论,传统社会是一种自然生长的,以血缘亲情、地缘联系和精神认同为基础的共同体,现代社会则建立在惯例与契约基础上,它"以众多的赤裸裸的个人为前提"。① 顺着滕尼斯的这一思路,可以认为,传统社会与现代社会的分野,主要不在于人们之间是熟识还是陌生,而在于人们之间结合的基础和纽带。因此,社会的现代化并不意味着人们之间的全然陌生化,尤其在各国现代化的具体进程中,传统的熟人社会虽然面临总体性衰落,但在某些地方,甚或某些领域,熟人社会的影响将持续存在。

就当下中国而言,我们的熟人社会到底多大程度地存在着?对于这个问题,国内两位社会学研究者给出了不同的回答。在贺雪峰看来,当下中国社会已然是一个"半熟人社会"。立基于对村委会选举的实证观察,他指出,在当下农村,尽管自然村还具有熟人社会的一些属性,但行政村却已经是一个半熟人社会。② 与贺雪峰不同,学者吴重庆则认为,当下中国社会是一个"无主体熟人社会"。他指出,在当下农村,由于老年人的传统权威

---

① [德]斐迪南·滕尼斯:《共同体与社会——纯粹社会学的基本概念》,林荣远译,北京大学出版社2010年版,第48~88页。

② 在贺雪峰看来,自然村之所以仍具有熟人社会的属性,是因为自然村中的人们有着共同的生活空间,相互间发生着频繁的交流与合作,彼此能够"知根知底"。但与此同时,它已不再是传统意义上的熟人社会,这是因为,传统熟人社会的重要特点是礼治秩序和长老统治,以及自然生成信用的规矩,而在当下的自然村中,这些特点已不复存在。而之所以说行政村是个"半熟人社会",是因为在行政村中,人们虽然拥有共同的行政空间,共享一些公众人物(主要是村委会成员),却缺乏共同的生活空间,这使得他们虽相互脸熟,却不能实现真正的了解,因此,行政村是一个"半熟人社会"。相关论述,参见贺雪峰:《论半熟人社会——理解村委会选举的一个视角》,载《政治学研究》2000年第3期。

日渐式微，青壮年已成为社会生活的主体，但与此同时，这些青壮年却常年生活在外，这使得广大乡村社会呈现出"空心化"的特点——他称这样的社会为"无主体熟人社会"。①对于贺雪峰与吴重庆的观点，我们不打算从理论角度作过多辩驳——尽管细究起来，他们的论述当存在不少可供商榷之处。②此处的意图主要在于，通过对他们理论的介绍，来点出中国传统的熟人社会正悄悄发生改变这一事实。至于它确切地变成了什么样子，以及它将会变成什么样子，我们无从精确判断。这是因为，一方面，无论是贺雪峰的"半熟人社会"，还是吴重庆的"无主体熟人社会"，都只是针对中国农村社会而提出的，它们未必能够解释中国城市社会。另一方面，同样是农村，也肯定存在地域差异，尤其是南北差异，村委会选举也好，外出务工也罢，不同地区的农村，情况很可能不一样。再一方面，正如前文所揭示的，社会的现代化并不意味着人们之间的全然陌生化，而只是人们结合方式的改变，因此，现代化的结果未必是熟人社会的全面瓦解——从这一角度讲，我们无法对熟人社会的最终走向作出准确的预判。

当然，即便如此，我们仍要承认，"半熟人社会"与"无主体熟人社会"概念的提出，为我们更好地认识当下中国社会尤其是农村社会，提供了新的分析工具和框架，也为我们诊断当下中国社会的很多问题提供了新的视角和依凭。可以说，面子、人情等熟人社会文化机制在功能上的诸多变异，很大程度上都可以归因于传统熟人社会的解体。当下中国社会，称它为半熟人社会也好，无主体熟人社会也罢，总之，它已不再是传统意义上的熟人社会，也即，不再是那个生产面子、人情等文化机制并为之提供养料的社会土壤。土壤的改变，终将使生活于其中的作物发生变异。

对于具体的文化机制而言，文化土壤的意义主要在于，它能够提供这些机制赖以存续的两大条件：一是用以支撑它们的社会价值体系，二是使它们得以有效运转的社会舆论传播机制。可以说，这第一个条件实为熟人社会文化机制得以存续的实体性条件，第二个条件则为其得以运行的手段性条件。就实体条件而言，由于用以支撑面子、人情的那套社会价值，无疑

---

① 吴重庆指出，当下农村社会之所以"无主体"，是因为作为主体的青壮年长期生活在外（春节或特定农忙时节除外），从而引发农村社会主体缺失或"空心化"的问题。而这样的社会之所以仍属于熟人社会，是因为一方面，留守乡村的人们依旧生活于熟人圈；另一方面，在青壮年返乡的日子里，熟人社会便可以周期性地呈现。详细论述，参见吴重庆：《从熟人社会到"无主体熟人社会"》，载《读书》2011年第1期。

② 相关质疑和批判，可参见夏支平：《熟人社会还是半熟人社会？——乡村人际关系变迁的思考》，载《西北农林科技大学学报》（社会科学版）2010年第6期；何永松：《"无主体熟人社会"的逻辑是什么？——与吴重庆先生商榷》，载《甘肃理论学刊》2012年第2期等。

属于罗伯特·芮德菲尔德意义上的小传统。①尽管自清末改制以来，原有的大传统已基本解体，但活跃于中国社会的小传统却仍具有顽强的生命力。一般而言，一个社会的小传统虽不如大传统那般气势磅礴，亦缺乏来自官方的有效支撑，但在延续性与稳定性方面，却往往胜过大传统。换句话说，大传统由于与官方和社会精英有着天然的紧密关联，因而其命运也与二者休戚与共，政权的更迭，精英的失势都无疑会对其地位与走向造成影响。相比之下，小传统则因与民众日常生活息息相关，因而一般具有意识形态无涉性，其维系也并非仰赖官方或社会精英，而是普通社会大众，也因此，其受政权因素的影响相对有限，这使得它可以跨越不同政权体制和官方意识形态而保有自己独特的生命轨迹。因而，用以支撑面子、人情的那一套价值体系，并不会因为百年来政权的更替和各种社会运动而不复存在，它们仍然以自己的方式顽强地存在于社会当中。

既然面子、人情的实体性条件依然存在，那么，它们又何以会发生变异？原因主要在于，它们赖以存续的手段性条件发生了变化，也就是说，原有的社会舆论机制出了问题。与大传统之运行主要依凭官方力量不同，小传统所依靠的乃是民间力量，尤其是社会舆论的力量。在传统的熟人社会中，社会流动性极低，人们生于斯，也长于斯，如不发生重大的人生改变，他们的整个人生都将固守于那一方土地，因而，在这样的社会中，主体是常在的。主体的常在意味着社会舆论对人们的评价将萦绕于个人生命的始终——考虑到在传统社会中，个人生命是家族生命链上的一环，因而，此种评价还将波及其所在的整个家族，包括祖先、当下家族成员及子孙后代。同时，主体的常在也意味着，舆论评价会对人的社会生活产生全方位的影响力，一个人若失去了舆论的正面肯定，不仅会直接影响到他的自我感受，还可能使其丧失社会交往中的机会和资源。此外，主体的常在还意味着，针对特定人或特定事而形成的舆论很容易产生一种蝴蝶效应，从而使相关者面临一种集体褒扬或千夫所指的局面。②以上几点，共同决定了社会舆

---

① 大、小传统是美国文化人类学学者罗伯特·芮德菲尔德提出的一对概念，用以说明在一个复杂社会中，存在两种不同形式的文化传统。他指出："在某一种文明里面，总会存在着两个传统：其一是一个由为数很少的一些善于思考的人们创造出来的一种大传统，其二是一个由为数很大的，但基本上是不会思考的人们创造出来的一种小传统。大传统是在学堂或庙堂之内培育出来的，而小传统则是自发地萌发出来的，然后它就在它诞生的那些乡村社区的无知的群众的生活里摸爬滚打挣扎着持续下去。"（[美]罗伯特·芮德菲尔德：《农民社会与文化：人类学对文明的一种诠释》，王莹译，中国社会科学出版社2013年版，第95页）

② 正如一位学者所言，"舆论压力的形成有赖于一定数量的生活共同体成员与口头传播中的舆论放大效应，只有'一传十，十传百'，才会产生'唾沫淹死人'的舆论效应。如果舆论的传播仅仅'一'止于'十'或者无人可传播，当事人则可能将舆论视为'耳边风'，乃至胆大妄为，'如入无人之境'"（吴重庆：《从熟人社会到"无主体熟人社会"》，载《读书》2011年第1期）。

论对人们的重要性，以及舆论压力本身的强势性。在如此重要和强势的舆论面前，人们必须审慎安排自己的行为。因此，面子机制的运行才不至于突破社会规范为人们行为设定的基本框架和底线，面子本该具有的道德维度也不容易被剥离（用金耀基的话来说，就是"面"与"耻"不容易发生分离），[①] 以及进一步地，面子对人们行为的激励作用才可能充分发挥。也因此，人情的运作才不会偏离"礼尚往来"所蕴含的基本规定性，施与报之间的均衡及连续性才不容易被打破，人情所具有的互助与团结功能也才能得以显现。

然而在当下，随着传统社会结构的逐渐解体，社会的陌生化程度不断加深，而社会的陌生化虽未必会导致主体的全然缺席（也即吴重庆意义上的"无主体"），却一定会引发主体的不常在。主体的不常在一方面意味着，社会舆论对人们的重要性大大降低——既然人们不再固守于某一地域，那么，存在于该地域的舆论评价便不再如传统社会那样，会对人们产生全面而深远的影响。另一方面也意味着，舆论本身难以形成强大的压力——由于舆论的产生及传播很大程度上取决于参与主体的规模和数量，因此，主体的不常在不仅使围绕某一事件的社会舆论更难以形成，即便形成了，也很难产生一种"唾沫淹死人"的强舆论效应。舆论重要性的降低，加之舆论压力的变小，必然引发舆论对人们行为的"松绑"。此种情境之下，人们虽仍看重面子（活得有面子是中国人自我满足的重要实现方式），但追求面子的手段却与此前截然不同：原来的审慎行为和积极进取，代之以面子功夫或投机取巧甚至违法犯罪。随着社会舆论的弱化，舆论本身所蕴含的道德标准变得不再重要，也不再为人们所看重，这必然使原本加于面子之上的道德尺度逐渐松弛，人们不再过问面子是否以合理的方式获得，而只看重结果，面子的评价标准不可避免地物质化了。为了达致这种外在的、物质性标准，人们不仅依靠施展面子功夫来营造虚假面子，还可能以损害他人和社会利益为代价。同时，舆论的松绑也使人情的运行偏离其正常的轨道，人情的运作开始朝着有利于每个人自身利益的方向发展，人情的均衡性让位于掠夺性。并且，人们为了获得更多的社会资源和更为优先的资源分配权，不惜将人情包装成权力寻租的合法外衣。如此运作的人情，非但无益于社会的互助与团结，相反，它还会把社会带入更深层次的分化与分裂之中；不仅如此，它还可能成为公共权力腐化的助推器。

---

① 金耀基关于"面"与"耻"的相关讨论，可参见金耀基：《"面"、"耻"与中国人行为之分析》，载金耀基：《中国现代化的终极愿景》，上海人民出版 2013 年版，第 143～160 页。

五、代结语：在熟人社会渐行渐远之际

面子、人情等熟人社会文化机制，曾在传统社会中发挥着积极的秩序功能：直观表现为心理机制的面子，却可以通过作用于人的行为而对社会秩序产生重要影响；以社会交换方式存在的人情，亦能在实现社会互助的同时，默默推进社会的凝聚与团结。所有这些功能的发挥，很大程度上都仰赖于传统熟人社会中强大的舆论场。然而，百年来的现代化实践，却使熟人社会与我们渐行渐远，运行于其中的强大舆论场也日趋弱化。社会舆论对人们行为的松绑，导致附加于这些文化机制之上的社会规范和道德尺度逐渐脱落，原本助推社会秩序的面子与人情，已完全被个人私利所裹挟。其结果便是，在当下，它们非但无益于社会秩序，相反，还构成对秩序的严重威胁。由于这些文化机制不可能在短期内消逝（文化本身的生命力和惰性决定了它很难随着文化土壤的改变而立刻消失），也由于它们曾经具有的积极功能，因此，如何采取有效应对措施，来遏制这些文化机制的反秩序倾向，甚而至于，重新拾回其秩序功能，便成为熟人社会日渐式微之际，我们需要进一步思考的问题。前文的分析已然表明，面子、人情所出现的诸多变异，根本上源于当下社会结构的改变所带来的社会舆论的变化。因而，欲探索如何应对这些文化机制的变异，并使其积极功能得以重新发挥，我们应当着重解决的问题便是，如何重塑一个强大的舆论场，从而让原本蕴含于这些机制中的社会规范和道德尺度重新发挥效力。

第三节　网络熟人社会及其法治维度
——克服熟人逻辑功能变异的可能出路

熟人社会中的面子、人情、熟人信用等，本可以在行为激励、社会团结和社会信用等方面发挥独特的秩序功能，然而，随着熟人社会的解体，这些传统资源的有效性正日益丧失，有些还出现了功能性变异，进而给我们的法治事业带来破坏性影响。所幸的是，在当下网络社会中，一种新的熟人社会形式（我们称其为"网络熟人社会"）正在形成。与传统熟人社会一样，此种熟人社会形式也可以在行为激励、社会团结、社会信用等方面，为法治提供间接的支持。与此同时，不同于传统熟人社会，这一新型公共空间又具有自身的独特性，因而可以在纠纷解决方面直接为法治作出贡献。

一、熟人社会规范式微：法治难题的重要症结

随着市场经济及现代法治在中国的推进，传统的熟人社会已与我们渐行渐远。在一些社会学学者看来，当下中国社会已是"半熟人社会"[①]或"无主体熟人社会"[②]。尽管我们未必赞成"半熟人社会"或"无主体熟人社会"之提法，但这两个概念的提出，却传达出一个重要信号，那便是，传统意义上的熟人社会在当下已不复存在。按照既有的主流观点，由于熟人社会与法治之间存在明显的龃龉，甚至可以说是水火不容，[③]因此，在很多人看来，似乎熟人社会的式微就意味着法治春天的到来。然而，只要我们放弃对熟人社会的意识形态式偏见，而以一种中立的眼光来对其予以重新审视，则会发现，熟人社会的瓦解未必是法治的福音。事实上，在熟人社会式微后，尽管法治被强力推进，但中国社会的秩序状况却远未达到制度设计者的预期，在法治事业如火如荼开展的同时，社会乱象却频频出现。那么，是什么原因导致此种怪象的出现？应当说，就中国语境而言，这恰恰与传统熟人社会的解体以及与之相伴生的社会规范之式微有着重要关联。

在传统熟人社会中，存在一套复杂的文化机制和行动逻辑（为行文方便，以下将其统称为熟人社会规范），它们通过作用于人的行为而有效地调控着社会秩序。这些社会规范主要包括面子、人情和一套以熟悉为基础的社会信用体系，尽管有些时候，它们中的某些成分会产生一定的消极影响[④]，但大部分时候，它们都能释放出积极的秩序功能。其中，"面子"作为一种独特的文化和心理机制，既能正面引导和激励人们做出积极、有益的行为，亦能有效预防和阻止其不良行为的出现。"人情"不仅可以在资源匮

[①] 贺雪峰：《论半熟人社会——理解村委会选举的一个视角》，载《政治学研究》2000年第3期。

[②] 吴重庆：《从熟人社会到"无主体熟人社会"》，载《读书》2011年第1期。

[③] 必须承认，熟人社会中确实存在一些与法治精神相悖的文化价值和观念。例如，帕森斯所指出的中国文化之特殊主义行为取向（相关论述参见 [美] 帕森斯：《社会行动的结构》，张明德等译，译林出版社2012年版，第616页）便与法治所追求的普适性背道而驰，尤其是将特殊主义贯彻到极致的关系主义，其在公共领域的滥用会构成对法治的严重消解。然而，这并不意味着熟人社会的所有文化价值和观念都是不利于法治的。事实恰恰相反，源自熟人社会的特定文化价值和观念，可以内在地支撑法治。为此，学界已有少数研究者发文为熟人社会正名，指出熟人社会未必构成对社会秩序的冲击和破坏，相反，只要运用得当，蕴含于其中的很多价值观念和规范体系，完全可以服务于我们的社会治理。相关讨论，可参见申群喜：《熟人关系的道德意蕴及其现代转型》，载《求实》2005年第2期；刘少杰：《熟人社会存在的合理性》，载《人民论坛》2006年第10期；吕承文：《熟人社会的基本特征及其升级改造》，载《重庆社会科学》2011年第11期等。

[④] 这主要体现为人情的泛化和不当使用，会给社会秩序带来一些消极影响，尤其是当人情跨越私生活领域而被运用到公共领域时，容易带来公共权力的腐化和一些社会不公现象。

乏时承担互助与合作的功能,而且,经由此种互助和合作,还能促进社会的凝聚与团结。另外,由熟悉而产生的信任①,不仅减少了人们社会交往中的信息搜索成本,从而有利于交往的顺利开展,而且促使人们非常珍视他人对自身的信用评价,因而背信行为较少出现。然而,令人遗憾的是,随着传统熟人社会的解体,这些具有重要秩序功能的社会规范正不断丧失其有效性,也即,它们的积极功能正日渐消退;甚至有些还出现了功能上的变异,从而使当下中国的法治面临诸多难题和困境。

熟人社会规范式微及其所引发的问题,以上文提及的三大关键词为线索,大体可以梳理、描述为:首先,面子不再能为人们的行为提供积极、正向的激励和约束,相反,随着面子评价标准的物质化,对物质利益的追求成为人们最重要的行为动机,"面"与"耻"发生了分离,②由此而引发形形色色的、片面追求个人利益最大化的不良行为。其次,人情在当下已不再能促进社会的合作与团结,相反,它成为一些掌握公共权力的人谋取私利的手段。不仅如此,在很多地方,巨额的人情支出成为普通民众难以承受之重,在局部区域,它还加剧着社会的分层与分化。③最后,由于中国人的信任模式是一种以熟悉为基础的个别信任,因此,人际关系的陌生化必然导致原有社会信任体系的土崩瓦解,从而使本就普遍信任不足的中国社会陷入更严重的信任危机之中。同时,人际关系的陌生化也使人们不再重视他人对自身的信用评价——习惯了熟人信用模式的中国人,在陌生人面前可以变得完全不讲信用,其行为表现开始变得恣意和无所顾忌,从普通的不遵守合约行为,到新闻媒体所报道的种种食品安全、环境污染事件,都体现出人们对自身信用的漠视,而此类行为的频频出现,又进一步加剧着社会成员之间的普遍不信任。可以说,人们行为取向的物质化与功利化,社会阶层与社会利益的过度分化,以及社会整体信任度的普遍不足,都已构成当下中国法治顺利推进的严重障碍。

接下来的问题是,面子、人情、熟人信用等具有重要秩序功能的社会规范,何以会在当下丧失其原本的有效性?从根本上讲,这或许正呼应着马克思主义政治经济学的"物质基础决定上层建筑"之基本原理,换言之,是

---

① 费孝通曾对乡土社会的信用体系作了这样的判断:"乡土社会里从熟悉得到信任。"(费孝通:《乡土中国·生育制度》,北京大学出版社1998年版,第10页)非常简短的一句话,却道出了传统社会信用体系的核心特征,也即,在那里,社会信任的产生与维续,完全建立在人们相互之间的熟悉与了解之上。
② 金耀基:《中国现代化的终极愿景》,上海人民出版社2013年版,第143~160页。
③ 贺雪峰:《乡村社会关键词:进入21世纪的中国乡村素描》,山东人民出版社2010年版,第66~69页。

因为与这些规范相适应的社会结构发生了变化。如果用当代社会学学者布尔迪厄的理论来解释,则是因为场域结构从根本上决定和影响着场域中各类主体的交往惯习。布尔迪厄意义上的"惯习",实际上就是场域中的行为模式及其背后的规范和意义系统,用他自己的话说,就是社会结构通过"个体生成过程"而体现于个体当中的、"一种社会化了的主观性"。[①] 布尔迪厄指出,惯习和场域之间存在一种相互作用关系:"一方面,这是种制约关系:场域形塑着惯习,惯习成了某个场域固有的必然属性体现在身体上的产物。另一方面,这又是种知识的关系,或者说是认知建构的关系。惯习有助于把场域建构成一个充满意义的世界,一个被赋予了感觉和价值,值得你去投入、去尽力的世界。"[②] 并且,他特别强调,在这种双向关系中,场域结构对惯习的影响更具有决定性意义,因为"知识的关系取决于制约关系,后者先于前者,并塑造着惯习的结构"[③]。

将布尔迪厄上述理论用于此处讨论的问题,可以说,信用、面子、人情等社会规范之秩序功能的变化,根本上源于中国社会结构的改变,确切地说,是源于熟人社会及其舆论结构的变化。根据滕尼斯的社会理论,社会的现代化就是"社会"取代"共同体"的过程,而二者的根本区别在于,"共同体是持久的和真正的共同生活,社会只不过是一种暂时的和表面的共同生活"[④]。可见,熟人共同体的核心特征在于,相互熟识的人们长期共同生活在一起。而长期的共同生活,能够孕育出一个强大的舆论场。舆论学研究表明,舆论场的强度,与场中主体的数量及其交往频率密切相关:主体数量和交往频率越大,舆论场越强;反之,则越弱。中国传统社会恰恰是一个主体数量庞大和交往频率极高的社会——小农经济形态及与之相适应的安土重迁观念,根本上决定了人们生于斯,并长于斯(也即,主体是常在的),而聚族或聚地而居的基本居住形态[⑤] 又带来了主体的高密度和高交往频率。主体的常在、高密度和高交往频率,三种因素加在一起,共同

[①] [法]布尔迪厄、[美]华康德:《实践与反思:反思社会学导引》,李猛、李康译,中央编译出版社1998年版,第170页。

[②] [法]布尔迪厄、[美]华康德:《实践与反思:反思社会学导引》,李猛、李康译,中央编译出版社1998年版,第173页。

[③] [法]布尔迪厄、[美]华康德:《实践与反思:反思社会学导引》,李猛、李康译,中央编译出版社1998年版,第173页。

[④] [德]斐迪南·滕尼斯:《共同体与社会——纯粹社会学的基本概念》,林荣远译,北京大学出版社2010年版,第45页。

[⑤] 在传统中国的地理环境中,这几乎具有必然性。关于此一命题,已多有论述,笔者所见最为精彩的是许倬云。详可参见许倬云:《中国文化与世界文化》,贵州人民出版社1991年版,第31~38页。

决定了传统社会中舆论场的强大,以及舆论对人们行为的重要影响力。首先,主体的高密度有助于形成一种强的舆论导向,并且,在长期共同生活中,张家长李家短式的闲言碎语,能起到一种"唾沫淹死人"的强舆论效应。其次,主体的常在又使舆论对人们具有很大的重要性。在传统社会中,人们"生于斯",并"长于斯",除极少数例外,他们的整个人生都基本固定于特定区域。如此,社会舆论对他们的看法和评价,便显得极为重要——这些看法和评价,不仅会直接影响其自我感受,包括心理满足感和自我实现感[①],还会间接对其社会参与和社会发展机会产生影响。可以说,正是传统熟人社会所孕育出的强大舆论场,才使社会信用规范能有效发挥作用,人们不仅看重他人的信用评价,还会在行为表现上尽可能符合他人的信用期待,因而背信和欺诈行为难以发生或较少出现。同时,面子的运作才不至于脱离社会道德所设定的基本框架,"面"与"耻"不容易发生分离。此外,人情也能恪守"礼尚往来"所蕴含的基本规范,进而实现社会的互助与团结。

既然信用、面子、人情积极功能的发挥,与传统熟人共同体及其舆论环境息息相关,那么,当下它们所出现的功能失效或变异,很大程度上当归因于二者的改变。随着熟人共同体的逐渐解体,场域中的主体已基本不常在,人们的交往也多由长期博弈变成了一次性博弈,此时,不仅强大的舆论场难以形成,舆论对人们的重要性也大大降低。这从根本上助长了人们的失信行为,因为一方面,此时的舆论,已不再能给失信者造成强大的舆论压力;另一方面,博弈的一次性也使失信行为面临的代价大为降低,这容易引发人们对眼前利益的关注,而忽略甚至全然不考虑长远影响。同时,它也使原本附加于面子之上的道德尺度逐渐剥离[②],由于道德内核的丧失,面子逐渐演化成虚假面子;此时,仅仅一些外在的所谓成功,便可以成就一个人的面子,而不问其是否以恰当的方式取得,而为了追求这些"成功",人们往往会不择手段,甚至以牺牲他人和社会利益为代价。此外,它还导致人情逐渐偏离"礼尚往来"的正常轨道,而沦为人们牟利的工具,其互助功能最终演化成掠夺性敛财手段或权力寻租的外衣,而其团结功能,也逐

---

① 帕森斯曾指出,儒家影响下的传统中国人,其人生目标就是成为尽可能完美的"君子"。可以说,以恰当的行为来获得他人的正面评价,是成就"君子"人格的重要方面,因而能给人带来极大的心理满足感和自我实现感。帕森斯的相关讨论,参见[美]帕森斯:《社会行动的结构》,张明德等译,译林出版社2012年版,第611~614页。

② 用本土心理学的术语来说,就是"面"和"耻"出现了分离。原来,"面"和"耻""面"和"脸"是紧密相连的,也就是说,面子本身包含着某种道德尺度,一个人在社会中是否有面子,不仅取决于他所获得的外在成就,还取决于达致这些成就的方式是否合理。

渐异化为社会分化的助推器。

社会中失信行为的大量存在，人们行为预期的短期化与功利化，对自我利益的过度关注而忽略甚至否定公共利益和社会责任，诸如此类的问题，正使当下中国法治建设变得举步维艰。因而，欲使我们的法治事业获得更好的推进，我们必须寻求有效的应对策略，来修复和解决熟人社会规范式微后社会秩序所面临的这些难题。前文的分析已然表明，熟人社会规范式微及其所引发的社会问题，与当下中国社会结构的改变以及随之而来的舆论环境的变化有着密切关联。因此，在思考这一问题时，我们的思路也不妨从这两方面展开：一方面重建传统熟人社会，另一方面重塑强大的舆论场。对于第一个方面，可以说，无论从理论或现实角度看，都不具有可行性，因为人类社会的现代化，就是以契约式社会对传统共同体的取代为标志的，从这一意义上讲，熟人共同体的衰落已不可逆转，用一句曾经流行的歌词（张信哲：《回来》）："我们再也回不去了！"[1] 那么，第二个方面又如何呢？从理论上讲，似乎也不可能。前文已表明，只有主体常在和高交往频率的社会结构，才能形成强大的舆论场，既然具备这些特征的熟人共同体已不可能重建，又何谈此舆论场？然而，从现实角度看，却是有可能的。为什么？尽管传统意义上的熟人共同体已不可能重建，然而，在网络世界中，一种新的熟人社会正悄然形成，我们将其命名为"网络熟人社会"。

二、作为新型熟人社会之网络熟人社会的逻辑及特点

网络社会近年来已为国内外社会学界广泛关注与讨论，围绕着对它的研究，产生了一批丰硕的研究成果[2]，并由此而诞生了一门新的社会学

---

[1] 面对乡土社会的式微，费孝通曾主张"乡土重建"，并就如何重建提出了一些具体的构想，主要包括：大力发展民间自治机构，在城乡之间建立起有机联系，鼓励乡村精英退休后重返乡土、落叶归根等（详细讨论，参见费孝通：《乡土重建》，岳麓书社2012年版）。应当说，倘若费先生的这些主张都能落实，乡土社会的重建并非没有可能。然而，问题在于，随着我国城乡差距的不断扩大，农村精英一旦在城市立足，便基本不再有返乡的意愿，因此，当前城乡之间的关系，更多地体现为乡村人才向城市的单向流动，二者之间的有机联系难以真正建立。至于发展乡村自治组织，据温铁军的考察，就目前而言，农村自治组织之"自治"属性严重不足，"精英俘获"现象普遍存在（温铁军：《农民专业合作社发展的困境与出路》，载《湖南农业大学学报》2013年第4期）。因此，总体上可以说，费先生意义上的"乡土重建"，充其量只能算是一种关于乡村社会的美好愿景，在当下以及可预见的将来，都将是很难实现的。

[2] 其中，较有代表性的包括：Howard Rheingold, *The Virtual Community*, London: Minerva, 1994；[美]卡斯特：《网络社会的崛起》，夏铸九、王志弘等译，社会科学文献出版社2003年版；[美]凯斯·桑斯坦：《网络共和国：网络社会中的民主问题》，黄维明译，上海人民出版社2003年版；[美]劳伦斯·莱斯格：《代码》，李旭译，中信出版社2004年版；[荷]简·梵·迪克：《网络社会——新媒体的社会层面》，蔡静译，清华大学出版社2014年版；曾国屏等：《赛博空间的哲学探索》，清华大学出版社2002年版；黄少华、翟本瑞：《网络社会学：学科定位与议题》，中国社会科学出版社2006年版；等等。

学科——网络社会学。此处无意在一般意义上讨论网络社会,而只想借用网络社会学中的一些基本概念、术语,来分析网络社会中的一种特殊形态——网络熟人社会。要认识网络熟人社会,必须先了解什么是网络社会。网络社会学先驱 Howard Rheingold 曾这样定义网络社会:在互联网中,人们因共同话题和共同情感交流而形成的一种人际关系网络,它是一种虚拟社区(virtual community)。① 该定义一度成为网络社会的经典定义而被广泛引用,之所以经典,不仅在于它指出了网络社会赖以形成的基础——共同话题和共同情感交流,而且在于它点出了网络社会的基本特质——虚拟性。

在我们看来,这一定义有待进一步补充与修正。这是因为,首先,网络社会建立的基础,除共同话题和共同情感交流外,还可以是任何其他归属性特征②。应当说,在早期,主要以网络论坛和网络聊天室形式存在的网络社会,的确是因一些共同话题或情感交流而形成的。然而,随着网络技术的不断发展,尤其在博客、微博、微信出现以后,网络社会有了更丰富的表现形式,它所赖以形成的基础也更加多元,兴趣、信仰、亲情、友情、专业等任何一种归属性特征,都可能成为网络社会建立的连接点。其次,网络社会并非全然虚拟。尽管网络社会学界普遍将虚拟性作为网络社会的基本属性,但近年来已有研究者对这一主流看法提出质疑,并出现了另一种极端主张,即,认为网络社会是"一种新的、现实的社会存在方式"③。笔者以为,网络社会既非全然虚拟,也非全然现实的社会存在。为什么这么说?尽管网络社会是通过网络形成于虚拟空间,但此一社会中人们所发生的交流却是真实的,从这一意义上讲,它不是全然虚拟的社会。同时,网络社会又明显不同于现实社会,原因主要在于,它形成于网络虚拟环境,而非真实的物理空间。因此,关于网络社会属性的更准确描述或许是:它是现实人际关系在网络中的再现和拓展。这一判断基于以下两点:一方面,网络社会很多情况下会与现实社会重合。随着网络的广泛普及,现实社会中的人们,通常会在网络中相遇,此时,现实社会关系被搬到了网络,所不同的仅仅在于,人们的相遇和交流,换了一种时空环境,然而主体依然是那些主

---

① Howard Rheingold, *The Virtual Community*, London: Minerva, 1994, p.5.
② "归属性特征"这一概念,是金耀基提出来的,意指自我与他人产生认同的某种共同基础(金耀基:《中国现代化的终极愿景》,上海人民出版社 2013 年版,第 132 页)。
③ 童星、罗军:《网络社会:一种新的、现实的社会存在方式》,载《江苏社会科学》2001 年第 5 期。他们作出这一判断的重要理据是齐美尔的社会理论,即"当人们之间的交往达到足够的频率和密度,以至于人们相互影响并组成群体或社会单位时,社会便产生和存在了"(袁亚愚、詹一之主编:《社会学——历史·理论·方法》,四川大学出版社 1989 年版,第 39 页)。

体,从这一角度可以说,网络社会是现实社会的再现——这或许尤其体现在施行实名制的网络空间中。另一方面,网络社会中的交往对象,又不限于现实中的人际关系,除这些人际关系外,人们在网络中还会即时性地与不特定他人产生交往,并且,人们也很容易因特定归属性特征而被引入不同的网络社会中,因而,人们在网络社会中的人际范围往往要大于现实社会——从这一意义上讲,网络社会又是现实人际关系在网络中的拓展。基于上述分析,我们不妨这样定义网络社会:所谓网络社会,是指人们在网络中,基于共同话题、共同情感交流或其他共同归属性特征而形成的一种人际关系网络,它是现实人际关系在网络中的再现与拓展。

根据网络社会中主体的确定程度和交往频率,可以将网络社会区分为两种:流动型网络社会和相对固定型网络社会。其中,流动型网络社会通常是指在各种网络论坛、聊天室、博客和微博中形成的人际关系网络;而相对固定型网络社会则是指在QQ、微信群或朋友圈中形成的人际关系网络。在流动型网络社会中,人们之间的交流多为临时性的,网络中的主体通常不固定,因而他们之间虽发生过交流,但总体上仍属于一种萍水相逢的陌生人关系。而在相对固定型网络社会中,人们之间维持着经常性的交往,他们要么一开始便是熟人关系(例如由亲属或朋友组成的群),要么虽然起初不熟悉,但随着交往的增加,相互间的熟悉和了解不断加深,并最终演变成一个熟人社会(如各种专业或志趣群)。我们把这种在固定型网络社会中形成的人与人的关系称为"网络熟人社会"。如果非得给它下个定义,不妨这样来界定:所谓网络熟人社会,是指随着现代网络技术的发展,人们在互联网中以某些共同归属性特征为基础形成的、以QQ群或微信群为主要载体的新型熟人共同体,它是网络社会的一种特殊形态。

为了更好地理解网络熟人社会,我们拟将其与传统意义上的熟人社会进行对比。总体说来,相对于传统熟人社会,网络熟人社会具有如下特征:

(一)构成上的时空跨越性

传统熟人社会存在于特定物理空间,这意味着,它的产生和运行受制于时空环境,社会主体之间能否构成一个熟人社会,取决于他们是否处于一个共同的时空环境中。换句话说,共同的时空环境,是传统熟人社会存在的必要条件,一旦这一条件被抽离,要么熟人社会无法形成,要么已经存在的熟人社会将面临解体。而网络熟人社会则不同,它并不要求人们时空上的共享,任何人,只要他拥有一个网络终端,便可以与世界任何角落的人们建立起联系;并且,此种联系也并不要求是共时性的,网络留言的存在使人们之间的错时性交流成为可能。网络熟人社会的这一时空特点,根本上源于网络社会本身的时空压缩性。"时空压缩"本是美国社会学家哈维对后现代社会的描述①,在我们看来,这一语词同样适用于网络社会。可以说,在网络社会中,时间和空间不仅被高度压缩,而且几乎可以被忽略。从这一意义上讲,网络社会学家卡斯特的"流动的空间"和"无时间之时间",更准确地道出了网络社会的时空特性。卡斯特指出,互联网的出现与发展,"彻底改变了人类生活的基本向度:空间与时间。地域性解体脱离了文化、历史、地理的意义,并重新整合进功能性的网络或意象拼贴之中,导致流动空间取代了地方空间。当过去、现在和未来都可以在同一则信息里被预先设定而彼此互动时,时间也在这个新沟通系统里被消除了。流动空间(space of flows)与无时间之时间(timeless time)乃是新文化的物质基础,超越并包纳了历史传递之再现系统的多种状态"②。可以说,"流动空间"和"无时间之时间",这两个用于描述网络社会时空特点的概念,同样可以描述网络熟人社会。它意味着,网络熟人社会的形成,根本上不受时间和空间的限制:空间可以是分散的,而时间可以被忽略;人们不必拘泥于同样的时空环境下,便可以组成一个熟人社会。也正是在此意义上,埃瑟·戴森才形象地将人们在网络空间的活动比作是"人们和自己喜欢的人在一个摆脱了时空限制和规则的地方聚会"③。

(二)形成过程的开放性

传统熟人社会是相对封闭的,就主体范围而言,一般仅限于那些"生于斯、长于斯"的人们之间;就交往对象而言,通常局限于那些发生重复博弈的人们之间。并且,一般而言,熟人范围的扩大并不常见,也相对较难,它需要借助特定的中介,也即,现有的熟人圈中有人可以,并且愿意充当交往的媒介。同时,封闭某种程度上意味着区隔与排外——相对封闭的熟人圈,无疑有助于强化熟人间的认同,但与此同时,它也意味着熟人、陌生人间区隔的深化,以及对熟人圈之外陌生人的排斥与不信任。与传统熟人社

---

① 在哈维那里,所谓时空压缩,是指"那些把空间和时间的客观品质革命化了,以至于我们被迫、有时是用相当激进的方式来改变我们将世界呈现给自己的方式的各种过程"([美]戴维·哈维:《后现代的状况》,阎嘉译,商务印书馆2003年版,第300页)。有必要进一步指出的是,一如哈维的"时空压缩",吉登斯的"脱域"概念同样揭示了现代社会所具有的此种时空独特性:"所谓脱域,我指的是社会关系从彼此互动的地域性关联中,从通过对不确定的时间的无限穿越而被重构的关联中'脱离出来'。"([英]安东尼·吉登斯:《现代性的后果》,田禾译,译林出版社2011年版,第18页)

② [美]卡斯特:《网络社会的崛起》,夏铸九译,社会科学文献出版社2003年版,第465页。

③ [美]埃瑟·戴森:《2.0版:数字化时代的生活设计》,胡泳、范海燕译,海南出版社1998年版,第76页。

会相比，网络熟人社会具有更大的开放性和包容性。具体体现为：一方面，熟人圈的范围不再受地理空间限制。荷兰学者迪克指出，"利用网络，个体创造了一种非常灵活的生活方式和地理上分散关系的纵横交错"①。确实，通过网络形成的熟人社会，具有突破一切地域限制和阻隔的可能性。另一方面，网络熟人社会未必形成于重复博弈的人们之间。在网络社会中，初次相遇的人们，只要他们能找到某种共同的归属性特征，便很容易建立起联系；并且，此种即时性交流可以便利地发展成长期的稳固性联系，从而使他们之间由萍水相逢的陌生人关系转化成熟人关系。再一方面，网络熟人社会的拓展十分便捷。与传统熟人关系的拓展需借助中介不同，网络熟人关系的拓展则未必需要中介，只要双方愿意，便可以建立交往——这一点在同一个QQ或微信群中体现得尤为明显。处于特定群中的人们，彼此之间起初未必熟悉，甚至是全然陌生的（一个群的最初成员，通常只是群主熟悉之人，群员相互之间很可能是陌生的），然而，一旦入群，共处一群这一事实本身，便为他们之间的相互熟悉架起了桥梁，群中公共空间的任何发言，都可以有效到达其他人，这本身便是增进了解的重要方式。同时，同一群中的人们，只要双方愿意，便可以互相添加为好友，从而实现更深层次的交流。此外，群里的任何成员，都可以将自己的朋友不断加入本群，从而使原有的熟人圈子不断扩大。社交群所具有的这些特点，使得网络熟人社会具有极大的开放性与包容性：在这一社会中，熟人与陌生人的界限不再固化，人们可以非常便捷地将陌生人转化成熟人；并且，熟人圈子具有无限开放的可能性，传统熟人社会中那种以地理空间为基础而形成的固定、封闭的熟人圈，在此处变成了网民之间以自发性社交为媒介而形成的开放、包容的熟人社会。

（三）形成基础的多元化

传统熟人社会形成的基础，主要是血缘和地缘。宋朝以降，族居成为中国人最常见的居住形式，一个村落通常由一族或几个族共同构成。在一族一村的情形中，血缘与地缘完全合一了；而在多族一村的情形中，血缘与地缘一起，共同参与着熟人社会的构建。可以说，这是传统中国熟人社会最常见和最主要的形态。当然，在血缘和地缘之外，联姻这一事实，可以将熟人社会的范围一定程度地予以拓展。姻亲之间虽未必共处一地，但婚姻所具有的"合二姓之好"②的功能，却可以将双方亲属融合成一个熟

---

① [荷]简·梵·迪克：《网络社会——新媒体的社会层面》，蔡静译，清华大学出版社2014年版，第180页。
② 《礼记·昏义》。

人社会。在此意义上，一桩跨越地域的婚姻，通常意味着婚姻双方及其亲属熟人范围的扩大。与传统熟人社会不同，网络熟人社会形成的基础却要更加多元化。除血缘、地缘和联姻之外，人们之间的任何一种归属性特征，都能成为网络熟人社会建立的基础。共同的话题、共同的专业背景、共同的职业、共同的兴趣爱好、共同的信仰乃至共同的人生经历等，都是当下网络熟人社会的重要联接因素。多元形成基础的存在，使网络熟人社会的构建具有了更多可能性，而不再局限于亲属和特定地域的人们之间。同时，它也使网络熟人社会相对于传统熟人社会而言，显得更加立体和多维。这样的一种社会形态，不仅克服了传统熟人社会中本地人与外地人、熟人与陌生人之间的固化区隔，进一步地，它还为人们之间的普遍联结架起了桥梁。

（四）信息的"裂变式"传播

在传统熟人社会中，信息的传播主要以面对面或口耳相传的方式进行，因而，信息传播的速度较慢。同时，由于熟人圈子相对固定，信息传播的范围也相对有限。而在网络熟人社会中，信息的传播不以人们之间的实际接触为前提，人们只需按动鼠标，特定信息便可以传到世界任何角落。并且，网络熟人社会的立体和多维，也使信息很容易在一般民众中传播开来。此外，网络社会中"一人一媒体""所有人向所有人传播"的信息传播特点，使得信息在这一社会中的传播速度极快，因而，与传统信息传播方式相比，它是一种"裂变式"传播。不仅如此，网络社会中的信息传播，还容易产生一种"蝴蝶效应"，也即，一种观点很容易被众多持类似观点的人不断强化，一条消息很容易因大众的转发而不断扩大影响。网络信息传播的这些特点，使网络熟人社会中舆论场的形成，相对于传统熟人社会而言，更加快速而容易；同时，舆论所产生的效果也更强烈，这进一步意味着，舆论施加于人们心理和行为上的压力也更大。在传统熟人社会中，舆论场的形成取决于三个因素：主体的常在、高密度和高交往频率。然而在网络熟人社会中，这三个因素都变得不再重要，至少，其重要性大大降低。通常情况下，特定信息发出后，无论受众是否在场，都能有效到达——只要对方接入网络终端，便可以接收到该信息。同时，信息传播的速度也不再受制于人们交往的频率，信息发出后，不仅可以瞬时到达他人，而且经由他人之手，可以呈现出一种"裂变式"传播。此外，舆论压力的大小，也与主体的密度没有必然关联，信息传播本身的高速性，以及"蝴蝶效应"的存在，都足以给相关者造成巨大的舆论压力。①

三、网络熟人社会之法治意义

网络熟人社会之熟人社会属性,使其可以如传统熟人社会那样,在社会信用、行为激励、社会团结等方面发挥重要的秩序功能,从而为法治事业提供社会环境的支持。与此同时,作为一种新型的熟人社会形式,网络熟人社会又有着不同于传统熟人社会的独特之处,这些独特性又使其能够在纠纷解决方面直接贡献于法治。

(一)网络熟人社会与普遍信任

传统熟人社会的解体,使原有的社会信用体系日渐崩塌。之所以熟人社会与社会信用之间会存在这样一种因果关系,是因为中国社会的信任逻辑是"熟悉产生信任",这一逻辑的另一面是:"不熟悉便不信任"。因此,随着中国社会人际关系由熟悉向陌生的转化,原有的信任格局便逐渐瓦解,人们之间因不熟悉而难以产生信任。信任格局的这一变化,会给中国社会的整体信任氛围产生巨大的破坏性影响。原因在于,本来,人们虽难以普遍信任他人,但在熟人圈中,相互间却能维持起码的信任;而社会关系的陌生化却导致这些小的信任圈子也渐渐解体,人与人之间变成彻底的不信任。同时,此种境况也使人们不再重视他人对自己的信用评价——这是因为,与多次博弈中失信行为必然付出高昂代价不同,在一次性博弈中,冒险和投机的可能性大大增加,此时的人们,很可能因短期利益而变得不再守信。此外,正如前文所提到的,熟人关系的陌生化所带来的舆论结构的改变,以及随之而来的舆论之于人们的重要性和舆论压力本身的大幅度降低,都无形中助长了人们的失信行为。而社会信任度的普遍不足,会极大地降低人们的行为预期,也会抑制其行为的积极性,从而不利于社会交往的顺利开展和法治秩序的形成。同时,失信行为的大量存在,也容易在社会中助长不正之风,并打击人们对于国家及其法律制度的信心,从而使法治在民众意识和精神层面难以获得真正认同。

网络熟人社会的出现,可以一定程度地克服和改善上述问题。首先,网络熟人社会为人们培育互信提供了新的场域,从而有助于社会普遍信任度的提升。在熟悉产生信任的信任逻辑中,人们之间是否信任,取决于彼此的熟悉程度,而网络熟人社会中人们经由交流而达致的熟悉,丝毫不亚

---

① 必须承认,这里并没有穷尽网络熟人社会的所有特点,因为它不可能穷尽。毋宁说,这里所揭示的,仅仅是网络熟人社会相对于传统熟人社会的一些较为明显的特点。

于传统熟人社会。这一新型社会形态,不仅将人们重置于熟人社会语境中,更重要的是,它所具有的跨时空特点,还使人们之间的交流相对于传统熟人社会更为便捷。彼此熟悉的社会语境,加上频繁的交流与接触,无疑有助于培育人们之间的相互信任。同时,信任理论研究表明,人们之间的自发性社交,以及多元化的社会中间组织,是普遍信任建立的结构性要素。① 在当下中国,就社会中间组织而言,尽管我们存在很多经济类的产业、行业和乡村合作组织,以及少量的文化和社会服务组织,但由于一来这些组织的独立与自主程度偏低②,二来它们虽贯穿不同领域,却未能在民众之间建立起普遍联接,因而,难以成为培育互信的有效场域,更难以充当社会普遍信任的桥梁。所幸的是,在中间组织不发达的同时,当下网络中的自发性社交却异常活跃,由此而产生的人们的联合,虽在结合方式上有别于传统共同体③,但就培育成员互信而言,二者并无本质差别。网络熟人社会多元化的建立基础,在网民之间织就了一张普遍联系之网,在这张网之下,人们的任一归属性特征,都能成为与他人发生联系的一个节点。因而,网络熟人社会的开放与多维,能够在培育熟人圈内部互信的同时,也为人们之间的普遍信任提供通道和桥梁。而倘若一个社会中的人们都能够相互信任,则社会交往便有了稳定的预期;进一步地,如果人们可以合理预见他人将恰当、审慎地安排行为,那么,他们在社会交往中,也会尽可能地使自己的行为符合法律和道德的要求。

其次,网络熟人社会可以提高失信行为的机会成本,进而降低失信行为发生的概率。网络熟人圈中信息的广泛覆盖性和高速传播,使得失信行为一旦出现,很容易在网络社会中传播开来;同时,网络熟人圈的多维度和多元化联结,还可以使这一信息超越网络社会而传播到实体社会中去。如此,则不仅会给失信者带来巨大的心理压力,也将使他在此后的社会交往中付出沉重的代价——人们与他交往的意愿会大大降低,甚至不愿再与其交往。基于对失信行为机会成本的考量,人们在社会生活中,自然会合理、审慎地安排自己的行为,因而失信行为发生的概率将大幅降低。而背信弃义行为的大量减少,一方面可以直接提升社会的秩序水平,另一方面也可以间接地使社会风尚获得改善,人们对于国家和社会制度的信心和认同感也更容易提升——此种信心和认同感,乃维系法治不可

---

① [美]弗兰西斯·福山:《信任——社会道德与繁荣的创造》,李宛蓉译,远东出版社1998年版,第172页。
② 黄晓春:《当代中国社会组织的制度环境与发展》,载《中国社会科学》2015年第9期。
③ 传统共同体是以血缘、地缘等为基础而自然生长的。相关讨论,可参见[德]斐迪南·滕尼斯:《共同体与社会——纯粹社会学的基本概念》,林荣远译,北京大学出版社2010年版,第53页。

或缺的精神力量。

（二）网络熟人社会与行为激励

传统熟人社会中舆论场的不断弱化，使社会舆论施加于人的压力越来越小，其行为约束和激励功能也几近消失。此种境况之下，人们开始变得无所顾忌，为了追求自身利益的最大化，容易做出各种损害他人和社会利益的行为；不仅如此，面子原有的积极功能也不复存在，"面"与"耻"的分离还使面子本身沦为不当行为的诱因。因此，重塑一个强大的舆论场，将人们重置于一种强的舆论氛围中，是重新为人们寻找一种日常化行为激励的必要举措。

网络熟人社会恰恰可以提供这样一个舆论场。可以说，网络熟人社会所营造出的舆论场，在强度上要远远超过传统熟人社会。与传统熟人社会中主体的常在相对应，网络熟人社会中的主体几乎是"恒在"的。这是因为，"流动的空间"和"无时间之时间"这一网络社会时空特质，一方面使人们超越地理位置的局限而在网络中高度聚集，另一方面也使人们的交流具有共时性。由于"空间与时间是人类生活的根本物质向度"[①]，并且，正如哈维所说，"如果空间和时间是对各种社会关系进行编码和再生产的话，那么对前者进行表达的方式的变化几乎肯定会引起后者的某种变化"[②]。因此，网络社会中时空关系的此种新特点，必然引发人们"交往方式的革命"[③]，从而使网络社会关系以一种截然不同于实体社会关系的方式呈现出来——相对于当下实体社会中主体的不常在，以及人际关系的不断陌生化，网络社会中的人们，却以一种恒在的、不断熟悉化的方式共处着。主体的恒在与熟悉化，决定了舆论评价对人们的重要性，以及舆论压力本身的强势性，这两点，不仅贯穿于人们的在线生活，还深刻地影响和辐射至其离线生活。

网络熟人社会对人们行为的激励作用主要以两种方式体现出来。首先，它可以通过正向激励的方式，使人们做出有利于他人、国家和社会的行为。所谓正向激励，是指以肯定、赞扬、奖赏等方式形成的激励。在现实生活中，当人们做出某种值得称道的行为时——无论是充当遵纪守法的表率，还是更高层次的舍弃自我利益而成就他人、国家乃至社会利益，一定会获得来自熟人圈的褒扬和赞美。这一点，特别经由中国文化中面子机制的

---

① [美]埃瑟·戴森：《2.0版：数字化时代的生活设计》，胡泳、范海燕译，海南出版社1998年版，第466页。
② [美]戴维·哈维：《后现代的状况》，阎嘉译，商务印书馆2003年版，第309页。
③ 王南湜、刘悦笛：《交往方式的革命——互联网的社会后果》，载《学术研究》2003年第5期。

独特性而获得加强。与西方文化中面子的个体性与独立性不同①,中国人的面子具有群体性与辐射性,也即,一个人所挣得的面子,不仅是他自己的,也是他的家庭成员的,甚至还可以辐射至他的朋友或任何熟悉之人。②因而,当人们获得某种褒扬和赞美时,不仅他自己脸上有光,更重要的还在于,他的家人和朋友也会因此而倍感荣耀。考虑到网络信息传播的高效与便捷,源自网络熟人圈的肯定性评价,很容易跨出熟人圈而被传播到一般的网络世界中去,因而,这些正面评价将更大程度地提升人们的自我实现感及相关人的荣誉感——而这,无疑将对人们的行为产生巨大的激励。

其次,网络熟人社会还可以通过反向激励的方式,来减少违法、犯罪发生的概率。所谓反向激励,是指以否定、批判、惩罚等方式产生的激励。当一个人做出违法、犯罪,或者虽不足以构成违法、犯罪,却不符合社会习惯与道德标准的行为时,通常会受到来自他人和社会的批评与指责。如前所述,在当下实体社会中,社会的陌生化导致针对这些不当行为的舆论压力已极度弱化。好在网络熟人社会的兴起,可以使不当行为人在网络社会中迅速处于一种"千夫所指"的局面——网络熟人社会中强大的舆论场将人们紧紧包围,面对它的强势性和影响力,任何人都无处可逃。这一点,特别经由网络信息传播的高效性和信息搜索的便捷性而被不断加强。在网络社会中,从一个事件的发生到发展成舆论事件,所需的时间非常短;不仅如此,一个舆论事件形成后,还可能持续发酵,从而对相关当事人产生一种瞬时的巨大压力。由于网络舆论不仅会直接影响人们的在线生活,还会逐渐拓展至其离线生活,因而,形成于此处的否定性评价,在给人们的在线生活带来巨大心理压力的同时,也会给其现实生活中的社会交往和日常合作造成影响——这些压力和影响,无疑会对人们的行为形成一种有效制约。

简言之,网络熟人社会中强大的舆论场,能从正反两方面对人们行为产生巨大激励。从法治角度看,反向激励所带来的,是低层次的守法行为,也即不违法犯罪;而正向激励所带来的,则是更高层次的守法行为,也即积极地做出法律所提倡和褒扬的行为。一个社会的法治发展,不仅仰赖于低层次的守法行为,更需要高层次的守法行为。这是因为,社会基本秩序

---

① 透过美国学者戈夫曼的印象整饰理论,我们可以充分感受到西方人脸面运作的个体性与独立性,也即,在他们那里,面子只是每个人自己的,人们在社会互动中所表演出的前台行为,往往只代表他自己;并且,特定行为所带来的面子得失,也仅仅及于行为人自身,而不会波及其他人。关于西方人的印象整饰,可参见[美]欧文·戈夫曼:《日常生活中的自我呈现》,冯钢译,北京大学出版社2008年版。

② 翟学伟:《中国人的脸面观》,北京大学出版社2011年版,第238~242页。

的维护,首先需要这个社会中的大多数人都不违法、犯罪;而社会秩序欲达到更高、更美好的境界,则不仅需要人们消极不违法,还需要人们积极地去追求法律,乃至社会道德所倡扬的行为。

(三)网络熟人社会与社会团结

人类社会的现代化,是以个体对团体的反叛为特点的,无论是梅因的"从身份到契约",还是韦伯的"祛魅化",抑或滕尼斯的由"共同体"到"社会",用语虽不同,表达的却是同一现象,即,社会的现代化就是个体价值不断凸显和放大的过程。从人自身角度看,个人价值的被强调无疑具有革命性意义,它昭示着人的重新被发现,彰显出人的理性挣脱神性,以及凌驾于人之上的诸多权力束缚,而获得了真正的独立性。关于现代化的这一维度及意义,当无须过多论述。此处欲强调的,是个体解放所带来的另一面,那就是,社会的分化与原子化。在传统社会中,尽管个体不容易被发现,但与此同时,人们之间却能很好地凝聚与团结。所不同的仅仅是,在不同文化中,用以团结的基础和纽带各有差异:在看重家族的中国文化中,家族观念及与之密切相关的儒家伦理,能将人们紧密团结起来;在基督教和伊斯兰教世界,那些源于上帝或真主的超验式信仰,本身便具有凝聚社会的力量;而在另一些文化中,某些共同的情感或意识,同样能承担起团结的功能。法国学者涂尔干曾将发生于传统社会的以共同情感、观念和价值为基础的团结称为"机械团结",而将现代社会中以分工为基础的团结称为"有机团结"[①]。涂尔干的社会团结理论在社会学乃至整个社会科学界都有着广泛的影响力,然而,在我们看来,他所谓的"有机团结",一定意义上只是理论研究者的一厢情愿而已。现实情况却是,在当下社会,人们之间的分化,比以往任何时代都来得猛烈;我们甚至可以说,社会的分化与原子化,是现代性难以逃脱的宿命。

具体到中国,近代以来的一系列制度变革,不仅使传统的血缘共同体(宗族)基本瓦解,地域共同体(自然村落)也已名存实亡,日渐丧失其内聚力。本来,这两类共同体,一方面可以在人们之间直接建立起社会联结——血缘和地域乃传统社会中人们最重要的联结基础;另一方面可以生成某种意义和价值,以作为人们凝聚和团结的精神力量——其中,在家族共同体中,祖先崇拜、家族不朽、光宗耀祖等观念,不仅是个人得以安身立命的根本,也是凝聚家族成员的核心价值;而在地域共同体中,人们因长期共同生活而形成的物质依存、情感依赖和地域认同,都可以充当

---

① [法]埃米尔·涂尔干:《社会分工论》,渠东译,三联书店2000年版,第33~72页。

团结的精神纽带。然而,中国社会的现代化,不仅使这两类共同体的组织功能基本丧失,其原本具有的精神价值也不复存在,社会无可避免地原子化了。①而社会的原子化对于法治而言,将产生巨大的消解和破坏作用。首先,它容易导致个体的孤独,进而引发利己主义。孤独的个体容易被禁锢在自我的小圈子,因而容易表现出对自我利益的过度关心。这不仅极易引发各种违法、犯罪行为,从而给他人和公共利益造成伤害;还容易使人们的行为预期和行为安排短期化,进而引发一些损害社会长远利益的行为。其次,社会的原子化还会导致个人与公共世界的疏离,从而使国家治理变得艰难。个人与公共世界的疏离,自下而言,会导致民众的利益诉求难以上传至国家,从而使社会不满不断积聚,进而威胁国家安全与社会安定;自上而言,则容易使国家意志和政策难以下达社会,进而导致政策扭曲和政策失灵。可以说,无论是社会不满的聚集,还是政策难以下达,都是不利于国家治理的,因而,我们必须为个体找到新的凝聚和团结方式,以克服社会的原子化。

  网络熟人社会的出现,为中国社会的凝聚和团结提供了新的契机。这是因为:其一,网络熟人社会能将人们有效地组织起来。网络熟人社会形成过程的开放性和形成基础的多元化,能够使人们突破血缘、地域,以及其他种种差异而紧密联系起来。通过网络而组织起来的人们,走出了个体的孤独,重新回到公共世界中。这样一种新的结构化安排,一方面有助于人们的利益和需要适时地、以集体发声的方式表达出来,从而避免社会不满的积聚;另一方面使得国家制度和政策的下达有了更畅通和便捷的渠道,制度和政策被操控和扭曲的概率大为降低。其二,网络熟人社会还具有一定的意义生产功能。网络熟人社会具有很强的自治属性——它由人们自发形成,在运行上也大体符合自治原则(只要不危及公共利益,政府一般不予干预),而一个自治的组织通常能够进行意义生产。同时,网络独特的运行环境,使人们之间先天和后天的差异容易被过滤或忽略,因而他们处于一种更加自由和平等的状态,这样的状态,无疑更有利于意义和共识的生成。可以说,网络熟人社会中的交流情境,即便不属于哈贝马斯意义上的"理想的交谈情境"②,也至少离这一标准越来越近了。发生于这一社会

---

  ① 可以说,中华人民共和国成立后的人民公社制和城市中的单位制,彻底打破了人们之间原有的社会联结方式。正如一位社会学研究者所言,"单位制和人民公社……是'国家吞没社会的主要容器'"(陈映芳:《城市中国的逻辑》,三联书店2012年版,第252页)。

  ② 哈贝马斯所设想的理想的交谈情境,取决于以下几个要素:交谈者参与机会均等、言论自由、没有特权、真诚、不受强迫等。相关介绍,可参见[德]考夫曼:《后现代法哲学——告别演讲》,米健译,法律出版社2001年版,第38页。

中的情感交流、信息共享和观点表达,都可以在深化情感、共享资源和精进专业的同时,生发出某种意义。① 此外,网络熟人社会还可以从外部引入某种价值,进而促进意义的生成。鲍曼曾指出:"阐释者角色由形成解释性话语的活动构成,这些解释性话语以某种共同体传统为基础,它的目的就是让形成于此一共同体传统之中的话语,能够被形成于彼一共同体传统之中的知识系统所理解。"② 鲍曼关于阐释者功能的这一判断,同样适用于网络社会。网络熟人圈中的意见领袖,可以将实体社会中一些积极的意义和价值,适时地引入网络社会,从而不仅提升特定网络社会内部的团结,也有助于实现整个网络社会的团结。其三,网络熟人社会还有助于人与人之间的互助。传统社会中承担互助功能的"礼尚往来",在当下早已背离其最初的使命,非但无益于社会互助,还充当着社会分裂与权力腐败的帮凶。所幸的是,在当下网络社会中,各种形式的社会互助高度活跃,尤其是近期兴起的微信众筹,已然成为一种快速而有效的社会互助形式。此种互助,不仅可以帮人们解决燃眉之需,还可以让人们感受到社会大家庭的温暖和力量——这种感受,本身就能促进社会团结。

(四)网络熟人社会与纠纷解决

如果说上文所讨论的社会信用、行为激励、社会团结,是网络熟人社会所间接贡献于法治的,那么,它在纠纷解决方面所能发挥的作用,则是这一社会形态对法治更直接的意义。这种意义主要通过以下几种方式体现出来。

首先,网络熟人社会有利于法律知识的普及,从而根本上降低纠纷发生的概率。当一部新法律出台后,或者立法机关针对某法律制定了实施细则,抑或最高人民法院针对某法律条文出台了司法解释,都很容易在各类微信群和朋友圈中传播开来,从而达到法律知识普及的效果。相对于传统意义上的普法,此种通过网络熟人圈而实现的普法方式,具有许多天然的

---

① 网络社会研究者桑斯坦曾表达这样一种担忧:"网络对许多人而言,正是极端主义的温床,因为志同道合的人可以在网上轻易且频繁地沟通,但听不到不同的看法。持续暴露于极端的立场中,听取这些人的意见,会让人逐渐相信这个立场。"([美]凯斯·桑斯坦:《网络共和国:网络社会中的民主问题》,黄维明译,上海人民出版社 2003 年版,第 50~51 页)在我们看来,这种现象也许易出现于流动型网络社会,而在固定型网络社会也即网络熟人社会中,由于存在某种形式的意见把关人,因而其观点不太容易走向极端。具体说来,由于每个网络熟人社会都存在一些类似意见领袖的人物,他们可以凭借其情感、知识、责任与良知,一定程度地引导着意义的生成,从而使其不至于发展成偏见——法国学者勒庞的群体心理学研究表明,当一个人处于特定群体时,其心理和行为表现,会明显区别于他们独处时。其中,最显著的特征就在于,人们容易进入一种集体无意识状态,从而容易被激情和偏见所左右(关于群体心理的特点及相关讨论,参见[美]古斯塔夫·勒庞:《乌合之众》,冯克利译,中央编译出版社 2005 年版)。

② [英]齐格蒙·鲍曼:《立法者与阐释者——论现代性、后现代性与知识分子》,洪涛译,上海人民出版社 2000 年版,第 6 页。

优势。它不仅普及速度快、覆盖面广,而且能被人们有效吸收——网络社会中的人们,只要他愿意,都可以接收到这些知识;不仅如此,他还可以将这些知识收藏起来,以便反复研习,直至完全掌握。同时,在传播这些法律知识的过程中,针对一些核心内容或有争议之处,网友们往往会重点阐释或发表评论,这些阐释和评论,为人们更准确地解读法律内容创造了条件。而一旦人们对法律有了准确的理解和把握,则其在行为安排上也更易于符合法律的要求,进而社会纠纷发生的概率也会大大降低。

其次,网络熟人社会有利于法律信息的沟通,从而在法律实施过程中预防和化解纠纷。在一个政治社会中,信息沟通包括两大类:一是信息的横向沟通,它是指发生于私法主体之间,也即公民之间、公民与社会团体之间以及社会团体相互之间的信息沟通;二是信息的纵向沟通,它是指发生于私法主体与公法主体之间,也即公民或社会团体与政府之间的信息沟通。网络熟人社会可以同时为这两类信息沟通提供便利。在私法主体的交往行为中,信息的有效沟通不仅有助于交往的顺利开展,而且,当外部环境发生改变而需要对行为作出调整时,信息的良好沟通还可以预防纠纷的产生,即便出现了纠纷也能及时化解。而透过网络熟人圈,人们之间可以实现法律信息的有效沟通。与此同时,公民与政府之间的信息沟通,一方面有助于政府及时了解民众的利益诉求,从而防止社会矛盾的积聚和集中爆发,并提升政府决策的科学性;另一方面有助于民众了解政府的执政行为,从而为民主参与和对行政的监督提供便利。通过网络中的微信群和朋友圈,政府可以迅速地采集舆情信息,进而在对这些信息准确评估的基础上,作出科学的决策;同时,民众也能够便捷地了解政务信息,尤其在一些公共危机和应急事件中,政府对于这些事件的处置和应对方式,很容易在网络社会中传播开来,此时,民众不仅可以有针对性地发表意见,还可以进行监督。而无论是政府对于民众利益诉求的合理吸收,还是民众对于政府执政行为的评论与监督,都能够在提升政府执政水平、增强政府权威的同时,有效地预防和化解社会矛盾与冲突。

最后,网络熟人社会还可以直接为纠纷解决提供技术支持。司法从本质上讲,是一门纠纷解决的技术——其价值追求则在于公平与中立。作为一种技术性存在,司法需要一系列的条件和手段作为支撑。可以说,司法所赖以运行的条件和手段越丰富,纠纷解决的效率就会越高,司法所追求的公平正义理想也越容易实现。网络熟人社会的出现,正好可以为司法提供一些新的技术和手段支持。例如,它可以使一些宣告类的法律决定,如公示催告、宣告失踪、宣告死亡等,有效到达数量更多的社会主体;同时,它也使案件的调查取证更为便利；此外，它还有助于法律文书的顺利送达，等等。总之，网络熟人社会这一新型的熟人社会形式，蕴藏着诸多能为纠纷解决（不限于国家正式司法，还包括其他非官方纠纷解决方式）提供技术和手段支持的有利因素。

四、结语：让网络熟人社会更好地服务于法治

网络社会刚出现时，人们为它所带来的自由和解放而狂欢[①]，然而，此后的发展却逐渐暴露出它的另一面：网络的"无中心"为人类秩序注入了不稳定因素；网络舆论的分散性容易给社会带来离心力；网络资源利用能力的差异会在人们之间造成"信息鸿沟"，并因此而加剧社会的分化；网络的匿名性和传播的高速度，为网络谣言的肆虐大开方便之门；等等。[②] 因而，总体而言，网络社会是把双刃剑，它为人类提供了情绪的宣泄口，却容易带来集体的狂热；它给了人们相对平等的话语权，却容易导致更深层次的分化；它拥抱去中心化，却可能使社会陷入失序状态……诸如此类，不一而足。可以说，此乃一般网络社会之常态。而作为网络社会之特殊形态的网络熟人社会，首先是一种熟人社会，因而，它能像传统熟人社会那样积极作用于社会秩序的生成，从而为法治提供重要的内在支撑。事实上，正如前文所讨论的，这一新型社会形态不仅可以在社会信用、行为激励与社会团结等方面间接地支持法治，还可以在纠纷解决方面直接地为法治作出贡献。此处的写作，只是一个开始，愿它能起到引玉之功，以唤起人们对这一独特社会形态的关注，同时探索如何使其价值得以更好地发挥，进而使我们的社会达致更好的秩序状态。

[①] 美国学者劳伦斯·莱斯格曾不无兴奋地指出："网络空间造就了现实空间绝对不允许的一种社会——自由而不混乱，有管理而无政府，有共识而无特权。"（[美]劳伦斯·莱斯格：《代码》，李旭译，中信出版社 2004 年版，第 4 页）华莱士也强调："互联网为我们提供了一个安全地进行宣泄的场地，当我们使用它的时候，会变得心情愉悦、心地善良和精神健康。"（[美]帕特·华莱士：《互联网心理学》，谢影、苟建新译，轻工业出版社 2001 年版，第 146 页）

[②] 关于网络社会的这些负面特点，可参见[美]尼葛洛庞蒂：《数字化生存》，胡泳译，海南出版社 1997 年版，第 274 页；[美]威廉姆·戴维德：《过度互联：互联网的奇迹与威胁》，李利军译，中信出版社 2012 年版，第 XI 页；等等。

第六章 教化与法治

第一节 也从坏人视角看法律与法治①

在现实生活中,我们经常看到这样的案例:

案例一:有Tom者(系惯犯,"精通"刑法条文及各种侦察、审判过程中的"从轻""减轻"情节),欲杀John(后者本为一"好人",但因小事曾得罪于Tom),遂从数天前就开始想尽各种办法挑衅、激怒John;某日,俩人终至互殴,Tom"失手"打死John。经审判,以故意伤害至死论罪,但由于受害人亦存过错,从轻处罚。

案例二:有张三者,某日做好事得罪"坏人"李四。遂被李四"无理"纠缠,及至某日,忍无可忍而殴打李四致死。经审判,故意伤害致死罪名成立,因情节恶劣,从重处罚。②

综观上述两个案例,我们可以看出:第一,从非法学的视角看,Tom的恶意显然大于张三——因他是有预谋的,并且他本就是个"坏人"(惯犯);第二,从法学的视角看,由于法官认定的只是Tom与人互殴致人死亡(除非Tom主动证明自己有预谋,否则法官无法认定他的这一主观恶意),以及张三之情节恶劣的伤害致死行为(关于李四的"无理"纠缠,在法庭上难以作为定罪量刑的依据),因此,"好人"做了一件可能并不是很"坏"的事(李四本就是个坏人),却被法院判以重于"坏人"做了一件更坏的事(有预谋地杀死一个好人)所得之处罚。

---

① 霍姆斯早在若干年前就提醒我们,要尝试着从坏人角度看法律,因为唯有如此,方能更全面地发现法律及法治的局限,即"要全面理解一个事物,首先就必须理解其局限"(O. W. Holmes, *The Path of the Law*, in Harvard Law Review, Vol. 8, No. 8, Mar. 25, 1897)。可以说,此处正是循着霍姆斯的这一提醒展开分析,所不同的是,我们所看到的局限与霍姆斯所看到的不尽相同。

② 类似的案例有很多,例如,当年庞德就提到一个案子:Tom的妻子与人私奔,留下几个需要照顾的幼儿;由于Tom无力独自抚养小孩,等了几年之后,他再婚了;后Tom妻状告Tom重婚。法官说(大意):我可怜的Tom,你应该花几百英镑先离婚的,你为什么要重婚呢?没办法,你现在必须接受法律的惩罚([美]庞德:《普通法的精神》,唐前宏、廖湘文、高雪原等译,法律出版社2001年版,第149~150页)。

对于上述两点，我们可以作进一步分析：第一，Tom 之所以得到更轻的处罚，是因为他"懂"法并利用了法律之仰赖于算计理性的特点——法律假定，人的行为是受理性支配的，因此，人们在做出某种行为时，就应该衡量其中的利害关系①——也就是说，Tom 看到了法律必定会以 John 的殴打行为作为自己罪轻甚至无罪的依据。并且，正因为"坏人"可以利用法律谋求合法利益（更轻的处罚），所以，第二，此种建基于理性假设的法律，会给社会带来不少负面影响，例如，在很多情况下，一个道德感越差的人，可能得到的利益会越多。进而言之，第三，在日常生活中，与其得罪一个坏人，不如得罪一个好人：因为坏人可能会利用法律来算计你，并且，此种算计往往带有很大的合法律性，因而你很难针对这种行为请求法律的保护；相比之下，好人则一般不会这么做。以上三点如果成立，则建基于理性之上的法律便会带来一个潜在效应：人们容易倾向于认为，做坏人甚于做好人，进而，在社会生活中，也容易自觉不自觉地成为一个坏人。② 至此，法律的负面效应就很明显了：它可能会造就越来越多攻于算计却并不道德的人；而如果社会上这样的人太多，则法治之可能性也就不存在了。一句话，法律自己破坏了法治。

很显然，任何追求法治的国家都不期望自己的立法会导致法治的崩溃。那么，为什么以追求法治为目的的现代法律，却很容易陷入自身反而破坏法治的困境呢？我们认为，这其中的要害就在于，现今所有的法律及制度体系，都过多地或者说是唯一地诉诸"人在从事法律活动时是理性的"这一点。上面所分析的案例清晰地表明，我们的制度设计确实不应该假定所有人都是理性的，更不该要求人总是能够作出理性的选择。然而，问题的关键却在于：除了把人假定为"理性人"之外，我们的制度设计还能找到其他什么支点么？换言之，我们的制度设计如果不这样，又能怎样？

从法学的视角看，我们很难将制度设计建立在非理性的基础之上。也就是说，尽管上文的分析已经表明"理性人"假设有其弊端，但这并不意味着我们应当完全将其废弃。那么，如何拯救这个概念以及建基于其上的法律与法治？我们认为，有必要在进行法治建设时重新强调"教化"，以作为

---

① 这也是为什么近现代法律总是关注人们做出某种行为时的主观方面（而不仅仅关注客观方面），以及法律将精神病患者、儿童等主体排除在法律制裁范围之外的主要原因所在。

② 除这种负面效应外，法律在有些时候还可能导致更"严重"的问题：法律假定人们都是理性的，并要求人们按照理性原则来行事，然而，事实上，社会中总有那么一些人，他们不惯于也不善于理性算计；考虑到所谓"江山易改，本性难移"，这一部分人很难改变自己的个性，去适应与迎合基于理性算计的制度，因而，他们只能在现代法治社会中处于事实上的不利地位——这一点，对他们而言，无疑是一件令人绝望的事情。

对"理性人"假设的必要补充。在这里,所谓教化,简言之,即以某种价值标准对民众进行教育感化,使其形成一种心理上的前见和压力,进而影响其思想并使其言行符合该价值的要求。应该说,教化主要是一种诉诸感性而非理性的治理措施,因为它更多地仰赖人们对权威的信赖心理,而非单纯的算计心理——我们认为,没有感性手段作为辅助,单纯地诉诸理性难以形成良好的秩序。① 而在社会治理领域,所谓感性手段,主要指的就是教化。

因此,接下来的问题是:如何将教化糅合到法治建设中去?以及,如何寻求教化机制的本土资源?接下来,让我们先从传统中国的儒家教化机制出发,来对这一问题作尝试性解答。

第二节 传统中国的儒家教化与社会治理

美国学者昂格尔曾指出,古中国社会秩序的形成机理,与欧洲国家社会秩序的形成机理截然不同,因为"它几乎完全依赖于相互作用的法律而不知道还有其他形式的法律存在"②——昂格尔所谓"相互作用的法律",就是指古中国的"礼",它具有与法律特性几乎完全不同的等级性、习惯性、非实在性以及非国家制裁性等特点。那么,为什么古中国与欧洲所依据的治理依据截然不同,却都能在社会中生成一种稳定的秩序呢?昂格尔进一步指出,根本的原因在于,在古代中国,"存在一种关于价值和观念的牢固的共识",此种共识的存在,使得一种稳定的社会秩序成为可能。③ 接下来的问题是,这种牢固的共识又是如何形成的呢?

我们认为,古中国之所以能形成一种昂格尔所说的"牢固的共识",主要是因为儒家思想影响的结果:自孔子以来,儒家就一直主张在全社会树立一种非制度性的"道"④(实即昂格尔所谓的"共识"),这是使社会达成秩

---

① 在经济学界、伦理学界有一个所谓的"斯密之谜"——说的是亚当·斯密在《道德情操论》中从人富有同情心出发论证了他的伦理学思想,而在《国富论》中他又从人的自利心理(self-interest)出发论证了他的功利主义思想。换句话说,所谓的"斯密之谜",也即,人到底是伦理的动物,还是自利的动物?或者说,在伦理性与自利性之间,哪个更多一点?(梁小民:《拯救亚当·斯密》,载《读书》2004年第7期)我们认为,可能正是因为亚当·斯密看到了建基于理性人概念之上的功利主义以及现代治理体系的不足,他才会在理性之外,同时强调人的感性的一面,也即同情心因素。

② [美]R.M. 昂格尔:《现代社会中的法律》,吴玉章等译,译林出版社2001年版,第91页。

③ [美]R.M. 昂格尔:《现代社会中的法律》,吴玉章等译,译林出版社2001年版,第82~91页。当然,关于古中国的礼治秩序与西方国家之社会秩序是两种不同秩序的观点,为颇多学者所主张,这里不一一列举。

④ 诸如"朝闻道,夕死可矣"(《论语·里仁第四》),"有君子之道四焉:其行己也恭……"(《论语·公冶长第五》),以及"君子所贵乎道者三:动容貌,斯远暴慢矣……"(《论语·泰伯第八》)等言论中所言之"道"即是。

序的关键。所谓"天下有道,则庶人不议"①——可以说,孔子的这种思想几乎为所有后世儒者所坚持:如孟子的"王道"说、荀子的"隆礼重法"观、董仲舒的"三纲五常"论、朱熹的"存天理,灭人欲"说等。同时,为了使道能够深入庶人之心,儒家强调必须进行道德教化,并把教化视为国家政治生活的重要组成部分,所谓"教,政之本也"②,所谓"盖三纲五常、天理民彝之大节而治道之本根也,故圣人之治,为之教以明之,为之刑以弼之"③,所谓"善政不如善教"④ 等。蔡元培先生曾明确指出,特别是汉代独尊儒术以来,教化成了古中国一种最基本的治理手段。⑤ 事实上,古中国的"士",即掌握了儒家经典和伦理的绅士阶层,其主要作用就是代表统治者(大传统)对民众(小传统)进行教化。论及此处,我们可以得出结论,即古中国社会秩序形成机制中的"关键词"是"教化"——不夸张地讲,没有教化,就没有儒家的礼治秩序。而所谓教化,简言之,即以某种价值标准对民众进行教育感化,使其形成一种心理上的前见和压力,进而影响其思想并使其言行符合该价值的要求。在这里,应特别予以明确的是,儒家的这种教化,是一种生活性教化,是一种良民教化,⑥ 它不同于专业教化⑦,也不同于典型的宗教教化。儒家教化机理的这一属性,用孟子的话来讲,即"教以人伦",然后达致一种"父子有亲,君臣有义,夫妇有别,长幼有序,朋友有信"⑧ 之

---

① 《论语·季氏第十六》。
② 《春秋繁露·精华》。
③ 《论语集注·为政》。
④ 《孟子·尽心章句上》。
⑤ 蔡元培:《中国伦理学史》,商务印书馆1999年版,第73、93页;另可参见胡适:《中国哲学史大纲》,上海古籍出版社1997年版,第五篇、第十篇。值得一提的是,梁漱溟并不认为儒家,特别是孔子强调教化的作用,他说:"胡适之先生的《中国哲学史大纲》里面有一条,说孔子是要教人去造成好习惯,这不但不合孔子的意思,而且根本在道理上说不过去。习惯不是原样,乃是后来的。孔子的意思,生活要原样。"(李渊庭、阎秉华整理:《梁漱溟先生讲孔孟》,广西师范大学出版社2003年版,第42页)我们认为,对反映在《论语》之中的孔子言论作梁先生这样的理解,在一定意义上是可以的,因为"有理解,理解就会有不同";但我们同时认为,就整体而言,儒家是强调道德教化、伦理教化作用的。
⑥ 辜鸿铭认为,儒教是一种"义礼并重的宗教",因此,他将儒教称为"良民的宗教"(辜鸿铭:《中国人的精神》,黄兴涛等译,海南出版社1996年版,第15页)。我们基本赞成辜氏的这个观点,但我们并不认为有一种所谓"儒教"的宗教派系存在,因为自孔子以来,儒家就基本秉持"敬鬼神而远之"、"不语怪力乱神"以及"未知生,焉知死""未能事人,焉能事鬼"等俗世的、反宗教的理念。
⑦ 与儒家一样,法家也强调教化。所不同的是,儒家的教化属于生活性教化,而法家的教化则更多地体现为"以法为教,以吏为师"的专业性教化。关于法家强调教化这一点,我们从荀子的话语中便可窥见一斑。所谓"故不教而诛,则刑繁而邪不胜;教而不诛,则奸民不惩;诛而不赏,则勤励之民不劝;诛赏而不类,则下疑俗俭而百姓不一。故先王明礼义以壹之……"(《荀子·富国》);以及"本政教,正法则,兼听而时稽之,度其功劳,论其庆赏,以时顺修,使百吏免尽,而众庶不偷,冢宰之事也。论礼乐,正身行,广教化,美风俗,兼覆而调一之,辟公之事也。全道德,致隆高,綦文理,一天下,振毫末,使天下莫不顺比从服,天王之事也"(《荀子·王制》);等等。
⑧ 《孟子·滕文公章句上》。

良善的生活局面。

考虑到法治与儒家伦理之治一样,都以追求一定的社会秩序为圭臬,因此,如果上述命题能够成立,那么,儒家的伦理之治当可为法治提供一定的借鉴意义。与此同时,考虑到从一定意义上讲,当下所谓的现代化、全球化法律,其实质是西方法律的现代化与全球化,它基本没有或少有西方以外国家如中国的贡献①,而这显然与中国之"历史文化大国"地位不相符;因此,若我们能够在法律全球化进程中将儒家之教化机制——一种曾经在历史上生成稳定社会秩序的治理机制——融入"全球化"法律之中,则无疑是中国对现代法治的一种独特贡献。

当然,中国文化欲在法律全球化进程中作出自己的贡献,也即将儒家教化机理融入全球化法律中,首先必须回答并证立的问题是:法律与教化有关联么?它们的关联是什么?教化可以为法治服务么?如果可以,具体该如何展开?对于这些问题的解答,我们将在下一节中进行。

第三节 教化与现代法治

一、教化与法律、法治关系概说

关于法律、法治的经典论述,最早可以追溯到古希腊,这其中,亚里士多德的论述尤为后世所熟知。在亚里士多德那里,法律与教化是一对典型的关系性范畴,它们的关系可以表述为以下两点:其一,法律必须通过教化才能真正生效。也即,教化是法律产生效力的重要条件。他说,"教育是紧要的,政体以法律为本,而再好的法律不通过教育深入人心依然是无用的","最有益的法律,而且得到了其所辖的全体公民的称道,如果在政体范围内未能形成风尚及通过公民教育深入人心,这样的法律依然是无用的"。②其二,法律本身具有教化作用。他在论及法律的作用时曾明确指出,

---

① 虽然,谢晖先生在他的一篇论文《论西方法治的中国因素及其成因》(载谢晖:《法的思辨与实证》,法律出版社2001年版,第273页)中谈道,"西方国家在法制现代化过程中汲取了中国传统法律文化中有利于他们的因素",也就是说,所谓"西方法"以及"全球化法"包含了中国因素——然而,在该文中,我们看到的仅是西方国家对中国法文化因素的汲取(如法官制度、调解制度),却很少看到中国积极参与到现代化、全球化法制中去。因此,从这个角度说,中国对"现代化""全球化"法律的贡献是微乎其微的。

② 颜一编译:《亚里士多德选集·政治学卷》,中国人民大学出版社1999年版,第193、194页。古希腊更早对教育、教化予以关注的是立法者莱库格斯,他认为儿童教育是"一个变法者所应该加以确定的、最主要、最重大的事",[[英]罗素:《西方哲学史》(上册),何兆武等译,商务印书馆1963年版,第140页]。

法律具有规诫（exhort）和教化（civilize）之双重功能。也就是说，法律既具有规范、惩罚、救济的作用，又具有培养人们美德和良习的作用①。亚里士多德并强调，是否具有教化作用，以及能否教育出良善的公民，是评判一部法律良好与否的重要标准；他甚至认为，"立法者的专门任务就是造就这样的人，即能够实现城邦善的人"②。虽然，亚里士多德对法律与教化关系的论述并不全面，因为他并没有关注法律的实效与非法律教化（如道德教化）之间的关系（下文我们将关注这个问题），也没有提及法律教化的具体方式，但从以上的简要介绍中，我们至少可以看出，在他那里，法律与教化具有不可分割的内在关联。

然而，不知从何时起，亚里士多德关于法律的论述却被人们片断化地理解和引用：一方面，他关于法治的经典描述（即"优良法制的一层含义是公民恪守业已颁布的法律，另一层含义是公民们所遵从的法律是制定得良好的法律"③）早已广为人知；另一方面，他所强调的法律与教化之内在关联却没有被人们所注意到，或者说没有得到应有的重视——我们几乎看不到以"法律与教化"为主题的文章或著作。这后一点，在国内法学界表现得尤为明显。在我们的法理学教科书中，一般都会设立专门的章节讨论"法的作用"，并将这些作用归结为"指引、预测、教育、评价、警示"等五个方面，但在展开论述时，对法律的其他作用往往会有较详尽的探讨，而对于法律的教育作用则通常只是轻描淡写地一笔带过，甚至在有些教材中，仅仅出现"教育作用"的字眼，而根本没有展开具体的讨论。④

那么，为什么学界会对"法律与教化"这一命题予以忽略呢？以国内学界为例，主要原因大体可以归结为以下几点：第一，片面地理解了马克思的相关结论。长期以来，马克思主义理论本身的科学性，使得马克思的一些论断被视为当然且普遍成立的命题，甚至于，个别判断还有被断章取义之嫌。最典型的，就是经典作家关于法律作用对象的那个著名论断。马克思曾说："我只是由于表现自己，只是由于踏入现实的领域，我才进入受

---

① *The Nicomachean Ethics of Aristotle*, translated by D.P.Chase, E.P.Dutton & Co., 1934, p.258～259.
② 颜一编：《亚里士多德选集·政治学卷》，中国人民大学出版社1999年版，第39页。另外值得一提的是，亚氏的这个观点被孟德斯鸠所继承和发扬，他说："一个明智的立法者就应当努力通过适度的哲学、道德与宗教的箴规，通过荣誉的法规的适当应用，通过羞辱性的刑罚……去教养人民。"[法]孟德斯鸠：《论法的精神》（上册），张雁深译，商务印书馆1961年版，第87页]而日本学者川岛武宜也持有类似观点，他认为"国家法还充当近代国家伦理意识的教育的角色"（[日]川岛武宜：《现代化与法》，王志安等译，中国政法大学出版社1994年版，第45页）。
③ 颜一编：《亚里士多德选集·政治学卷》，中国人民大学出版社1999年版，第139页。
④ 孙国华主编：《法理学教程》，中国人民大学出版社1994年版，第二章第四节。

立法者支配的范围。对于法律来说,除了我的行为以外,我是根本不存在的,我根本不是法律的对象。我的行为就是我与法律打交道的唯一东西……"[1] 许多研究者根据马克思的这段话得出结论,只有人的行为才是法律的作用对象,对于人的思想,法律是无能为力的。[2] 既然法律无法调整人的思想,那么,对思想的教化就当然不是法律作用的应有之意了;进而言之,轻视甚至忽略法律的教化作用就不足为奇了。然而,如果我们认真查阅马克思这一判断的来源《评普鲁士最近的书报检查令》一文,就会发现,其实马克思所强调的,并不是法律不作用于人的思想,而是法律不能仅仅因为人们行为所反映的某种内心"倾向",就对其实施惩罚——可以看出,马克思的这段话,其实是在为反对书报检查令作铺垫。这意味着,马克思所主张的,仅仅是法律不应惩罚人的思想,而不是不作用于人的思想。这就正如他在同一篇文章中所指出的,"追究倾向的法律不仅要惩罚我所做的,而且要惩罚我所想的,不管我的行为如何","这种法律是对公民的一种侮辱,是威胁着我的生存的一种阴险的陷阱"。[3] 基于上述分析,我们认为,片面地理解和断章取义地对待理论权威的只言片语,是国内学界忽视法律教化作用的一个重要因素。第二,把法律仅仅视为规则或规则的集合,而忽略了它与人们思想、感情的天然联系。用伯尔曼的话讲,即"割裂了法律与爱的关联","这种看法忽视了法律作为社会秩序的积极、生动的特质。作为活的社会制度的法律,适用中的法律,就如社会生活的任何其他方面一样,是具体的、主观的和关乎个人感情的"。[4] 伯尔曼的这段话道出了法律的一个重要特质,也即,它是主观的、关乎感情的。从这一判断出发,则一方面,在法律中引入教化机制,不仅是可能的,也是必要的——法律的主观性和情感性为教化提供了发挥作用的场域;同时,鉴于法律的这一属性,教化又是法律得以有效实施的重要条件,因为教化乃情感和价值输入的常见和有效手段。另一方面,法律本身亦具有教化的功能——由于法律与爱相关联,具有主观性和情感性,因而它本身可以作为教育和感化民众的依凭。此外,考虑到人的行为是其思想的外在表现,

---

[1] [德] 马克思:《评普鲁士最近的书报检查令》,载《马克思恩格斯全集》第1卷,人民出版社1956年版。

[2] 相关的观点,可参阅孙国华主编:《法理学教程》,中国人民大学出版社1994年版,第52页。当然,也有部分学者已经意识到法律亦作用于人的思想,如有的学者认为,法律也调整思想,但采取"保护性调整"方式予以调整(谢晖:《法学范畴的矛盾辨思》,山东人民出版社1999年版,第368页)。

[3] [德] 马克思:《评普鲁士最近的书报检查令》,载《马克思恩格斯全集》第1卷,人民出版社1956年版。

[4] [美] 伯尔曼:《法律与宗教》,梁治平译,三联书店1991年版,第101页。

因此，欲使社会秩序不至于沦为"死序"，而是一种能体现参与主体之主观能动性的"活序"，也必须发挥法律对思想的影响和教化功能。第三，认为教化是纯道德性的、不与法律搭界的工作。也正因如此，学界一谈及教化，便容易想到"以吏为师""身正令行"等人治色彩浓厚的做法。然而，现代法治语境中的教化，主要不是道德楷模式的教化，而是借助法律中的理性、情感和价值来对民众实施教化。因此，我们认为，主权者是借助法律的理性和价值来对民众实施教化，还是通过官吏的德行实施教化，是现代民主宪政区别于前现代政治的重要标志。

强调法律与教化的关联，很大程度上还因为现代法律之强制属性的淡化[①]。自边沁、奥斯丁等纯粹法学理论者提出"法律是主权者的命令"这一命题以来，法律与强制就俨然成了一对孪生兄弟，所谓"说没有强制的法律，就像说没有火焰的火一样荒谬"（耶林语）。然而，随着民主政治的发展，法律的强制性已越来越"退居二线"，法律要获得人们的遵守，主要不是仰赖于它背后的强力，而是它所具有的正当性与合理性。换句话说，在现代民主法治社会中，法律的合理性而非强制性，乃是它被人们采信和遵守的关键性因素。而法律中的合理性，对于一般社会大众而言，并不是自明的，欲使此种合理性更好地为民众所了解和体认，很重要的一点便是对他们进行有关法律的教化。

强调法律与教化之关联的最后一个原因，是因为在现代中国语境中，法与理、法与德等已不再是相互割裂的范畴，而是融为一体的。在西方语境中，"法"一直是一个综合性范畴。自古希腊始，"法"不仅是指用以分配权利、义务的规则，还可以指隐含于这些规则背后的价值与理念。也因此，在他们的法律术语表达中，法律与公平、正义、权利等都用同一个语词"jus"来表述。然而，在传统中国语境中，"法"的含义却要狭窄得多，它仅仅是指法律禁令。对于中西方传统"法"的这种内涵上的差别，民国学者严复曾不无明确地指出，"盖在中文，物有是非谓之理，国有禁令谓之法，而西文则通谓之法……西文'法'字，于中文有理、礼、法、制四者之异译，学者审之"[②]。这一判断揭示出，在传统中国语境中，所谓"法"，是指与理、

[①] 关于法律强制性淡化的理论关注，西方学界已多有论者进行。详可参阅刘星：《法律强制力观念的弱化》，载《外国法译评》1995 年第 3 期。另，国内有学者也曾明确指出这一点："……法发展的总的趋势是，依靠社会成员自觉遵守属性比重的缩小；说服教育作用的扩大，国家强制范围和严厉程度的缩小。"（孙国华主编：《法理学教程》，中国人民大学出版社 1994 年版，第 161 页）——有意思的是，正如前述，该学者在论述法律的作用时，却并没有对法律的教育作用进行关注。

[②] [法] 孟德斯鸠：《孟德斯鸠法意》，严复译，商务印书馆 1981 年版，第 2～3 页。

礼、制等相并列的一个范畴，它与后三者一起，共同承担着对传统社会的控制功能。从这种并列关系我们可以进一步推断出，在传统中国，法与理、法与德（古代中国的"德"与"礼"本就是相互交融的）等基本上是二分的，以至于在人们的观念中，法是残酷而冰冷的——关于这一点，我们从"刑，法也"①"杀戮禁诛谓之法"②等说法中便可窥见一斑。所幸的是，近代以降，"法"的这一含义正发生改变，其意义已不再限于严复所谓"国之禁令"，而同时具有道德性、合理性、正当性等诸多情感和价值面向。用学者马小红的话来说，现代中国语境中的"法"，实际上已包含古代之"理""法""礼""制"等多层含义，"在古代多指制度层面的'法'，在近现代已拓展为融制度、精神、学说为一体的'法'"③。既然法与德等在现代中国法制中已基本实现了融合，那么，当下欲更好地推进我国的法治事业，不妨从传统的德与礼之推行手段中汲取有益经验。如所知，在传统中国，对于德、礼，最常规和最有效的推进方式便是教化。可以说，这一重要的治理辅助手段，完全可以为法治所用。

　　以上的分析表明，忽略或轻视法律与教化关联的做法既没有理论渊源，也没有充分的现实基础。我们认为，法律与教化是一对典型的关系性范畴。它们之间的关系可以阐释为如下几个方面：第一，法律必须通过教化才能真正生效。关于这一点，前文已初步阐明，下文还将进一步阐释。第二，法律本身具有教化功能。关于这一点，下文将重点阐述。第三，法律必须与道德教化、学校教育相配合，才能发挥最佳的秩序化效果。对于这第三层关系，儒家曾给予充分的关注。如，"不教而杀谓之虐"④；又如，"不教无以理民性"⑤"不教其民而听其狱，杀不辜也"⑥；再如，"教以人伦"，然后才有"父子有亲，君臣有义，夫妇有别，长幼有序，朋友有信"的"天下平"局面⑦等等。儒家关于法外教化与法律的关系，我们可以用《礼记·经解》中的一句话予以概括：即，"故礼之教化也微，其止邪也于未形"⑧。换言之，教化能够较好地预防违法犯罪。关于这一点，西方学界也多有论及。学者庞德曾指出，"法律必须在存在着其他比较间接的但是重要的手段——家

---

① 《尔雅·释诂》。
② 《管子·心术上》。
③ 马小红：《礼与法：法的历史连接》，北京大学出版社2017年版，第59页。
④ 《论语·尧曰二十》。
⑤ 《荀子·大略》。
⑥ 《荀子·宥坐》。
⑦ 《孟子·滕文公上》。
⑧ 《礼记·经解》。

庭、家庭教育、宗教和学校教育——的情况下执行其职能……学校教育已成为我们支援社会控制的主要依托"[①]。黑格尔也说,"为了使大公无私、奉公守法及温和敦厚成为一种习惯,就需要进行直接的伦理教育和思想教育"[②]。孟德斯鸠更是坦言,当一个国家、一个民族具有良好的道德教化机制,并且具有良好的风俗时,法律就能够很好地发挥作用,而且"法律就是简单的"[③]。现代刑法学之父贝卡里亚也认为,要落实好刑法就必须抓好教育工作,因为"预防犯罪的最可靠但也是最艰难的措施是:完善教育"[④]。哲学家罗素甚至将教育、教化的作用视为最有效的政治治理手段:"从长远的观点来看,没有任何东西能像教育和爱国主义的广泛普及那样,使国家产生强大的政治力量"[⑤]根据以上东西方学者的经典论述,我们基本可以得出结论:教化与教育,对于法律而言,具有十分重要的意义,它可以使法律的治理达到事半而功倍的效果。

二、法律的教化

所谓法律的教化,从理论上讲,可以分成两个部分:一是通过法律的教化,即以法律为中介对主体进行教化;二是关于法律的教化,即对主体进行以法律为内容的教化。当然,两者在内涵上有一定的重合——尤其在一个法治社会中,两者的重合显得更为明显,因而下文一般将二者统称为法律的教化。对于法律的教化,此处拟从两个方面展开论述:其一,为什么要强调法律的教化功能?其二,什么样的方式能够使法律的教化功能得以充分发挥?

首先,关于为什么要强调法律的教化功能,这主要取决于以下几个方面。

第一,基于人性的基本要求。关于人性,柏拉图有一个著名的观点,即"人是一种驯养的动物",他进一步指出:"……如果他受到良好的教育并碰到合适的自然环境,他易于成为一种最神圣和有礼貌的生物。但对他的养育只要是不适当的或者作了误导,那么他将成为世界上最野蛮的动物。"[⑥]

---

① [美]庞德:《通过法律的社会控制·法律的任务》,沈宗灵译,商务印书馆1984年版,第13页。
② [德]黑格尔:《法哲学原理》,范扬、张企泰译,商务印书馆1961年版,第314页。
③ [法]孟德斯鸠:《论法的精神》(上册),张雁深译,商务印书馆1961年版,第317页。事实上,孟德斯鸠在《罗马盛衰原因论》(该书由婉玲译,商务印书馆1962年首版)一书中,就将后期罗马对民众品德的教化工作之不成功——即便彼时作为罗马兴起之重要因素的完善法制仍然存在——归结为罗马衰败的重要原因(《罗马盛衰原因论》第41、102、110页等)。
④ [意]贝卡里亚:《论犯罪与刑罚》,黄风译,中国法制出版社2002年版,第124页。
⑤ [英]罗素:《权力论》,靳建国译,东方出版社1988年版,第167页。
⑥ [古希腊]柏拉图:《法律篇》,张智仁、何勤华译,上海人民出版社2001年版,第178页。

显然，柏拉图并不像古今中外的大部分学者那样，简单、抽象地对人性之善恶作出预先判断，而是将其置于具体的后天环境来予以分析和看待。在他看来，良好的教育和适宜的环境，对人的塑造起着决定性意义。在这一点上，柏拉图与中国古代的告子和董仲舒等人的观点表现出惊人的一致。告子认为，"性，犹湍水也，决诸东方则东流，决诸西方则西流。人性之无分于善不善也，犹水之无分于东西也"①。也就是说，在告子那里，并不存在一种先在的人性，人性之善与恶的具体呈现，完全取决于外在环境。董仲舒也主张，"故性比如禾，善比如米。米出禾中，而禾未可全为米也。善出性中，而性未可全为善也"，"名性，不以上，不以下，以其中名之。性如茧，如卵。卵待覆而为雏，茧待缫而为丝，性待教而为善"②。在董仲舒看来，人性未必全善，欲使人为善、为和，以至于生成一种良好的社会秩序，就必须对他们进行教育和教化。可以说，在人治时代，这种教化主要通过个人的道德示范来实现——无论是庄子的"内圣外王"③，还是孔子所谓"其身正，不令而行；其身不正，虽令不从"④，都传达出人们对于治者道德修为及其示范意义的高度期待。然而，在现代社会，过度地寄希望于道德楷模的作用，已基本不现实，这是因为，用韦伯的话来说，"祛魅化"乃现代社会的基本特点——这意味着，由个人魅力而秩序的路径已基本行不通。因而，可以说，现代法治虽不排除个人德行的行为示范意义，但总体而言，欲实现对人们观念的塑造及行为的引领，通过法律而推行的理性教化，才是一种更加务实，因而也更有效的教化方式。

第二，基于法律本身之不足。关于法律的不足，主要有以下几点：(1)法律漏洞的必然存在——这取决于立法者对将来可能发生的事实之某种程度的必然无知；(2)法律具有与现实生活脱节的属性，也即博登海默所说的"时滞性"(time lag)；(3)孟子早已明确指出的"徒法不足以自行"⑤，即，法律必须借助于人，才能真正发挥作用。可以说，以上三点不足的存在，乃法律难以逃脱的宿命。而倘若这些不足无法得以克服，则法治将很可能沦为空谈。那么，如何克服？我们认为，如果能通过法律的教化，使公务人员及民众了解、掌握法律的规定和精神，则以上不足或许可以得到一定程度的缓解，甚至完全消弭。为什么这么说呢？德沃金在《法律帝国》一书中指出，法律既包括明示的法律规则，还包括隐藏于其后的原则，这些规

---

① 《孟子·告子上》。
② 《春秋繁露·深察名号》。
③ 《庄子·天下》。
④ 《论语·子路》。
⑤ 《孟子·离娄上》。

则和原则的存在,使法律看上去就如同德弗林所说的"无缝之网"(seamless web);因此,只要人们掌握了法律的原则和精神,就可以为所有的案件找到"唯一正确答案"。① 也就是说,如果每个用法者都能够既掌握法律的规则,又掌握法律的原则和精神,则所谓法律的漏洞(因为法律本身就是无缝之网)、法律的时滞性(可根据原则推衍出符合当下需要的法律规范)就将不成问题。那么,如何使法律规则、法律原则深入人心呢? 我们认为,那就是通过法律的教化。也即,我们应当定期对社会大众开展关于法律规则,以及法律原则和精神的教育。一旦人们熟练地掌握了它们,则不仅可以将现有规则自如地运用于行为实践中,即便偶尔出现无规则可循的情形,也能够通过对法律原则和精神的体悟来恰当地作出行为安排。而对于"徒法不足以自行"的问题,则更直接地仰赖于法律教化来解决。通过教化,让法律的内容获得民众的认可与接受,让法律所承载的精神和价值真正深入人心,人们便容易自觉地去遵守法律,而不是选择违背或规避它。

  第三,基于法治目标的实现。法治目标的实现,从形式角度观之,即良法在现实生活中的实现,也即良法被人们以现实的行为方式真正贯彻落实。心理学研究表明,人的行为都是内心思想的外化表现,因此,欲使大众的行为符合法治之法的要求,就必须先让他们在内心认可和接受这些法律。而要实现此种认可和接受,很有效的一条途径便是,通过法律来对人们实施教化。综观整个人类社会治理史,我们会发现,一般而言,在那些教化工作做得比较到位的地方,规则的实施效果往往都比较好,无论这种规则是道德规则、宗教规则还是法律规则。以宗教规则为例,由于在任何宗教中,都存在一些专门从事传教工作的人员,他们熟谙宗教戒律和教法的原则及精神,并能将这些戒律、原则和精神以一种便于当地民众理解和接受的方式进行宣讲和传播,进而使人们对这些内容不断熟悉,并在此基础上逐步实现内心的认可和接受。宗教领域中此种由教化而熟悉,而后认可的心理路径,完全可以被搬用到法律领域中来。而一旦法律获得了人们的认可,则它在社会中的实现也就当然不成问题。

  其次,关于怎样进行法律的教化。

  对于这个问题,我们拟结合我国目前的法律教化工作来进行探讨。在这里,首先需要承认的是,我国的法律教化工作方式比较单一,过程也趋于形式化。就目前而言,我们通常采用的方式是媒介宣传,尽管偶尔也会有

---

① [美]德沃金:《法律帝国》,李常青译,中国大百科全书出版社1996年版,第64页以下。需要说明的是,我们并不全然赞成德沃金的这个理论(因为它带有较浓厚的乌托邦色彩),但大体上还是认可它。

一些别的方式，但总体上仍满足于一种类似"扫盲"活动的普法方式。所谓"类似扫盲活动的普法方式"，是指我们在进行普法时，即便有时也会委派专门人员进行宣传和讲解，但由于各种因素的影响，这种宣讲大多满足于使民众知道法典上的一些字、词和句子，而对于隐含于其中的法律精神、法律原则等则往往不予涉及。我们认为，这种普法方式充其量只能起到公布法律的作用，而不能使法律获得一种"普"的效果，也即不能使法律真正深入人心。黑格尔曾指出，"只有培养了对法律的理解之后，法才有能力获得普遍性"①。既然人们都没有真正理解法律的内容，何以能形成对它的认可和接受，更别说实际遵守了。因而，基本可以认为，当下中国现有的法律普及方式，还远远达不到对民众进行法律教化的效果。那么，究竟什么样的方式，才能产生理想的法律教化效果呢？

韦伯认为，对民众的教化可以分为三种：第一种是"唤起卡里斯马"式教化，此种教化的目的，是在社会中塑造一种非凡的人物或具有超常魅力的领袖，它适合于魅力型的统治结构；第二种是专业性教化，此种教化方式适合于理性官僚式的统治结构；第三种是介于二者之间的生活性教化，此种教化方式可以是世俗的，也可以是宗教的。② 在现代社会中，第一种教化方式，也即"唤起卡里斯马"式的教化已基本失去了发挥作用的场域，因为"祛魅化"已成为现代社会不争的事实，在这样的社会中，具有超凡魅力的领袖既不容易塑造，也并非社会治理所必需。现代社会所需要的，是第二和第三种形式的教化，也即专业性教化与生活性教化。柯克大法官早已指出，法律是一门专业性极强的事业，需经过长期的学习和实践才能掌握③，因而，法律的教化也应当是一门专业性极强的工作，进而属于专业性教化的范畴。与此同时，由于法律对于广大民众而言，主要不是"学得"的，而更多是"习得"的④，因此，法律教化还应当以生活性教化的方式展开。

---

① ［德］黑格尔：《法哲学原理》，范扬、张企泰译，商务印书馆1961年版，第220页。
② 关于这几种教化方式的详细讨论，参见［德］马克斯·韦伯：《儒教与道教》，王容芬译，商务印书馆1995年版，第172页。
③ ［美］罗斯科·庞德：《普通法的精神》，唐前宏、廖湘文、高雪原等译，法律出版社2001年版，第42页。
④ 有学者认为民众是法律（法典）之"行动中的阅读者"，也就是说，该学者认为民众的法律知识来源于法典（谢晖：《法律的意义追问——诠释学视野中的法哲学》，商务印书馆2003年版，第201～207页）。我们认为，这种观点既有合理的一面也有不合理的一面：合理之处在于，它指出了民众是在行动中阅读法律；不合理之处则在于，它认为民众所阅读的法律乃法典中的法律——我们认为，民众阅读的乃是"行动中的文本法律"（所谓"行动中的文本法律"，即以民众之规范化行为所表现出来的法律文本。参见谢晖：《法律的意义追问——诠释学视野中的法哲学》，第130～133页）。也就是说，我们认为，民众的法律知识不是来自于法典文本，而是来自于法律生活本身。
还需说明的是，此处"习得"与"学得"有特定的含义：其中前者相当于文化人类学中的"濡化"（encultu-ration），而后者则指主要通过书本来掌握知识。

简言之，法律教化既应当是专业性的，也应当是生活性的。

在法律教化的这两种属性中，专业性主要表现在法律教化必须面向专业人士，也即法律职业共同体①，并且，它以培养法律思维为重要目标。这就要求针对法律职业共同体的法律教化必须采取一种学院式的培训方式。而法律教化之生活性则表现在，国家必须先向社会输入法律知识，并在社会中形成一种示范性的法律秩序——唯有这样，民众才能够在社会生活中习得法律知识，进而使自己的行为符合法律秩序的要求。至于如何向社会输入法律知识，以及如何在社会中形成一种示范性的法律秩序？答案是，这一工作主要应由经过专业性教化的法律职业共同体来完成。我们不妨用图 6-1 来揭示上述两种形式的法律教化之间的关系。

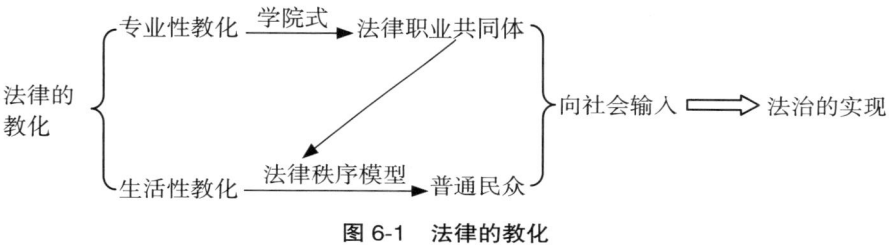

图 6-1 法律的教化

说明：我们并不否认民众与法律职业共同体在法治过程中的互动，此处强调的仅仅是主要方面。

从图 6-1 可以看出，法律教化之根本在于专业性教化，但最终的落脚点却在于生活性教化。从这个意义上讲，我们赞成"以吏为师"的提法，当然，此处意义上的以吏为师，并非以吏之德行，而是以吏所掌握的法律之理性，作为教化的内容——事实上，纯粹法学的始祖边沁就一直强调吏在社会治理过程中的示范作用，所谓"行政官有如导师"②说的就是这个意思。而法律的生活性教化，与传统儒家之教化方式有着某种内在契合性，因为儒家的教化方式，恰恰属于一种生活性教化。而这一点，也正是儒家思想之于全球化、现代化法治的一种可能贡献。

三、补论：法律的生活性教化

由于生活性教化是一种日常的、鲜活的法律教化方式，因而它必然是非形式化的，也因此，我们现有的那种走过场式的"普法"，因其基本远离

---

① 此处是在最广泛意义上使用法律职业共同体概念，其具体范围包括司法者、执法者、律师和法学研究者等。

② [英]边沁：《道德与立法原理导论》，时殷弘译，商务印书馆 2000 年版，第 116 页。

人们的生活而无法成为一种有效的法律教化方式。我们认为，法律的生活性教化，除了目前比较常见的经由公众人物或公共媒体、以故事化的效果所进行的外，还应当强化如下两种目前已经存在，却没有引起足够重视的法律教化方式：

第一，通过公开的法律程序（如审判程序）进行教化。伯尔曼曾指出，"所有的审判都应该具有教育意义，而不是只确定罪行……法院的审判应当帮助人的精神净化"①。伯尔曼的这句话，道出了公开的法律程序所具有的法律教化意义。在学习部门法的过程中，我们经常有这样的体会，对于一些法律知识，我们并不能通过文本而有效地"学得"，但如果我们参与或旁听过一个相关案件的庭审，则这些知识很容易被我们理解和吸收，并长久地保存在我们的记忆中。也就是说，在这里，我们以生活性教化的方式而有效地"习得"了这些知识。可以说，以观摩庭审的方式展开的生活性教化，虽然我们目前也在做，但其参与的广泛程度还远远不够。我们认为，对于那些可以公开审理的案件，法院应当允许尽可能多的民众到现场旁听，而对于一些有重大社会影响的案件，还应当以电视或网络直播的方式，让更多的民众参与其中。同时，庭审的旁听者或观看者，不应当仅限于成年人，对于中小学生，也可以经常组织观摩，从而使我们的法律教化工作实现"从娃娃抓起"——很大程度上可以说，儒家的伦理性教化之所以能在传统社会取得重大成功，就在于它是"从娃娃抓起"。

第二，通过社区法律服务进行教化。所谓社区法律服务，是指为满足社区成员的需要，在政府指导之下，由社区自行组织、运作的一种法律服务活动。它具有非营利性、社区针对性和居民参与性等特点。正因为社区法律服务具有社区针对性和居民参与性，因而它可作为一种很好的生活性教化方式。反观传统中国的教化，之所以能取得良好的社会效果，就在于几乎每一个地域内，都有一些专门从事教化工作的人士存在。无论是西周的"耆老"，还是春秋战国乃至秦汉时期的"三老"，抑或唐朝的"父老"等，都是负责对乡民实施教化的专门人士。② 由于这些人士大多是按基层地域设置，因而，由他们所推进的教化工作，不仅是常规性的，也是具有地方针对性的。可以想见，这样一种区域性教化工作的存在，是传统社会治理中不可或缺的因素。相应地，在当下中国，倘若我们能将社区法律服务这样一种生活性教化方式，以更常规化和更贴近民众生活的方式展开，那么，中国社会的法治化水平当能获得更好的实现。

---

① [美]伯尔曼：《法律与宗教》，梁治平译，三联书店1991年版，第59页。
② 范忠信：《中国法律传统的基本精神》，山东人民出版社2001年版，第311~313页。

法治的适切性：在理性与传统之间
（代结语）

一、一个极端：唯理主义与理性主义法学及其制度实践

在西方哲学史上，柏拉图开启了唯理主义的思想传统。细读柏拉图的哲学，我们会发现支配他思想的是一种几何学或数学模式。其基本推论是：世界上存在一种人们可以获取的绝对知识（几何学或广义的数学，堪称这种绝对知识的典范），根据这种知识，人们可以一劳永逸地组织和规划我们的生活。这种思维影响了后柏拉图时代的许多哲学家，并由此而形成了支撑西方传统思想的三大命题。第一个命题是，所有的真问题都能得到解答。对于有些问题，我们可能不知道答案，那是因为我们自己太愚蠢、太无知，但总有一些比我们聪明的人（比如专家、精英之类）能够找到答案。第二个命题是，所有的答案都是可知的，世上存在一些可供学习和传授的技巧，人们借此寻求答案。第三个命题是所有答案都会是兼容的，逻辑上说，正确的答案之间是不会互相矛盾的。① 可以说，整个西方传统思想都跨不出这三大命题，所不同的是，在以何种方式获取答案这个问题上，不同的时代会作出不同的回答。

启蒙运动以前的西方思想认为，答案既可以通过神意获得——这是基督教以及其他宗教思想的观点；答案也可以通过传统获得——古希腊政治领域中君主与僭主之分就说明，在当时人们的观念中，唯有传统才能证明政治权力的合法性和正当性②；答案还可以通过精英或社会特权人士获得。启蒙运动之后，人们的看法发生了转变：在启蒙主义者看来，"答案无法通过神意显现获得，因为神意显现对于每一个人是不一样的，可能会互相冲突；答案无法通过传统获得，因为很多时候传统会误导我们，是错误的；答

---

① ［英］以赛亚·伯林：《浪漫主义的根源》，亨利·哈代编，吕梁等译，译林出版社2008年版，第28～29页。

② 在古希腊政治中，君王权力的合法性并非武力可以产生的，唯有世袭的祭司身份才能成就王权的正当性，也因此，"君主"与"僭主"区分的标准并非其他，而是出身的差异［法］菲斯泰尔·德·古朗士：《古代城市：希腊罗马宗教、法律及制度研究》，吴晓群译，上海世纪出版集团2006年版，第202～208页）。

案无法通过教条获得；无法通过某类特权人士的自我校验获得，因为已有太多的冒名顶替者混迹其间，滥用了提供答案的职分"①。唯一可行的方法是，充分运用每个人自己的理性。康德认为，古希腊名言"要有勇气运用你自己的理智"②恰巧道出了启蒙运动的核心，并成为启蒙运动的重要口号。此后，人们便高举理性的大旗，将理性奉为他们心中新的神灵。

可以说，启蒙运动无可避免地带来了理性之滥觞——在那个时代，理性支配了社会思想的方方面面。这首先表现为对"知识即美德"③这一古老思想传统的重申，且此时的"知识"被赋予了新的含义。此前人们对知识的理解可能是多样化的：既可以是数学、物理学等理性知识，也可以是神学知识，还可以是来自情感、直觉等的知性知识。启蒙运动对于知识的理解却仅限于以自然科学为代表的理性知识，并认为这些理性知识可以运用于艺术、伦理、政治甚至宗教领域。可以说，在当时，笛卡儿式的理性主义④被无限放大：不仅有人主张将数学和几何学模式导入艺术，制定严格的艺术法典⑤；还有人主张用牛顿的物理学创见来解决伦理学和政治学中的难题；甚至有人试图用理性来证明宗教，德国哲学家沃尔夫和莱布尼茨就力图证明宗教与理性的调和，以拯救正处于退却的宗教。

而在法学领域，这一时期也出现了一股高度强调理性的思潮，即法律思想史上所谓的"理性主义法学"。这一思潮具体体现为由理性观念所支配的自然法思想和社会契约理论，以及强调人为设计和理性建构的法典化主张。这里着重介绍法典理性主义的相关观点。所谓法典理性主义，即认为通过运用人的理性，"可以发现一个确定的、永恒的原则体系，从这个原则体系出发，通过纯粹的逻辑运算，一个包罗万象甚至连每个细节都完美无缺的法律体系可以推导出来。立法者的任务就是用法典的形式推广这个推论"⑥。法典理性主义在18世纪的欧洲大陆广泛流行。在18世纪晚期的普鲁士，腓特烈大帝主持制定了《普鲁士民法典》，该法典条文多达1.7万余条，立法者试图对各种可能出现的细微情况都作出详尽而具体的规

---

① [英]以赛亚·伯林：《浪漫主义的根源》，亨利·哈代编，吕梁等译，凤凰出版传媒集团译林出版社2008年版，第29页。

② [德]康德：《答复这个问题："什么是启蒙运动？"》，载[德]康德：《历史理性批判文集》，何兆武译，商务印书馆1990年版，第22页。

③ 这一观点由苏格拉底最早提出，经由亚里士多德的发展，后又被培根予以强调和系统化。

④ 身兼数学家和哲学家的笛卡儿认为，只有数学和几何学才堪称理性知识。

⑤ 1648年成立的法国皇家绘画雕刻学院为了追求美的普适性，制定了严格格式化的艺术法典，参见[日]大木雅夫：《比较法》，范愉译，法律出版社1999年版，第30页。

⑥ [美]罗斯科·庞德：《普通法的精神》，唐前宏、廖湘文、高雪原等译，法律出版社2001年版，第101页。

定。关于这一点,我们从该法典的立法宗旨便可窥见一斑,所谓"以明察秋毫的谨慎,使所有的细节都被考虑到,以至将来任何时候,都不会有任何疑点出现"。[①]1804年《法国民法典》的编撰者们也曾设想,法典能够"如同《圣经》一样简明",以清楚、明确、直截了当的方式表述法律,使民众无须求教于律师和法官,亦无须学术性解释,就能够读懂法律,并知悉他们的权利和义务。[②] 在拿破仑入侵后的德国,法学界也有人主张依据自然法理论,仿照《法国民法典》来制定德国民法典。德国民法学家蒂博指出,通过法律实际工作者、博学法学家乃至举国一致的努力,仅需三四年的时间,便可以制定出一部成熟的民法典,其成熟程度将使其"被当作一项神圣的遗产,传至我们的子孙,和我们的子孙的子孙;而且,即便是在未来的岁月里,亦仅仅需要略作局部修改"[③]。这些都是法典理性主义最生动而真实的写照,它们彰显出那个时代理性的极度狂妄。此种狂妄使当时的人们相信,规则不仅可以以理性发现的方式被创制,而且,这种创制可以是完美无缺和一劳永逸的——规则可以对未来可能出现的任何情况作出事无巨细的规定,以至于法官无须对法律作任何解释便可直接判决案件。在启蒙主义者孟德斯鸠看来,"法官不过是法律的代言人,不过是一些呆板的人物"[④],他们只是法律的机械适用者,而非法律的创造性运用者。此外,当时的人们还相信,"历史可以通过废除旧法规而消灭"[⑤],这是理性高度膨胀的进一步体现。因而,可以说,在那个特殊的时代,理性是被无限放大的,而传统,或其他什么,则被忽略,甚至被全然牺牲。

可以说,理性主义对法学思想及法律实践的影响,不仅直接波及了启蒙时代及欧陆资产阶级革命后的法典编纂时代,即便在当下,尤其在一些法制后发展国家,人们为了尽快实现法制的现代化,或者尽快融入国际经济发展的大潮,也盲目寄希望于毕其功于一役的大规模建构性立法,忽略甚至否定本国固有传统的作用。这方面的例子很多,例如,土耳其在凯末尔当政时期,为了尽快实现所谓的"脱亚入欧",仿照西方模式大规模搞建构性立法,并将伊斯兰传统抛弃殆尽。这样做的结果,尽管从短期或表面

---

① [美]约翰·亨利·梅利曼:《大陆法系》,顾培东、禄正平译,法律出版社2004年版,第101页。
② [美]H. W. 埃尔曼:《比较法律文化》,贺卫方、高鸿钧译,清华大学出版社2002年版,第40页。
③ [德]萨维尼:《论立法与法学的当代使命》,许章润译,中国法制出版社2001年版,第116页。
④ [法]孟德斯鸠:《论法的精神》(上册),张雁深译,商务印书馆1961年版,第163页。
⑤ [美]约翰·亨利·梅利曼:《大陆法系》,顾培东、禄正平等译,法律出版社2004年版,第28页。

来看,似乎取得了成功,然而,从长远和深层次来看,此种法制改革却注定会失败——一种全然不顾本国历史和文化传统的法制改革或实践,是不可能获得成功的。土耳其"原教旨主义"对于伊斯兰传统的顽固复兴,便是一个有力的证明。可以说,在当下的土耳其,原教旨主义俨然已成为其法制现代化之路上的一股巨大反力,在这一反力的强势影响下,当下的土耳其事实上已成为一个亨廷顿所说的"无所适从的国家"[①]。

二、另一个极端:浪漫主义与历史法学及其制度实践

启蒙时代对理性的过分强调引发理性的狂妄和自大,而理性的过度膨胀终将带来与之相反的结果,滥觞于18世纪末19世纪初的浪漫主义思潮,就是作为理性霸权的反叛者和破坏者而出现于人类思想舞台的。由于德国是浪漫主义的发源地,这里主要以德国的相关思潮为例来进行说明。

在德国浪漫主义者哈曼看来,科学一旦被运用到人类社会,就会导致某种可怕的官僚主义,因此,他反对科学家,反对官僚,反对那些喜欢把东西理得井井有条的人。他还指出,启蒙运动的整套理念正在扼杀人们的活力和创造力,以一种苍白的东西替代人们创造的热情,替代整个丰富的感观世界。[②] 在哈曼之外,浪漫主义者赫尔德也强调,"每个人类群体都应该为自己与生俱来的东西而奋斗,或者说,为了他们的传统而奋斗"。[③] 为了对抗理性主义,赫尔德甚至提出了一种关于人类生活秩序的新的隐喻,即植物学或生物学隐喻,以区别于理性主义者的数学或化学隐喻。在赫尔德看来,人类的生活秩序并非通过运用数学、化学等理性知识,以理性设计的方式所能达成的,相反,人类群体是按照类似植物或动物的方式逐渐成长的。很显然,这样一种有机的、植物学或生物学隐喻,较之于理性主义者所采用的化学或数学隐喻,更贴近于人类群体的生长状况。不仅如此,该隐喻的提出还具有十分重要的理论价值,它一方面具有颠覆传统理论的意义,另一方面还能够建设性地导出新的理论。其颠覆性意义体现为,该观点"是对持续影响西方两千年的'永恒的哲学'的一次革命和颠覆。'永恒的哲学'认为所有的问题都有正确的答案,所有正确的答案原则上都是可以发现的,所有的答案原则上来说都是兼容的,能够镶拼成七巧板那样和

---

① [美]塞缪尔·亨廷顿:《文明的冲突与世界秩序的重建》,周琪等译,新华出版社2002年版,第146页。
② [英]以赛亚·伯林:《浪漫主义的根源》,亨利·哈代编,吕梁等译,译林出版社2008年版,第48、53页。
③ [英]以赛亚·伯林:《浪漫主义的根源》,亨利·哈代编,吕梁等译,译林出版社2008年版,第70页。

谐的整体"①——从这个角度讲，生物学隐喻的提出意味着理性神话的被打破。该隐喻的建设性意义在于，由此出发可以引申出整个历史主义和进化论的观点。由于人类以有机生长的方式成长，因此，从纵向看，人类的现在总是植根于人类的过去——所以传统具有重要的意义，传统不仅规定了我们的现在，还指向我们的未来；从横向看，如同其他生物一样，人类并非生活于真空当中，不同的人类群体，由于生存环境和文化取向的不同，会形成不同的人类秩序，并产生不同的人类思想和制度。也正因如此，我们不仅应当珍视我们自己的传统，并且，由于不同的人类具有不同的传统，我们还应当对他人的传统抱有一种宽容和尊重的态度。

　　浪漫主义在否定理性一元独尊的同时，恢复了传统的合法性地位。它告诉我们，理性无法用来解释个人或人类生活的全部，在理性之外，传统，或者其他什么东西，一定会向我们诉说些什么。它还告诉我们，人类理性本身有其无法克服的局限，因此，"对人类事务做出一个统一性回答很可能是毁灭性的，假如你真的相信有一种包治人类一切疾病的灵丹妙药，且无论付出何种代价你都要使用它，那么，在它的名义之下你很可能成为一个暴力专制的独裁者，因为，把一切障碍留给它解决的愿望将最终毁灭那些你本来想为其利益寻求解决之道的生命。"②浪漫主义对传统的重新评价，产生了19世纪历史科学的态度。这种态度不再用一套现代的标准作为绝对去度量过去，而把某种特有的价值归给过去的时代，甚至承认过去时代这一方面或那一方面的优越性。这一态度映照于法学领域，便产生了历史法学及与之相关的制度实践。

　　作为伽达默尔所说的"浪漫主义最骄傲的果实"③之历史法学，公然站在理性的对立面，极力弘扬传统。面对蒂博等的法典化主张，被称为"德国历史法学之父"的萨维尼，明确提出了他的历史法学思想。他指出，"法律……为一特定民族所特有，如同其语言、行为方式和基本的社会组织体制。不仅如此，凡此现象并非各自孤立的存在，它们实际乃为一个独特的民族所特有的根本不可分割的禀赋和取向，而向我们展现出一幅特立独行的景貌。将其联结一体的，乃是除了一切偶然与任意其所由来的意图的这个民

---

① ［英］以赛亚·伯林：《浪漫主义的根源》，亨利·哈代编，吕梁等译，译林出版社2008年版，第71页。
② ［英］以赛亚·伯林：《浪漫主义的根源》，亨利·哈代编，吕梁等译，译林出版社2008年版，第144～145页。
③ 伽达默尔曾指出，"19世纪的历史科学是浪漫主义最骄傲的果实"（［德］伽达默尔：《真理与方法》（上），洪汉鼎译，商务印书馆2007年版，第375页）。可以想见，伽达默尔此处所谓的"历史科学"，当然包括历史法学。

族的共同信念";"民族的共同意识乃是法律的特定居所";"法律随着民族的成长而成长,随着民族的壮大而壮大,最后,随着民族对于其民族性的丧失而消亡"①。面对理性主义者的法律生成理论,萨维尼主张,"法律首先产生于习俗和人们的信仰,其次乃假手于法学——职是之故,法律完全是由沉潜于内、默无言声而孜孜矻矻的伟力,而非法律制定者的专断意志所孕就的"②。这就正如庞德所言:"17世纪的法学家从理性中推导法律,萨维尼则通过历史来发现法律。"③——前者力图通过抽象理性的逻辑演绎来发现理想的法,后者则试图通过历史去发现理想的法。

强调从传统中发现法律,以对抗理性主义者从抽象理性中发现法律,并非德国所独有。在18世纪晚期的英国,被奉为英国"历史法学之父"的埃德蒙·伯克④也认为,"不管是什么名义、权力、职能、人为的制度,都不能把任何权威体系所由以组成的那些人们,造就成为并不是上帝和自然和教育和他们的生活习惯所造就成他们的那种样子。人民并没有超出这些之外的能力"⑤。这显然是对理性主义观点的否定。他还指出:"各种很可称道的计划,有着令人欣慰的开端,却往往有着可耻的和可悲的结局。每个国家中往往都有某些看不清楚的和几乎是潜伏的原因、许多乍看起来是无关重要的事情,却有可能是它们的兴旺与逆境在根本上所最需依赖的东西。"⑥简言之,人类的生活并非理性所能完全控制,倘若人类过于崇尚理性,甚至视理性为人类生活的唯一依据,将会给自己带来巨大的灾难,因为"尽管人类社会的表层部分是清晰可见的,但它仅仅是巨大冰山的一角,而未知的大部分在海平面以下。那看不见的部分往往被人们所忽视,于是它以各种极端的不可预料的后果向人类进行报复"⑦。

在反对理性主义的同时,与德国浪漫主义者的有机的、生物学隐喻一致,伯克提出了国家和法律的有机生长理论。与那种"太强调理性的作

---

① [德]萨维尼:《论立法与法学的当代使命》,许章润译,中国法制出版社2001年版,第7、9页。
② [德]萨维尼:《论立法与法学的当代使命》,许章润译,中国法制出版社2001年版,第11页。
③ [美]罗斯科·庞德:《普通法的精神》,唐前宏、廖湘文、高雪原等译,法律出版社2001年版,第106页。
④ 伯克起初同情法国革命,但大革命的后续进展却使他转而成为这场革命以及作为革命之思想基础的理性主义的激烈反对者。
⑤ [英]伯克:《法国革命论》,何兆武等译,商务印书馆1998年版,第53页。
⑥ [英]伯克:《法国革命论》,何兆武等译,商务印书馆1998年版,第80页。
⑦ [英]以赛亚·伯林:《浪漫主义的根源》,亨利·哈代编,吕梁等译,译林出版社2008年版,第111页。

用"①之理性国家观念不同,伯克认为:"国家……不仅仅是活着的人之间的合伙关系,而且也是在活着的人、已经死了的人和将会出世的人们之间的一种合伙关系。每一个特定国家的每一项契约,都只是永恒社会的伟大初始契约中的一款,它联系着低等的自然界和高等的自然界,连接着可见的世界与不可见的世界,遵循着约束一切物理界和一切道德界各安其位的那项不可违背的誓言所裁定的固定了的约定。这种法律并不屈服于某些人的意志——(相反)这些人由于来自对上的、无限高于他们的义务,不得不使自己的意志屈从于那种法律。"②伯克的观点深深影响了德国,并最终促使作为一个学派的历史法学思想得以形成。在历史法学者看来,"真正的法律不是由某个特定的权威,比如说国王或议会,碰巧通过的——如此产生的法律仅仅是在功利主义或其他可鄙的因素引导之下产生的一个经验事件而已。真正的法律也不是某些永恒之物,比如说那些自然律令、那些神圣戒律、那些任何理性的灵魂都能自己发现的";相反,"法律是民族体内心脏跳动的产物,是幽昧不明的传统势力的产物,是如同流经树干那样流经民众全身的有机汁液的产物,是我们无法确认、无法分析,但是每个忠于国家的人都能感觉到奔腾在自己血管中的某种东西的产物。法律是传统的生长物,部分是客观环境的产物,部分则是国家的内在灵魂……真实的法律是传统法:每个国家有自己的法律,有自己的形态;这个形态形成于遥远幽昧的过去,植根于某种黑暗深处,倘若不是植根于黑暗深处,它很容易被连根拔除"。③

这是历史法学思想的经典表述。在这种表述中,"传统"一词有着至关重要的意义,甚至可以说,"传统"定义了历史法学。正是基于对理性以及由理性所主导的法律秩序及法学理论的反叛,历史法学主张将法律视为民族有机体的一部分,并从本民族的文化和传统中发现法律、探寻法律的精神。

然而,浪漫主义和历史法学在批判理性神话的同时,又给人类塑造了

---

① 这是英国学者鲍桑葵所总结的近代国家理论的特点之一,详可参见[英]鲍桑葵:《关于国家的哲学理论》,汪淑钧译,商务印书馆1995年版,第22~26页。
② [英]伯克:《法国革命论》,何兆武译,商务印书馆1998年版,第129页。
③ [英]以赛亚·伯林:《浪漫主义的根源》,亨利·哈代编,吕梁等译,译林出版社2008年版,第125、126页。需要特别说明的是,尽管学界通常将梅因视为英国历史法学的代表,但在我们看来,梅因不能算是典型的历史法学者,因其未曾也无意提出诸如德国学者那样的历史法学思想,尽管作为法律史学者的他,其研究方法和研究视野是历史的。从这一意义讲,梅因的"从身份到契约"([英]梅因:《古代法》,沈景一译,商务印书馆1959年版,第97页)与其说是一种传统解释论,不如说是一种"政治解释论"(这是庞德的提法,参见[美]罗斯科·庞德:《普通法的精神》,唐前宏、廖湘文、高雪原等译,法律出版社2001年版,第107页)。

供作为解释对象的文本或事件。作为偏见和传统,过去也规定了当一个解释者进行理解时所处的基础"①,"我们不能在传统之外展开对传统的批判。我们归属于我们试图去理解的传统"②。

也正是在这个意义上,伽达默尔准确地道出了启蒙运动的软肋所在:启蒙运动试图从各种传统、权威中将个人解放出来的理想,正好暴露了启蒙运动的天真之处。他指出,"启蒙运动的普遍倾向就是不承认任何权威,并把一切都放在理性的审判台面前。……不是传统,而是理性,表现了一切权威的最终源泉";实际情况却是,"人类理性太软弱,不能没有前见去行事","理性不是它自己的主人,而总是经常地依赖于它所活动的被给予的环境。"③ 而传统,恰恰构成理性的前见及其运用环境。这是因为,对于个人而言,"历史并不隶属于我们,而是我们隶属于历史。早在我们通过自我反思理解我们自己之前,我们就以某种明显的方式在我们所生活的家庭、社会和国家中理解了我们自己。主体性的焦点乃是哈哈镜。个体的自我思考只是历史生命封闭电路中的一次闪光"。同样地,对于"我们",也即作为类的"人"而言,"历史不仅是没有尽头的,而且我们自身是作为理解者本身立于历史之中的,我们是一个连续转动的链条中的一个有条件的和有限的环节"。因此,对于具体语境中的主体——无论是个体还是集体——而言,传统定义了其理性,并且理性也只有依凭特定的传统方能发挥作用。也因此,"即使在生活受到猛烈改变的地方,如在革命的时代,远比任何人所知道的多得多的古老东西在所谓改革一切的浪潮中仍保存了下来,并且与新的东西一起构成新的价值"④。

当然,强调传统的重要性并不意味着传统处于理性、自由的对立面而具有当然的有效性,也不意味着传统会因其惰性和惯性自然而然地强加于我们。毋宁说,传统需要理性的拥抱、保持和培养。"传统和理性之间并不存在这样一种绝对的对立。不管有意识地恢复传统或有意识地创造新传统是怎样有问题的,浪漫主义对'发展了的传统'的信念——在传统面前,一切理性必须沉默——仍是一样充满了偏见,并且基本上是启蒙运动式的。实际上,传统经常是自由和历史本身的一个要素。甚至最真实最坚固

---

① [德]伽达默尔:《哲学解释学》,夏镇平、宋建平译,上海译文出版社 1994 年版,第 5 页。
② [德]伽达默尔、杜特:《解释学 美学 实践哲学:伽达默尔与杜特对谈录》,金惠敏译,商务印书馆 2007 年版,第 82 页。
③ [德]伽达默尔:《诠释学Ⅰ:真理与方法》,洪汉鼎译,商务印书馆 2007 年版,第 371、376 页。
④ [德]伽达默尔:《诠释学Ⅰ:真理与方法》,洪汉鼎译,商务印书馆 2007 年版,第 376、275、383 页。

的传统也并不因为以前存在的东西的惰性就自然而然地实现自身,而是需要肯定、掌握和培育。传统按其本质就是保存,尽管在历史的一切变迁中它一直是积极活动的。但是,保存是一种理性活动,当然也是这样一种难以觉察的不显眼的理性活动。"① "对传统的阐释从来就不是对它的单纯重复,而总是例如理解的一个新创造。"② 因此,"传统并不来自惰性,它们并不是强加于我们而不管我们愿不愿意。它们其实是被保持。即使最大的暴力革命,它保留的东西远比它改变的东西多,如此主张的传统之所以被保持,不是因为它们在革新推动中被忽视,而是因为它们被记住、被肯定、被拥抱和被培养。"③

因此,理性和传统之间是一种相依相存的关系。一方面,传统是理性得以运行的前提。因为"我们身上总是带着印痕,谁也不是一张白纸。……我们不只是为我们的'基因'所烙印,而且也是被社会化了的,由此我们才能够进入我们所处身的世界和传统。我们的印痕既开启也制约着我们的视界"④;"理解本身不能被认为是一种主观性的行为,而要被认为是一种置自身于传统事件中的行动,在这行动中过去与现在不断地进行中介"⑤。另一方面,传统需要理性的拥抱和培养。"对人类传统的保存和发扬不能被描述为只是纯粹的考古性研究和以方法为主导的专业探讨。其出发点和有关视点应当是对于我们自身的质询。"⑥ "每一时代都必须按照它自己的方式来理解历史传承下来的文本,因为这文本是属于整个传统的一部分,而每一时代则是对这整个传统有一种实际的兴趣,并试图在这传统中理解自身。"⑦ 因此,只有能够被续造的历史或经验才能被恰切地称为传统,也即,传统存在于当下人对历史经验的择取、识别、接续以及在此基础上的创造过程中。再一方面,理性还需要时刻准备应对传统所带来的挑战。尽管传统构成我们理解的前提,是我们在理解道路上不断前行的基础

---

① [德]伽达默尔:《诠释学Ⅰ:真理与方法》,洪汉鼎译,商务印书馆2007年版,第382~383页。

② [德]伽达默尔、杜特:《解释学 美学 实践哲学:伽达默尔与杜特对谈录》,金惠敏译,商务印书馆2007年版,第24~25页。

③ 洪汉鼎:《理解的真理:解读伽达默尔〈真理与方法〉》,山东人民出版社2001年版,第202页。

④ [德]伽达默尔、杜特:《解释学 美学 实践哲学:伽达默尔与杜特对谈录》,金惠敏译,商务印书馆2007年版,第12~13页。

⑤ [德]伽达默尔:《哲学解释学》,夏镇平、宋建平译,上海译文出版社1994年版,第209页。

⑥ [德]伽达默尔、杜特:《解释学 美学 实践哲学:伽达默尔与杜特对谈录》,金惠敏译,商务印书馆2007年版,第1页。

⑦ [德]伽达默尔:《诠释学Ⅰ:真理与方法》,洪汉鼎译,商务印书馆2007年版,第403页。

而传统也并不因为以前存在的东西的惰性就自然而然地实现自身,而是需要肯定、掌握和培育。传统按其本质就是保存,尽管在历史的一切变迁中它一直是积极活动的。但是,保存是一种理性活动,当然也是这样一种难以觉察的不显眼的理性活动。"①"对传统的阐释从来就不是对它的单纯重复,而总是例如理解的一个新创造。"② 因此,"传统并不来自惰性,它们并不是强加于我们而不管我们愿不愿意。它们其实是被保持。即使最大的暴力革命,它保留的东西远比它改变的东西多,如此主张的传统之所以被保持,不是因为它们在革新推动中被忽视,而是因为它们被记住、被肯定、被拥抱和被培养。"③

因此,理性和传统之间是一种相依相存的关系。一方面,传统是理性得以运行的前提。因为"我们身上总是带着印痕,谁也不是一张白纸。……我们不只是为我们的'基因'所烙印,而且也是被社会化了的,由此我们才能够进入我们所处身的世界和传统。我们的印痕既开启也制约着我们的视界"④;"理解本身不能被认为是一种主观性的行为,而要被认为是一种置自身于传统事件中的行动,在这行动中过去与现在不断地进行中介"⑤。另一方面,传统需要理性的拥抱和培养。"对人类传统的保存和发扬不能被描述为只是纯粹的考古性研究和以方法为主导的专业探讨。其出发点和有关视点应当是对于我们自身的质询。"⑥ "每一时代都必须按照它自己的方式来理解历史传承下来的文本,因为这文本是属于整个传统的一部分,而每一时代则是对这整个传统有一种实际的兴趣,并试图在这传统中理解自身。"⑦ 因此,只有能够被续造的历史或经验才能被恰切地称为传统,也即,传统存在于当下人对历史经验的择取、识别、接续以及在此基础上的创造过程中。再一方面,理性还需要时刻准备应对传统所带来的挑战。尽管传统构成我们理解的前提,是我们在理解道路上不断前行的基础

---

① [德]伽达默尔:《诠释学Ⅰ:真理与方法》,洪汉鼎译,商务印书馆2007年版,第382~383页。
② [德]伽达默尔、杜特:《解释学 美学 实践哲学:伽达默尔与杜特对谈录》,金惠敏译,商务印书馆2007年版,第24~25页。
③ 洪汉鼎:《理解的真理:解读伽达默尔〈真理与方法〉》,山东人民出版社2001年版,第202页。
④ [德]伽达默尔、杜特:《解释学 美学 实践哲学:伽达默尔与杜特对谈录》,金惠敏译,商务印书馆2007年版,第12~13页。
⑤ [德]伽达默尔:《哲学解释学》,夏镇平、宋建平译,上海译文出版社1994年版,第209页。
⑥ [德]伽达默尔、杜特:《解释学 美学 实践哲学:伽达默尔与杜特对谈录》,金惠敏译,商务印书馆2007年版,第1页。
⑦ [德]伽达默尔:《诠释学Ⅰ:真理与方法》,洪汉鼎译,商务印书馆2007年版,第403页。

结语 ▶ 法治的适切性：在理性与传统…

和动力；但与此同时，在有些时候，传统又会给我们的理解带来诸多挑战，甚至成为我们理解道路上的巨大障碍。因此，作为理性动物的我们，又需要时刻准备迎接传统所带来的这些挑战，换句话说，我们需要充分运用理性的力量，去为传统给我们出的诸多难题寻求有效的解决之道。

理性与传统之间此种复杂的关联，映照于法治领域，便要求我们在追求法治的过程中，不仅需要依靠社会精英的理性建构，还需要与这个社会的传统（包括小传统）保持一种良性的互动。具体体现为：一方面，我们要热情地拥抱传统，因为传统是法治得以顺利开展的前提；另一方面，我们还要有足够的心理准备，去随时应对传统抛给我们的难题，进而充分运用人类的理性，为这些难题找到恰当的解决方案。这进一步意味着，法治的适切性，不在于理性一端，也不在于传统一端，而在于理性与传统之间。可以说，具有此种适切性的法治，才符合人类的主体性及其理解的规定性，而这样的法治，对于人类而言，也才可能是一项有前景的事业。

参考文献

一、著作类

（一）国内著作

1. 余英时：《文史传统与文化重建》，三联书店 2004 年版。

2. 费孝通：《江村经济》，商务印书馆 2001 年版。

3. 苏力：《道路通向城市——转型中国的法治》，法律出版社 2004 年版。

4. 沈宗灵：《法理学》，北京大学出版社 2003 年版。

5. 孙国华：《法理学教程》，中国人民大学出版社 1995 年版。

6. 梁治平：《清代习惯法：社会与国家》，中国政法大学出版社 1996 年版。

7. 周赟：《西方法哲学主题思想史论：一种系列剧式的叙述》，法律出版社 2008 年版。

8. 张文显、信春鹰、许崇德、夏勇：《法理学》，人民出版社 2010 年版。

9. 高其才：《中国习惯法论》，中国法制出版社 2008 年版。

10. 刘云德：《文化论纲——一个社会学的视野》，中国展望出版社 1988 年版。

11. 苏力：《法治及其本土资源》，中国政法大学出版社 1996 年版。

12. 汪晖、陈燕谷：《文化与公共性》，三联书店 2005 年版。

13. 谢晖：《法律信仰的理念与基础》，山东人民出版社 1997 年版。

14. 李泽厚：《历史本体论·己卯五说》，三联书店 2003 年版。

15. 徐晓光：《原生的法：黔东南苗族侗族地区的法人类学调查》，中国政法大学出版社 2010 年版。

16. 费孝通：《乡土中国》，人民出版社 2008 年版。

17. 章国锋：《关于一个公正世界的"乌托邦"构想——解读哈贝马斯〈交往行为理论〉》，山东人民出版社 2001 年版。

18. 秦晖：《传统十论——本土社会的制度、文化及其变革》，复旦大学出版社 2004 年版。

19. 黄仁宇：《中国大历史》，三联书店 1997 年版。

20. 冯天瑜：《"封建"考论》，武汉大学出版社 2007 年版。

21. 费成康：《中国的家法族规》，上海社会科学院出版社 1998 年版。

22. 徐茂明：《明清以来苏州文化世族与社会变迁》，中国社会科学出版社 2011 年版。

23. 辜鸿铭：《中国人的精神》，海南出版社 1996 年版。

24. 冯尔康：《中国古代的宗族和祠堂》，商务印书馆 1996 年版。

25. 许烺光：《祖荫下》，台湾南天书局 2001 年版。

26. 冯尔康等：《中国宗族史》，上海人民出版社 2009 年版。

27. 李亦园、杨国枢：《中国人的性格》，中国人民大学出版社 2012 年版。

28. 许烺光：《宗族、种姓与社团》，台湾南天书局 2002 年版。

29. 许烺光：《中国人与美国人》，台湾南天书局 2002 年版。

30. 翟学伟：《中国人的脸面观》，北京大学出版社 2011 年版。

31. 翟学伟：《人情、面子与权力的再生产》，北京大学出版社 2013 年版。

32. 许倬云：《西周史》，三联书店 1994 年版。

33. 黄光国、胡先缙等：《人情与面子：中国人的权力游戏》，中国人民大学出版社 2010 年版。

34. 朱滢：《文化与自我》，北京师范大学出版社 2007 年版。

35. 许烺光：《彻底个人主义的省思》，台湾南天书局 2002 年版。

36. 张世英：《中西文化与自我》，人民出版社 2011 年版。

37. 梁漱溟：《中国文化要义》，上海世纪出版集团 2005 年版。

38. 林语堂：《吾国与吾民》，湖南文艺出版社 2012 年版。

39. 霍存福：《汉语言的法文化透视》，法律出版社 2015 年版。

40. 陈映芳：《城市中国的逻辑》，三联书店 2012 年版。

41. 贺雪峰：《新乡土中国》，广西师范大学出版社 2003 年版。

42. 贺雪峰：《乡村社会关键词——进入 21 世纪的中国乡村素描》，山东人民出版社 2010 年。

43. 王振海：《社区政治论——人们身边悄悄进行的社会变革》，山西人民出版社 2003 年版。

44. 黎军：《行业组织的行政法问题研究》，北京大学出版社 2002 年版。

45. 彭南生：《行会制度的近代命运》，人民出版社 2003 年版。

46. 彭泽益：《中国工商行会史料集》（上册），中华书局 1995 年版。

47. 全汉升：《中国行会制度史》，新生命书局 1934 年版，百花文艺出版社 2007 年重印。

48. 傅筑夫：《中国经济史论丛》，三联书店 1980 年版。

49. 张静：《法团主义》，东方出版社 2015 年版。

50. 郑也夫：《信任论》，中国广播电视出版社 2001 年版。

51. 朱贻庭:《中国传统伦理思想史》,华东师范大学出版社 2003 年版。

52. 翟学伟:《关系与中国社会》,中国社会科学出版社 2012 年版。

53. 梁治平:《法辨:中国法的过去、现在与未来》,中国政法大学出版社 2002 年版。

54. 冯友兰:《新事论》,北京大学出版社 2014 年版。

55. 关玫:《司法公信力研究》,人民法院出版社 2008 年版。

56. 王亚南:《中国官僚政治研究》,商务印书馆 2010 年版。

57. 金耀基:《从传统到现代》,中国人民大学出版社 1999 年版。

58. 梁漱溟:《东西文化及其哲学》,商务印书馆 1999 年版。

59. 金耀基:《中国现代化的终极愿景》,上海人民出版社 2013 年版。

60. 陶希圣:《中国社会之史的分析》,岳麓书社 2010 年版。

61. 张岱年、程宜山:《中国文化论争》,中国人民大学出版社 2006 年版。

62. 焦国成:《中国古代人我关系论》,中国人民大学出版社 1991 年版。

63. 费孝通:《乡土重建》,岳麓书社 2012 年版。

64. 许倬云:《中国文化与世界文化》,贵州人民出版社 1991 年版。

65. 黄锫坚、曾国屏等:《赛博空间的哲学探索》,清华大学出版社 2002 年版。

66. 黄少华、翟本瑞:《网络社会学:学科定位与议题》,中国社会科学出版社 2006 年版。

67. 袁亚愚、詹一之:《社会学——历史·理论·方法》,四川大学出版社 1989 年版。

68. 蔡元培:《中国伦理学史》,商务印书馆 1999 年版。

69. 胡适:《中国哲学史大纲》,上海古籍出版社 1997 年版。

70. 李渊庭、阎秉华整理:《梁漱溟先生讲孔孟》,广西师范大学出版社 2003 年版。

71. 谢晖:《法的思辨与实证》,法律出版社 2001 年版。

72. 颜一编:《亚里士多德选集·政治学卷》,中国人民大学出版社 1999 年版。

73. 马小红:《礼与法:法的历史连接》,北京大学出版社 2017 年版。

74. 洪汉鼎:《理解的真理:解读伽达默尔〈真理与方法〉》,山东人民出版社 2001 年版。

75. 范忠信:《中国法律传统的基本精神》,山东人民出版社 2001 年版。

76. 谢晖:《法律的意义追问——诠释学视野中的法哲学》,商务印书馆 2003 年版。

77. 蔡德贵、侯拱辰:《道统文化新编》,山东大学出版社 2000 年版。

(二)译著

1. [美]罗伯特·芮德菲尔德:《农民社会与文化:人类学对文明的一种诠释》,王莹译,中国社会科学出版社 2013 年版。

2. [英]哈耶克:《自由秩序原理》,邓正来译,三联书店 1997 年版。

3. [美] 罗斯科·庞德：《普通法的精神》，唐前宏、廖湘文、高雪原等译，法律出版社 2001 年版。

4. [德] 黑格尔：《哲学史讲演录》，贺麟等译，商务印书馆 1959 年版。

5. [英] 丹宁：《法律的未来》，刘庸安译，法律出版社 1999 年版。

6. [美] 霍贝尔：《原始人的法》，严存生译，贵州人民出版社 1992 年版。

7. [美] 昂格尔：《现代社会中的法律》，吴玉章等译，译林出版社 2001 年版。

8. [德] 马克斯·韦伯：《经济与社会》，约翰内斯·温克尔曼整理，林荣远译，商务印书馆 1997 年版。

9. [法] 孟德斯鸠：《论法的精神》，张雁深译，商务印书馆 1961 年版。

10. [英] 罗素：《权力论》，靳建国译，东方出版社 1988 年版。

11. [法] 卢梭：《社会契约论》，何兆武译，商务印书馆 1980 年版。

12. [日] 千叶正士：《法律多元——从日本法律文化迈向一般理论》，强世功等译，中国政法大学出版社 1997 年版。

13. [英] 哈特：《法律的概念》，张文显等译，中国大百科全书出版社 1996 年版。

14. [奥] 凯尔森：《法与国家的一般理论》，沈宗灵译，中国大百科全书出版社 1996 年版。

15. [德] 马克斯·韦伯：《社会科学方法论》，杨富斌译，华夏出版社 1999 年版。

16. [德] 哈贝马斯：《在事实与规范之间——关于法律和民主法治国的商谈理论》，童世骏译，三联书店 2003 年版。

17. [美] 富勒：《法律的道德性》，郑戈译，商务印书馆 2005 年版。

18. [英] 哈耶克：《致命的自负》，冯克利、胡晋华等译，中国社会科学出版社 2000 年版。

19. [德] 萨维尼：《论立法与法学的当代使命》，许章润译，中国法制出版社 2001 年版。

20. [美] 伯尔曼：《法律与宗教》，梁治平译，中国政法大学出版社 2003 年版。

21. [古希腊] 亚里士多德：《亚里士多德选集·政治学卷》，颜一编译，中国人民大学出版社 1999 年版。

22. [美] 埃尔曼：《比较法律文化》，贺卫方、高鸿钧译，清华大学出版社 2002 年版。

23. [美] 罗斯科·庞德：《通过法律的社会控制·法律的任务》，沈宗灵等译，商务印书馆 1984 年版。

24. [德] 马克斯·韦伯：《儒教与道教》，王容芬译，商务印书馆 2003 年版。

25. [德] 考夫曼：《后现代法哲学——告别演讲》，米健译，法律出版社 2001 年版。

26. [英] 莫里斯·弗里德曼：《中国东南的宗族组织》，刘晓春译，上海人民出版社 2000 年版。

27. [法]埃米尔·涂尔干:《社会分工论》,渠东译,三联书店 2000 年版。

28. [英] S. 斯普林克尔:《清代法制导论——从社会学角度加以分析》,张守东译,中国政法大学出版社 2000 年版。

29. [英]哈耶克:《法律、立法与自由》,邓正来等译,中国大百科全书出版社 2000 年版。

30. [日]井上徹:《中国的宗族与国家礼制》,钱杭译,上海书店出版社 2008 年版。

31. [法]菲斯泰尔·德·古朗士:《古代城市:希腊罗马宗教、法律及制度研究》,吴晓群译,上海世纪出版集团 2006 年版。

32. [美]欧文·戈夫曼:《日常生活中的自我呈现》,冯钢译,北京大学出版社 2008 年版。

33. [英]约翰·密尔:《论自由》,程崇华译,商务印书馆 1982 年版。

34. [德]斐迪南·滕尼斯:《共同体与社会——纯粹社会学的基本概念》,林荣远译,北京大学出版社 2010 年版。

35. [古希腊]柏拉图:《理想国》,郭斌和、张竹明译,商务印书馆 2002 年版。

36. [英]洛克:《政府论》,叶启芳、瞿菊农译,商务印书馆 1982 年版。

37. [英]边沁:《道德与立法原理导论》,时殷弘译,商务印书馆 2000 年版。

38. [英]约翰·穆勒:《功利主义》,徐大建译,上海世纪出版集团 2008 年版。

39. [美]约翰·罗尔斯:《正义论》,何怀宏等译,中国社会科学出版社 1997 年版。

40. [德]哈贝马斯:《交往行为理论》,曹卫东译,上海人民出版社 2004 年版。

41. [法]布尔迪厄、[美]华康德:《实践与反思:反思社会学导引》,李猛、李康译,中央编译出版社 1998 年版。

42. [俄]克鲁泡特金:《互助论》,李平沤译,商务印书馆 2016 年版。

43. [英]斯坦利·海曼:《协会管理》,尉晓欧等译,中国经济出版社 1985 年版。

44. [波兰]彼得·什托姆普卡:《信任:一种社会学理论》,程胜利译,中华书局 2005 年版。

45. [美]埃里克·尤斯拉纳:《信任的道德基础》,张敦敏译,中国社会科学文献出版社 2006 年版。

46. [英]安东尼·吉登斯:《现代性的后果》,田禾译,译林出版社 2011 年版。

47. [美]弗兰西斯·福山:《信任——社会道德与繁荣的创造》,李宛榕译,远东出版社 1998 年版。

48. [英]霍布斯:《利维坦》,黎思复等译,商务印书馆 1985 年版。

49. [德]伽达默尔:《哲学解释学》,夏镇平、宋建平译,上海译文出版社 1994 年版。

50. [美]约翰·亨利·梅利曼:《大陆法系》,顾培东、禄正平译,法律出版社 2004 年版。

51. [美] 阿瑟·奥肯：《平等与效率：重大抉择》，王奔洲译，华夏出版社 1999 年版。

52. [古希腊] 亚里士多德：《政治学》，吴寿彭译，商务印书馆 1965 年版。

53. [古希腊] 亚里士多德：《尼各马可伦理学》，廖申白译，商务印书馆 2003 年版。

54. [美] 艾德勒：《六大观念》，郗庆华译，三联书店 1998 年版。

55. [美] 布劳：《不平等和异质性》，王春光等译，中国社会科学出版社 1991 年版。

56. [德] 威廉·冯·洪堡特：《论人类语言结构的差异及其对人类精神发展的影响》，姚小平译，商务印书馆 1999 年版。

57. [法] 托克维尔：《论美国的民主》，董果良译，商务印书馆 1997 年版。

58. [美] 艾伦·德肖维茨：《法律创世记：从圣经故事寻找法律的起源》，林为正译，法律出版社 2011 年版。

59. [德] 康德：《历史理性批判文集》，何兆武译，商务印书馆 1990 年版。

60. [美] 塔尔科特·帕森斯：《社会行动的结构》，张明德等译，译林出版社 2012 年版。

61. [法] 埃米尔·涂尔干：《宗教生活的基本形式》，渠东等译，上海人民出版社 1999 年版。

62. [美] 卡斯特：《网络社会的崛起》，夏铸九译，社会科学文献出版社 2003 年版。

63. [美] 凯斯·桑斯坦：《网络共和国：网络社会中的民主问题》，黄维明译，上海人民出版社 2003 年版。

64. [美] 伦斯·莱斯格：《代码》，李旭译，中信出版社 2004 年版。

65. [荷] 简·梵·迪克：《网络社会——新媒体的社会层面》，蔡静译，清华大学出版社 2014 年版。

66. [美] 戴维·哈维：《后现代的状况》，阎嘉译，商务印书馆 2003 年版。

67. [美] 埃瑟·戴森：《2.0 版：数字化时代的生活设计》，胡泳、范海燕译，海南出版社 1998 年版。

68. [法] 古斯塔夫·勒庞：《乌合之众》，冯克利译，中央编译出版社 2005 年版。

69. [英] 齐格蒙·鲍曼：《立法者与阐释者——论现代性、后现代性与知识分子》，洪涛译，上海人民出版社 2000 年版。

70. [美] 帕特·华莱士：《互联网心理学》，谢影、苟建新译，轻工业出版社 2001 年版。

71. [美] 尼古拉·尼葛洛庞蒂：《数字化生存》，胡泳译，海南出版社 1997 年版。

72. [美] 威廉姆·戴维德：《过度互联：互联网的奇迹与威胁》，李利军译，中信出版社 2012 年版。

73. [英] 罗素：《西方哲学史》，何兆武等译，商务印书馆 1963 年版。

74. 《马克思恩格斯全集》（第一卷），人民出版社 1956 年版。

75. [日] 川岛武宜：《现代化与法》，王志安等译，中国政法大学出版社 1994 年版。

76. [法] 孟德斯鸠：《孟德斯鸠法意》，严复译，商务印书馆 1981 年版。

77. [德] 黑格尔：《法哲学原理》，范扬、张企泰译，商务印书馆 1961 年版。

78. [法] 孟德斯鸠：《罗马盛衰原因论》，婉玲译，商务印书馆 1962 年版。

79. [美] 德沃金：《法律帝国》，李常青译，中国大百科全书出版社 1996 年版。

80. [意] 贝卡里亚：《论犯罪与刑罚》，黄风译，中国法制出版社 2002 年版。

81. [古希腊] 柏拉图：《法律篇》，张智仁等译，上海人民出版社 2001 年版。

82. [英] 以赛亚·伯林：《浪漫主义的根源》，亨利·哈代编，吕梁等译，译林出版社 2008 年版。

83. [日] 大木雅夫：《比较法》，范愉译，法律出版社 1999 年版。

84. [美] 塞缪尔·亨廷顿：《文明的冲突与世界秩序的重建》，周琪等译，新华出版社 2002 年版。

85. [英] 伯克：《法国革命论》，何兆武等译，商务印书馆 1998 年版。

86. [英] 梅因：《古代法》，沈景一译，商务印书馆 1959 年版。

87. [德] 伽达默尔：《诠释学Ⅰ：真理与方法》，洪汉鼎译，商务印书馆 2007 年版。

88. [美] E. 希尔斯：《论传统》，傅铿、吕乐译，上海人民出版社 1991 年版。

89. [德] 伽达默尔、杜特：《解释学 美学 实践哲学：伽达默尔与杜特对谈录》，金惠敏译，商务印书馆 2007 年版。

二、论文类

（一）中文

1. 李泽厚：《漫说"西体中用"》，载《孔子研究》1987 年第 1 期。

2. 李泽厚：《谭嗣同研究》，载《新建设》1955 年第 7 期。

3. 周勇：《习惯法在中国法律体系中的历史地位》，载《上海社会科学院学术季刊》1991 年第 4 期。

4. 蒋立山：《中国法制现代化建设的特征分析》，载《中外法学》1995 年第 4 期。

5. 周伟驰：《涕泣之谷的外部秩序》，载《读书》2003 年第 8 期。

6. 黄金兰、周赟：《民间法及其与国家法的关系初探》，载谢晖、陈金钊主持：《民间法》（第一卷），山东人民出版社 2002 年版。

7. 甘阳：《走向政治的民族》，载《读书》2003 年第 4 期。

8. 谢晓尧：《西方行业组织的法律地位》，载《中山大学学报》1996 年第 6 期。

9. 胡萌：《发达国家行业组织比较研究》，载《管理现代化》2003 年第 3 期。

10. 郭红霞：《行业组织之于阶层和谐功能的现实考量》，载《社团管理研究》2011

年第 10 期。

11. 魏天安：《宋代行会的特点论析》，载《中国经济史研究》1993 年第 1 期。

12. 宝兴：《中世纪欧洲的行会道德》，载《道德与文明》1994 年第 4 期。

13. 朱淑瑶：《略论唐代行会的形成——兼谈唐代行会与欧洲中世纪行会的区别》，载《广西师范大学学报（哲学社会科学版）》1983 年第 2 期。

14. 高寿仙：《"行业组织"抑或"服役名册"？——宋代"团行"和明代"铺行"的性质与功能》，载《北京大学学报（哲学社会科学版）》2011 年第 6 期。

15. 魏天安：《宋代行会的特点论析》，载《中国经济史研究》1993 年第 1 期。

16. 金志霖：《论西欧行会的组织形式和本质特征》，载《东北师大学报》（哲学社会科学版）2001 年第 5 期。

17. 卢勇、王军：《行业组织比较研究：基于江苏的调研分析》，载《前沿》2011 年第 24 期。

18. 刘凤军：《我国行业组织发展的问题与对策》，载《中国软科学》2003 年第 9 期。

19. 徐勇：《内核—边层：可控的放权式改革——对中国改革的政治学解读》，载《开放时代》2003 年第 1 期。

20. 樊卫国：《"共同体化""社会化"与"国家化"：论近代中国行业组织变迁之阶段性特征——以近代上海为中心》，载《中国经济史研究》2012 第 2 期。

21. 高红、朴贞子：《我国社会组织政策参与及其制度分析》，载《中国行政管理》2012 年第 1 期。

22. 陈玉森：《董仲舒"性三品"说质疑》，载《哲学研究》1980 年第 2 期。

23. 薛天山：《中国人的信任逻辑》，载《伦理学研究》2008 年第 4 期。

24. 谢晖：《法律工具主义评析》，载《中国法学》1994 年第 1 期。

25. 周永坤：《法律工具主义及其对司法的影响》，载《学习论坛》2006 年第 7 期。

26. 郭哲、刘琛：《法律信任在中国——比较的视角》，载《学术论坛》2010 年第 1 期。

27. 姜起民、解维升：《法律信仰命题质疑与法律信任生成的路径选择》，载《中国海洋大学学报》2012 年第 5 期。

28. 赵泉民：《论转型社会中政府信任的重建——基于制度信任建立的视角》，载《社会科学》2013 年第 1 期。

29. 刘国华、公丕潜：《论法律信任危机及其克服路径》，载《理论探讨》2015 年第 2 期。

30. 谢晓非：《乐观与冒险》，载《北京大学学报》（自然科学版）2001 年第 6 期。

31. 郑成良、张英霞：《论司法公信力》，载《上海交通大学学报》2005 年第 5 期。

32. 周赟：《当下中国司法公信力的经验维度——来自司法一线的调研报告》，载《苏州大学学报》2014 年第 3 期。

33. 安恒捷:《论司法公信力的认知逻辑》,载《云南大学学报》2014 年第 5 期。

34. 苏力:《中国法官的形象塑造——关于"陈燕萍工作法"的思考》,载《清华法学》2010 年第 3 期。

35. 汤媛媛:《司法参与:双层级结构下司法公信力之提振》,载《人民司法》2013 年第 17 期。

36. 秦前红、黄明涛:《法院如何通过判决说理塑造法院的权威——以美国最高法院为例》,载《中国刑法杂志》2012 年第 3 期。

37. 周明田:《中国传统社会的中间组织及其功能》,载《江苏社会科学》2001 年第 3 期。

38. 沈宏亮:《经济平等的历史演进与启示——经济平等主义述评》,载《生产力研究》2006 年第 9 期。

39. 靳海山:《经济平等的三种维度》,载《伦理学研究》2005 年第 1 期。

40. 贺雪峰:《论半熟人社会——理解村委会选举的一个视角》,载《政治学研究》2000 年第 3 期。

41. 吴重庆:《从熟人社会到"无主体熟人社会"》,载《读书》2011 年第 1 期。

42. 夏支平:《熟人社会还是半熟人社会?——乡村人际关系变迁的思考》,载《西北农林科技大学学报》(社会科学版)2010 年第 6 期。

43. 何永松:《"无主体熟人社会"的逻辑是什么?——与吴重庆先生商榷》,载《甘肃理论学刊》2012 年第 2 期。

44. 申群喜:《熟人关系的道德意蕴及其现代转型》,载《求实》2005 年第 2 期。

45. 刘少杰:《熟人社会存在的合理性》,载《人民论坛》2006 年第 10 期。

46. 吕承文:《熟人社会的基本特征及其升级改造》,载《重庆社会科学》2011 年第 11 期。

47. 温铁军:《农民专业合作社发展的困境与出路》,载《湖南农业大学学报》2013 年第 4 期。

48. 童星、罗军:《网络社会:一种新的、现实的社会存在方式》,载《江苏社会科学》2001 年第 5 期。

49. 黄晓春:《当代中国社会组织的制度环境与发展》,载《中国社会科学》2015 年第 9 期。

50. 王南湜、刘悦笛:《交往方式的革命——互联网的社会后果》,载《学术研究》2003 年第 5 期。

51. 梁小民:《拯救亚当·斯密》,载《读书》2004 年第 7 期。

52. 刘星:《法律强制力观念的弱化》,载《外国法译评》1995 年第 3 期。

53. 周赟:《法治中国所需要的"传统"》,载《法制日报》2012 年 4 月 26 日。

（二）外文

1. O. W. Holmes. The Path of the Law, in *Harvard Law Review*, 1897, Vol. 8.

2. S. P. Simpson, Ruth Field. Law and the Social Sciences, in *Virginia Law Review*, 1946, 32: 855-867.

3. Garrity M., L. A. Picard. Organized Interests, the State, and the Public Policy Process: An Assessment of Jamaican Business Associations, in *The Journal of Developing Areas*, 1991, 25: 369-394.

4. Schmitter P. C. Still the Century of Corporatism? in *The Review of Politics*, 1974, 36: 85-131.

5. Newton, Kenneth. Social Capital and Democracy, in *American Behavior Scientist*, 1997, 40: 575-586.

6. Wilson J. Q. Human Remedies for Social Disorder, in *The Public Interest*, 1998, 131:25-35.

7. Parcel, Toby L., Elizabeth G. Menaghan. Family Social Capital and Children's Behavior Problems, in *Social Psychology Quarterly*, 1993, 56: 120-135.

8. Scheier M E, Carver C S. Optimism, Coping and Health: Assessment and Implications of Generalized Outcome Expectancy on Health, in *Health Psychology*, 1985, 4: 219-247.

9. O. W. Holmes, The Path of the Law, in *Harvard Law Review*, Vol. 8, No. 8, Mar. 25, 1897.

三、古代文献

1.《周易》。

2.《道德经》。

3.《礼记》。

4.《论语》。

5.《孟子》。

6.《荀子》。

7.《庄子》。

8.《韩非子》。

9.《淮南子》。

10.《管子》。

11.《天论》。

12.《左传》。

13.《史记》。

14.《汉书》。

15.《论语集注》。

16.《春秋繁露》。

17.《增广贤文》。

18.《菜根谭》。

19.《唐六典》。

20.《原性》。

21.《唐律疏议》。

22.《都城纪胜》。

23.《尔雅》。

24.《诚斋集》。

25.《圣经》。

四、工具书

1.《中国大百科全书·法学卷》。

五、其他文献

1.《中共中央关于全面推进依法治国若干重大问题的决定》。

2.《中共中央办公厅国务院办公厅转发〈民政部关于在全国推进城市社区建设的意见〉的通知》。

3.《武荣柯氏族谱》。

4.《合江李氏族谱》。

5.《安溪梁氏族谱》。

6.《紫江朱氏家乘》。

7.《安溪陈氏大成宗谱》。

8.《清溪翁氏族谱》。

9.《浔海施氏族谱》。

10.《晋江万氏族谱》。

11.《沪江侯氏族谱》。

12.《东阜吴氏族谱》。